吕留良的遗民认同及其理学思想

李栅栅　著

ZHEJIANG UNIVERSITY PRESS
浙江大学出版社
·杭州·

图书在版编目（CIP）数据

吕留良的遗民认同及其理学思想 / 李栅栅著. —杭
州：浙江大学出版社，2024.5
ISBN 978-7-308-24540-1

Ⅰ. ①吕… Ⅱ. ①李… Ⅲ. ①吕留良（1629—1683）
－思想评论 Ⅳ. ①B249.9

中国国家版本馆 CIP 数据核字（2024）第 002816 号

吕留良的遗民认同及其理学思想

李栅栅　著

责任编辑	傅百荣
责任校对	徐素君
封面设计	周　灵
出版发行	浙江大学出版社
	（杭州市天目山路 148 号　邮政编码 310007）
	（网址：http://www.zjupress.com）
排　版	杭州好友排版工作室
印　刷	广东虎彩云印刷有限公司绍兴分公司
开　本	710mm×1000mm　1/16
印　张	12
字　数	215 千
版 印 次	2024 年 5 月第 1 版　2024 年 5 月第 1 次印刷
书　号	ISBN 978-7-308-24540-1
定　价	55.00 元

序

值得重新审视和关注的吕留良理学思想

一

吕留良,字庄生,号东庄,后易名光轮,字用晦,号晚村,又自号耻斋老人、南阳村白衣人,晚年落发为僧,名耐可,字不昧,号何求老人,明末清初浙江嘉兴府崇德县(今浙江省桐乡市崇福镇)人。一般而言,对于吕留良的熟知主要是由于文字狱以及清代以来的诸多传说。实际上,吕留良是明清之际重要的思想家,在清初学术界有着极为深远的影响,如戴名世言"吾读吕氏之书,而叹其维挽风气,力砥狂澜,其功有不可没也……二十余年以来,家诵程朱之书,人知伪体之辨,实自吕氏倡之。"①然而由于曾静案的牵涉,其著述被禁毁,对于相关的研究造成了一定的困难。直到民国之后,吕氏学说才陆续有人提及,并加以研究。然而,对于作为一个理学家的吕留良,我们的研究事实上还是相当不足的。

如果我们简单地对民国以来吕留良相关研究成果做一个梳理,就可以发现,目前关于吕留良的研究主要集中在吕留良与黄宗羲交游始末、曾静案与《大义觉迷录》以及吕留良的理学概述这三个方面。其中,前两个问题是对吕留良生平交游以及死后遭遇的历史性事件的分析与解读,主要是一种历史学角度的梳理与诠释,研究成果相对比较丰富,研究结论也比较明确。而关于吕留良理学思想的研究成果,则或是以述其大意的形式呈现,如钱穆、容肇祖、卞僧慧、陈祖武等前辈;或是以《四书讲义》中的一书为主要研究对象,如陕西师范大学王铁花硕士论文《吕留良〈孟子讲义〉研究》以及东北师范大学姜胜南硕

---

① 《戴名世集》卷四,《九科大题文序》

士论文《"崇朱辟王"：吕留良"〈大学〉评语"研究》；或是从某一特定视角对《四书讲义》展开义理解析，如清华大学邬正杰硕士论文《吕留良的政治思想》以及武汉大学韩书安硕士论文《吕留良的政治思想研究——以〈四书讲义〉为中心》。

因此，从总体上来说，传统以来对于吕留良的研究，大多停留在"尊朱辟王"的范围之内。近年来，由于学术研究的深入，关于吕留良研究的期刊论文有不少出现（然而就数量来说，20多篇的学术论文，相对于其他相关领域的研究来说也是偏少的），值得注意的是，近十多年来，在这个领域也出现了不少相关的学位论文，这些学位论文紧扣吕留良的作品展开深入的讨论、分析，这是值得重视的新的研究倾向。然而总体而言，相关研究还是相对薄弱的，这与吕留良当时的地位极其不相称。而且相关的讨论，总体上较为表面化，不能呈现吕氏理学思想的精神实质。

也就是说，目前学界对吕留良理学思想之全貌的梳理成果仍旧欠缺，而相关的研究主要都是集中在《四书讲义》的文本梳理上，并藉此对于吕氏理学思想总体面貌做了一定程度的揭示。但是，从总体上来说，这样的研究存在一个直接的问题是，吕氏的文献本身其实是比较复杂的，就其理学思想作品的代表作《四书讲义》本身来说，其内容也还是有待进一步深化，比如，我们通常在谈论吕氏的理学思想立场为尊朱辟王，这个从总体上是可以成立的，但是事实上在《四书讲义》中还存在着很多对于王学立场的认可接纳，甚至直接是在王学的立场上展开的，那么对于这样的现象应该怎么理解？单纯地以尊朱辟王的形式来概括吕氏的理学思想是不够准确的。再比如，吕氏对于义利问题的区分是十分严格的，对于现实功利是极端排斥的，这跟朱子或者帮助清以来的朱子学立场显然也是不太相同的，那么这个应该怎么来认识呢？这就需要对吕氏的理学思想进行更为深入的、细致化的讨论。

二

如前所言，在有限的关于吕留良理学思想的讨论中，学界一般是以"尊朱辟王"来概括的，似乎这样的描述也成为了对于吕氏理学立场判断的一种共识。但是，我们需要追问的是，这样的共识判断是否真的是可靠的呢？

1924年，章太炎先生曾于《华国月刊》上发表《书吕用晦事》一文，写道："吕用晦则以侠士报国者，本非朱学。……晚岁好言朱学，所得亦浅，要是愤明末是披倡耳。陆陇其所作祭文，自谓由吕氏闻道，其实吕所操持未在是也。"[1]
从太炎先生的这段评论来说，他自是看到了吕氏所处的时代以及吕氏思想的
特质。简单地说，在太炎先生看来，如果就纯粹的朱子学来说，吕氏"本非朱
学""所得亦浅"，这个判断如果从吕氏在《四书讲义》的讨论来说，也是基本成
立的，我们可以说，吕氏实际上并非是以学问立家的，他对于朱子学的讨论，从
总体上来说是比较表面的（当然，这种特点也表达在他对于阳明学的批评上），
可以说只是对于朱子学说的一般性转述而已，并没有非常深刻的、具有独创性
意义的学理上的发展，这是我们很多人在研究吕氏思想的时候并未注意到的。
关于吕氏是否是纯粹的朱子学，在太炎先生之前，全祖望曾经有过一个影响颇
大的说法，所谓"初南雷黄公讲学于石门，其时用晦父子俱北面执经。已而以
三千金求购澹生堂书，南雷亦以束修之入参与。交乃既毕，用晦之使者，中途
窃南雷所取卫湜《礼记集说》、王偁《东都事略》以去，则用晦所授意也。南雷大
怒，绝其通门之籍，用晦亦遂反而操戈，而妄自托于建安之徒，力攻新建。"[2]全
祖望的这个说法是为了解释黄、吕之间的冲突，如果从这个角度来说，朱子学
恐怕亦非是吕氏学问的根本所在。从全、章两位先生的这种说法来看，称吕氏
为"尊朱辟王"，这样的学术定位至少是不合适的。虽然，按照太炎先生的说
法，理学思想的阐发可能并非吕氏的重点所在。但这不代表吕氏在思想史上
没有意义，也不帮助吕氏的思想是一无所取的，[3]就太炎先生来说，他对于吕
氏也是极为推崇，事实上吕氏之所以在近代能够重新回到学人的视野就是跟
太炎先生有莫大的关系。太炎先生就是在读《东华录》时看到吕氏的事迹，被
其阐发的民族大义所感染，从而亲自到吕氏子孙流放的宁古塔（今齐齐哈尔一
带）拜访，"民国元年，余至齐齐哈尔，释奠于用晦影堂。后裔多以塾师、医药、
商贩为业。土人称之曰'老吕家'，虽为台隶，求师者必于吕氏；诸犯官遣戍者，
必履其庭。故土人不敢轻，其后裔亦未尝自屈也。"[4]正是这样的考察，促使了
太炎撰《书吕用晦事》一文并介绍其生平思想，这位被历史湮没的理学家才逐
渐回归人们的视线中。大概太炎先生所重者，乃是吕氏在明清易代之际所表
达出来的那种特殊的精神气质和操守，并由此而表达为对于民族大义的坚守，

---

① 章太炎：《书吕用晦事》，《华国月刊》，1924 年，第 1 卷，第 10 期。
② 全祖望：《鲒埼亭集外编》卷 17，《小山堂祁氏遗书记》。
③ 当然，从太炎先生的论述来说，吕氏所侧重的地方，本来就不在理学理论本身的创新（因为对
于吕氏来说，朱子的理论本身就是完满的了。吕氏"所操持未在是"，这个判断很清楚地帮助，吕氏的
特殊意义应当在纯粹的学理之外。
④ 章太炎：《书吕用晦事》，《华国月刊》，1924 年，第 1 卷，第 10 期。

这恰恰是作为明代遗民的吕氏身上所强烈表达出来的，而关于这一点，后来的学者如容肇祖、钱穆等等都予以非常高之评价的。钱穆先生认为：

> 晚村推崇朱子，实有创见，卓然辈流之上，为有清一代讲朱学者别开生面。……然则晚村之阐朱学。谢山谓"石门之学，一败涂地"，正是石门有价值处。……其意在发挥民族精神以不屈膝仕外姓为主。实非康、雍以下清儒之仰窥朝廷意旨，以尊朱阐王为梯荣捷径者所获梦想于万一也。……自朱子卒至是四百余年，服膺朱子阐述其学者众矣，然绝未有巨眼深心用思及此者。……然则晚村良不愧清初讲朱学一大师，于晦庵门墙无玷其光荣也。①

从钱先生的这种推崇来看，他主要也是立足于明清易代之际来呈现出吕氏思想所具有的价值和意义的，所谓"其意在发挥民族精神以不屈膝仕外姓为主"，则是对于这种特殊价值的最为直接的描述。

因此，从吕氏作为明清易代遗民的基本事实以及吕氏思想在清初特殊的遭遇（文字狱）以及后世对于吕氏的推崇来说，我曾提出以"批判理学"来定位吕氏的理学思想②。为什么要使用"批判理学"这样的词汇来概括吕氏的理学思想？这主要出于以下三个方面的考虑。首先，吕氏的理学思想其所处的时代是明清易代之际，而吕氏对于清廷的态度，无疑是一种批判的姿势，最后也是以决绝的方式表达他对于清廷的这个不认可的态度。其次，吕氏的思想内容有非常明显的现实关注，尤其是因对于现实的不满而产生的批判，这在吕氏的思想中也是极为常见的。最后，就吕氏文字的具体表达方式来看，很多时候也是一种情感的宣泄，而并非是一种非常理性的分析，这也是一种批判的形式。所以，"批判理学"这个称呼，是比较适合来描述出现在那个特定背景之下的吕氏的理学思想形态，同时也可以比较直观地呈现出吕氏思想的时代特质和价值。

从批判理学的角度出发，我认为在清初思想界，吕氏是当之无愧的大儒，这一点应无太多争议。我们可以用以下三句话来呈现吕留良在明清之际思想史的意义：吕氏是宗朱的学者、是以批判为立场的宗朱学者、是清初朱子学传统的开创者之一。吕氏是宗朱的学者，这一点至少是从吕氏作品的诸多论述以及后人对于吕氏的评判来说，都是无疑的，无论是梁启超称他"治朱学而能

---

① 钱穆：《中国近三百年学术史》，商务印书馆，2015 年版，第 77—87 页。
② 何善蒙：《明清易代之际的批判理学：再论吕留良理学思想的基本定位》，《浙江社会科学》，2022 年第 4 期。

致用者也"①,或者是《四库总目》评价"自成吕氏之书,非一般尊朱不敢失尺寸者可以同语也"②。而钱穆同样也称"然则晚村良不愧清初朱学一大师,于晦庵门墙无玷其光荣"③。从这些评价来看,吕氏之作为朱子学的立场是无用怀疑的。吕氏亦自称"某平生无他识,自初读书,即笃信朱子之说,至于今老而病且将死矣,终不敢有毫发之疑,真所谓宾宾然守一先生之言者也"④,则是最为直接的夫子自道。

但是,吕氏对于朱子学并非是一种纯粹的学理上的建构,而是作为一种价值立场的执守,这是在明清易代之际吕氏思想所表达出来的最为明显的特点。这正如章太炎先生所言"吕用晦则以侠士报国者,本非朱学"⑤,太炎先生的话实际上在提醒我们,不能以纯粹理论学者的形式来理解吕氏的朱子学,吕氏的朱子学也只有放置在明清易代这样的大背景之下,才具有其特殊的意义。也正是在这个意义上,我们用"批判理学"来描述吕氏的朱子学立场,目的就是为了突出在明清易代之际,吕氏的思想所具有的批判和反思的立场,彰显出他对于现实的关切。吕氏实际上是用朱子学的基本价值立场,来直接处理(面对)士人在面临山河巨变的易代所带来的种种纠结和困境,试图从道德价值的挺立上,来彰显出思想所具有的特殊意义。由此,虽然其论说的严密性和系统性可能同很多朱子学者相比较而言,是有着明显的不足的。但是,其特殊意义也是其他严密的朱子学者所不能比拟的,所谓"非一般尊朱不敢失尺寸者可以同语也"⑥。这就是其批判理学的特殊意义和价值,也是那个特定的社会历史氛围成就了吕氏的这种思想特质。

就思想史的基本脉络来说,清初的一个重要特点是阳明学向朱子学转变,这种转变是学界和现实政治共同作用的结果。就学界来说,主要是出于对明亡这一历史事实的反思,由此而导致对王学的批判,陈祖武先生曾指出,"明末自顾宪成、高攀龙发端的'由王返朱'声浪,同'明学术,正心术'的学术反思合

---

① 梁启超:《清代学术概论》,中国人民大学出版社,2012年版,第93页。

② 中国科学院图书馆整理:《续修四库全书总目提要(稿本)》第十四册,齐鲁书社,1996年版,第415页。

③ 钱穆:《中国近三百年学术史》,商务印书馆,2015年版,第92页。

④ 吕留良:《答吴晴岩书》,《吕晚村先生文集》卷一。

⑤ 章太炎:《书吕用晦事》,《华国月刊》,1924年,第1卷,第10期。

⑥ 中国科学院图书馆整理:《续修四库全书总目提要(稿本)》第十四册,齐鲁书社,1996年版,第415页。

流,在清初演变为对阳明学的猛烈抨击,从而成为朱子学复兴的先导"①;就政治现实来说,清初对于朱子学的提倡也是非常之积极的,比如康熙帝为重整纲纪,提倡程朱理学,重开日讲,并且恢复经筵大典;此外,以朱子思想为官方哲学的考试政策,清代也一直沿袭未变。在这两方面的结合之下,朱子学在清初的复兴则是一个不可否认的事实。而吕留良则是这个复兴潮流中的重要代表人物之一,对此,陈祖武先生有一个评价称:"康熙中叶以后,吕留良的学术主张以及政治思想,随同他的'天盖楼'时文选本风行海内。陆陇其得其形似,以卫道之勇而于身后获致从祀孔庙的殊荣。"②从这个角度来说,吕留良毫无疑问是清初朱子学弘传的先驱者。由此而言,吕氏对于朱子学的复兴来说,有着深刻的影响。

<h2 style="text-align:center">三</h2>

我对于吕氏的关注实际上也是跟很多人一样,源于文字狱以及一些无影的传说。随着学习的深入,也希望能够多做一些关于吕氏的深度研究,2006年我即申请了浙江省文献集成的《吕留良集》整理的项目,希望从文献整理入手,扎实地做一些基础工作。虽然经过三年多时间,基本完成了相关重要文献的整理,但是因为兴趣漂移以及生性的疏懒,最终也未曾将整理的稿子付梓。2014年的时候,因为研究兴趣的关系,再度将目光聚焦在吕氏身上,并以《吕留良理学作品整理及其理学思想研究》为题获得了当年的国家社科立项。在这个研究之中,除了对《四书讲义》《四书语录》给予较多的关注之外,着重立足于朱轼等人的《驳吕留良四书讲义》进行对吕留良的理学思想的阐释。

那么,为什么要选择朱轼等的《驳吕留良四书讲义》作为一个参照系?这主要是因为吕留良在思想史上的特殊遭遇以及该书的特殊性所决定的。在曾静案出奇料理之后,雍正九年(1731),翰林院编修顾成天奏称吕留良"所着《讲义》《语录》等书,粗浮浅鄙,毫无发明,徒一味咆哮,耸人观听"③,"仰请皇上特赐派员查阅,将吕留良书中剿袭儒先及议论悖谬,引据舛讹之处,一一根究原委,详细辨明"④。而这个提议恰好迎合了雍正皇帝对此事的忌恨心理,随

---

①　陈祖武:《论清初的朱子学》,《朱子学新论——纪念朱熹诞辰 860 周年国际学术会议论文集》,1990 年,第 597 页。

②　同上文,第 599 页。

③　朱轼等:《駁呂留良四書講義》,清雍正間內府刻本,第 1 页。

④　《駁呂留良四書講義》,第 1 頁。

即下旨命朱轼、吴襄、方苞等人查阅吕留良的著作,编成《驳吕留良四书讲义》一书,"既请刊刻,遍颁学官"①,"俾远近寡识之士子不至溺于邪说"②。因此,《驳吕留良四书讲义》是一部以批判吕留良理学思想为目的的官方书籍。而所参与编撰该书的朱轼、吴襄、方苞等人均在理学上有所建树,方苞还曾受文字案牵连入狱,后因李光地极力营救才得以脱身。雍正安排名儒重臣参与编纂,目的就是借这些人在当时理学界的显重地位,让天下人都信服他对曾静案的处理方案。因此,《驳吕留良四书讲义》主要是试图从学理上来对吕氏的思想做一个清算,而朱子学则是当时的官方理论心态,从这个意义上来说,朱轼等人的驳斥,也即是以朱子学为基本立场的,如果我们通常所认为吕氏的学说是以"尊朱辟王"为特征的话,那么,从吕氏本人的论述和朱轼等人的驳斥出发,应当可以提供给我们一个比较全面的审视这个问题的视角。从这个角度来说,以《四书讲义》和《驳吕留良四书讲义》对读的形式,对于我们深入理解吕氏理学思想的基本内涵及其细节呈现来说,是具有重要的意义的。

虽然该研究也早已结项,但是,总觉得自己对于吕氏理学思想的理解还是不太能够把握,所以也一直没有将研究成果公开出版。而在这些年间,《吕留良诗文集》《吕留良全集》等等文献整理都陆续出来了,而这对于吕氏相关研究的推进来说,应该是极好的事情。我们也可以相信,随着这些作品的整理出版,吕氏的相关研究必将受到越来越多的关注和重视。

四

李栅栅博士将要出版的《吕留良的遗民认同及其理学思想》一书,即是目前关于吕留良理学思想研究的最新成果,这是在她 2019 年博士学位论文基础上修改而成的。

2013 年,栅栅从浙江工商大学哲学系本科毕业,这也是工商大学所招收的第一届本科生,栅栅因为对哲学有着浓厚的兴趣,考研进入了浙江大学哲学系,跟我从事中国古代哲学方面的学习。出于个人的兴趣,她在学习期间也非常勤奋,2015 年顺利硕转博。对于其博士学位论文的方向,因为我当时刚好在从事吕留良的国家社科课题的研究,而她也对吕留良表达出非常浓厚的兴趣,这是从硕士阶段就开始的。而后在博士阶段,也就顺理成章地聚焦在了吕

---

① 《雍正九年十二月十六日上谕》,《驳吕留良四书讲义》。
② 《雍正九年十二月十六日上谕》,《驳吕留良四书讲义》。

留良的身上。

当然，要真正进入吕留良理学思想的研究，也并非易事，其缘由主要基于两个方面。一则是吕氏的作品众多而且庞杂，如何准确把握其思想实质，殊为不易。另外一个方面是因为关于吕氏作品的整理，虽然我曾经做过不少相关的整理工作，但是既不完备也未出版。历史以来对于吕氏研究来说，难题也即在于此。由于经过众所周知的文字狱，吕氏的作品更是被损毁、破坏很多，在这样的情况下，要深入研究当然是不容易的，也造成相关研究的长期停滞不前。当然，我觉得这对于研究来说，也是一个有重要挑战的课题。在栅栅读博士开始的时候，我也曾经有一年暑假带领门下的同学一起研读吕留良的《四叔讲义》，让栅栅在我初步标点本的基础上做一些深入的梳理。而 2015 年，俞国林先生编撰整理的十卷本《吕留良全集》出版，给相关的研究助力不小。而栅栅对于吕留良理学思想的把握，在这些年中，也逐步聚焦和清晰，最终她把研究的径路落实在吕留良明遗民的独特身份意识上。如果我们说每一个思想家的所思所想，实际上是跟他所遭遇的事实氛围有密切关联的话，那么，这是值得认可的一个重要的切入点。

我们以往对于吕氏理学思想的研究中，都会特别注意到其所具有的非常突出的夷夏之辩以及自容肇祖[①]先生以来所强调的华夷的这种强烈的意识等等，实际上都是因为他所处的这个时代本身所决定的。明清的易代给知识界带来了强烈的冲击，明遗民成为一个群体，非常明显地表达出了他们独特的身份意识和价值立场，就思想史领域来说，吕留良就是一个非常典型的代表。明亡之史实客观上造就了一批坚守气节、不仕清廷的明遗群体，自中年弃诸生之后，吕留良的遗民意识便彻底觉醒。此后的治学道路上，吕氏始终严守遗民矩矱，并将自己的切身体验融入理学义理的阐发中去，形成了具有鲜明民族大义、种族精神。易代的事实，使得何去何从的选择成为了一个极为重要的问题，也是关于价值操守的问题，在吕氏的思想中，严辩出处、去就，就成为了一个经常涉及的词汇，比如"而所谓朱子之徒，如平仲、幼清，辱身枉己，而犹哆然以道自任，天下不以为非。此义不明，使德祐以迄洪武，其间诸儒失足不少"，"今示学者似当从出处、去就、辞受、交接处，划定界限，札定脚跟，而后讲致知主敬工夫，乃足破良知之黠术，穷陆派之狐禅"[②]。而吕氏后来备受批评的（如雍正的《大义觉迷录》）以及备受推崇的（比如近代以来学者的论述）观念——

---

①   参见容肇祖《吕留良及其思想》，载《辅仁学志》1936 年，第 36—37 页。
②   吕留良：《复高汇旃书》，《吕晚村先生文集》卷一。

"民族大义大于君臣之伦"，此语出于雍正在《大义觉迷录》中对于曾静观念的驳斥。

问曾静：旨意问你所着逆书《知新录》内云："如何以人类中君臣之义，移向人与夷狄大分上用。管仲忘君仇，孔子何故恕之，而反许以仁？盖以华夷之分，大于君臣之伦；华之与夷乃人与物之分界，为域中第一义。所以圣人许管仲之功。"又云："人与夷狄无君臣之分"等语。君臣为五伦之首，断无有身缺一伦，而可以为人之理。曾静当日以人与夷狄无君臣之分，不知从前以何人为君，且到今还是甘心俯首以君臣之义，移于夷狄分用乎？抑是始终以与夷狄无君臣之分乎？据实供来。

曾静供：凡这悖逆狂妄之说，皆是雍正五年冬与雍正六年春写载的。实因见得吕留良论孔子称管仲之仁处，有华夷之分，大过于君臣之伦之说。以致推论到此。其实，弥天重犯平昔并无此说。岂知华夷之分，圣人原不在地上论，若以地论，则舜生于诸冯，东夷之人也；文王生于岐周，西夷之人也。都不通了。将谓大舜与文王不是人可乎？且更不是圣人可乎？况由舜、文以下，不知更有几多行为师表，道高百世，如周子、张子、陈良者，俱生于四裔之地，犹历历可数指者乎？弥天重犯当年中吕留良之毒深，所以不察其非，而狂悖发论至此。到今日亲被皇上德化之盛，且晓得本朝之得统，全是仁义，天与人归，浑乎天理。且我皇上道隆德盛，亘古所未见，即僻处在东海北海之隅，凡声名所到，犹尊之亲之，而无心不服。矧弥天重犯生居中土，身受抚绥之恩，而现为赤子者乎！故弥天重犯今日之甘心俯首，如七十子之服孔子者，一为本朝得统之正，从古所少；二为皇上道德之大，生民未有其心悦诚服，乃是当身之至情，天地之大义。弥天重犯即是草木无知，到此亦当欣然向荣了，况有血气者，敢不尊亲乎？①

吕氏在世之时，即以明遗民的立场自守，因此他特别痛恨仕元的吴澄、许衡之辈，虽然吴、许二人对道学的传承之功被后世学者所承认和敬仰，但在吕氏的眼中，他们却是败坏圣学、贻害后世的千古罪人。从吕氏所处神州陆沉、山河崩坏的基本事实来说，这是比较好理解的。北方满洲"夷狄"侵占中原土地，在吕氏看来这是华夏民族的奇耻大辱，然而也有很多所谓儒者之徒不顾廉耻，向夷狄政权俯首称臣，或为全身保家，或为高官厚禄。这些人表面上俨然以道自任，实则骨子里已经丧失了儒士尊严，于大节有亏，更谈何道德性命？对于这样的状况，吕氏自然是不能接受的，也常有批评。这种批评也表达在他

---

① 　雍正：《大义觉迷录》，中国城市出版社 1999 年版，第 116-117、318 页。

对于四书经典的诠释中,比如上面所提到的管仲一事,在《论语》"子贡曰管仲非仁者与"章的诠释中,吕氏清晰地指出:

> 此章孔门论出处、事功、节义之道甚精甚大,子贡以君臣之义言,已到至处,无可置辨。夫子谓义更有大于此者,此《春秋》之旨。圣贤皆以天道辨断,不是夫子宽恕论人,曲为出脱也。后世苟且失节之徒,反欲援此以求免,可谓不识死活矣! 无论若辈,即王、魏事功,安得据管仲之例乎? 圣人此章义旨甚大,君臣之义,域中第一事,人伦之至大。此节一失,虽有勋业、作为,无足以赎其罪者。若谓能救时成功,即可不论君臣之节,则是计功谋利,可不必正谊明道。开此方便法门,乱臣贼子接迹于后世,谁不以救时成功为言者,将万世君臣之祸,自圣人此章始矣。看"微管仲"句,一部《春秋》大义,尤有大于君臣之伦,为域中第一事者,故管仲可以不死耳。原是论节义之大小,不是重功名也,惟误看此义,故温公以篡弑之魏当正统,亦谓曹操有救时之功,遂以荀彧比管仲,苏氏又以冯道拟之。此义不明,大乱之道矣。[①]

这样的思考形式,对于吕氏来说,是处在易代之际的一种必然选择,也是其对于道德立场的捍卫,如果说吕氏的理学思想有与其他理学家不同的特质的话,这就是非常明显的一点,所以,钱穆先生也才会评价称:"然则晚村之阐朱学,其意在发挥民族精神以不屈膝仕外姓为主。实非康、雍以下清儒之仰窥朝廷意旨,以尊朱阐王为梯荣捷径者所获梦想于万一也。"[②]而正是在这样的立场之上,吕氏的思想具有了其特殊的意义和价值。前文所引章太炎先生对于吕氏思想的判断以及对吕氏个人之推崇,其实也是从这个角度来说的。这就意味着,虽然吕氏的思想从深邃和完善的程度来说,可能比不上其他理学家,但是,吕氏理学思想所具有的这种特质也是其他理学家中所缺乏的。所以,明清易代的冲击,以及对于遗民立场的坚守,这是吕氏思想的起点。

在栅栅书稿的第二章《遗民身份与学理选择》中,对于这些问题都有了非常详细的讨论,我认为这是对吕氏理学思想特点的准确把握的前提,也是进入吕氏思想世界的钥匙。在这样的基础之上,书稿再结合《四书讲义》的讨论,对吕留良理学思想体系进行了初步的梳理,由此呈现出吕留良对于基本理学问题的和阐释和处理。2019 年,栅栅完成了其博士论文的写作,虽然,写作的过

---

① 吕留良:《四书讲义》卷十七。
② 钱穆:《中国近三百年学术史》,第 84 页。

程非常艰难,文稿中在很多地方也存在不完善的地方。但是,对于一篇博士学位论文来说,也是非常难得了。匿名评审的专家也给出了两个优秀、四个良好的评价,这说明栅栅对于吕留良理学思想的讨论还是获得了学界的认可。

现在,栅栅的博士论文即将出版,我觉得这是一件非常值得祝贺的事情。也希望藉着书稿的出版,栅栅对于吕留良的研究能够有进一步的拓展。不管怎么说,对于栅栅博士来说,这都是一个新的起点,也希望她能够在未来的教学、科研道路上,取得更大的成就!

何善蒙

2023.8.31

目　　录

绪论:明清易代之际的理学思潮

在探究吕留良的理学思想内涵之前,首先要厘清吕留良所处的社会历史环境,包括政治局势、文化思潮、经济背景等各方面,以便更准确地把握思想史发展的大趋势。明清之际,最重要的社会背景就是明清政权更迭以及随之而来的满汉民族矛盾,这一矛盾对吕留良理学思想新内涵的阐发产生了直接的催化作用。从理学自身的发展态势来看,在明末清初这段历史时期里,由宋代朱熹、陆九渊开启的关于儒学两条发展路数之间的博弈即将走向历史的终结,随着以东林学派、刘宗周为代表的朱王调和派的兴起,这场持续了近四百年的学术争辩最终和解。但是对吕留良而言,程朱理学和陆王心学是圣学和邪说的对立,二者之间永远不可能有义理层面的折中调和。然而,个体永远是社会历史情景当中的个体,个体思想体系之形成,与其所处时代环境、学术发展趋向紧密关联,这一点毋庸置疑。吕留良坚守的朱子学立场,虽然与主流的调和派格格不入,但必须正视他的理学思想在当时理学界产生的影响之深。正因如此,在探究吕留良的理学思想时,我们既要看到他极力想要向世人呈现的那部分观点,更要透过这些窥探他背后隐含的另一部分思想内涵,方能更全面、更系统地把握其整个理学思想系统。

1 "天崩地裂"的社会环境

与历史上任何一次王朝更迭都不同,明朝覆灭具有强烈的象征意义,它给知识分子阶层带来的冲击之剧亦前所未有。晚明心学主导下张扬不羁的文化性格、民间社会丰富多彩的文化活动、君主独权下不断加剧的政治压迫,以及西方传教士带来的异域科技与宗教文化,都在展示着这个王朝没落前夕的一帧帧华丽又黑暗的画卷,仿佛是在进行一场最后的狂欢。金戈铁马之后,人们强烈地意识到反思与检讨明亡的紧迫性,于是明清之际的学者,从道德伦理原则、制度历史、政治风气等视角展开了明亡的反思。反思的目的由最初的"反清复明"之愿景转化为为新的统治制度提供参考,而反思的起点则是整个明朝近三百年的统治史。因此,回溯有明以来政治、经济、文化的走向与变迁,不仅有助于准确地把握明清之际这一特殊历史时期下社会主要矛盾的形成缘由及历史全貌,也为研究吕留良具有强烈反思色彩的理学思想体系提供了更为全面细致的背景基础。

明朝的政治特点可以概括为黑暗腐朽、专制落后。明朝开国初,明太祖朱元璋便采取严刑峻法、严惩滥杀的手段加强专制统治,取消宰相制度,把认为对自己皇权有威胁的文臣武将一一除掉,连辅佐他开国的功臣亦少有幸免。其后代更是继承了他残暴贪婪的衣钵,整个明王朝充斥着锦衣卫、东厂、西厂等特务组织,党同伐异,暴戾恣睢。这种一姓之私天下而与四海百姓为敌的做法,在晚明更加猖獗,腐朽贪婪的统治阶级大量吞并百姓的土地,地租、徭役和赋税连年加重,大批农民丧失土地,也就丧失了基本的生存资料,以致穷困不堪甚至卖儿鬻女。在统治阶级残酷的剥削和压榨下,百姓四处逃亡求生,形成了数以百万计的流民,最终爆发了此起彼伏的农民起义,而此时的北方少数民族不断南下侵扰,明王朝统治逐渐开始分崩离析、走向灭亡。政治的腐败和堕落,预示着明朝迟早将会衰落的事实,诚如民国史学家柳诒徵先生所论:

> 朱明之亡,亡于李闯及满清,此尽人所知也。然李闯及满清所以能亡明者,实由于明室上下之腐败,不此之责,第归咎于李闯及满清,无当也。[①]

文化上,明朝以理学开国,程朱理学被钦定为官方哲学予以大力提倡,科举考试以"四书""五经"为内容,形成了非孔孟之书不读、非程朱理学不讲的理学盛况。程朱理学的官学地位,一方面使得这一思想体系在政权的加持下得以广泛推广普及;另一方面,专制皇权利用理学的纲常伦理为统治阶级服务,限制了理学内涵精义的超越性发展。明朝统治者以孔孟、程朱之是非为是非,人们只能笃信理学,不能有丝毫的质疑和非议,否则将招致杀身之祸。如此,士子们为求功名利禄,只知一味地死记硬背程朱之书,脱离社会实践空谈心性义理,更勿谈理学创新、经世致用。明中晚期,虽然程朱理学始终是朝廷科举考试和学校教育的内容,但阳明心学以其自由、解放的学风一跃而起,取代了程朱理学成为学术界具有影响力和生命力的思想体系。然而,心学注重内在道德自足、良知具足的思想倾向也使得其发展后期流弊益显,反而助长了明末

---

① 柳诒徵:《中国文化史》下册,东方出版中心,1996 年版,第 665 页。

日渐空疏的学风和腐朽败坏的士风。直接导致的后果就是明末内忧外患、国难当头之际，朝中士大夫依旧空谈仁义道德，竟无一人能提出具体有效的解决之方，士人只知礼乐道德教化，而不知兵刑钱谷。如崇祯皇帝曾召明末儒学大师刘宗周：

> 帝又问兵事。宗周言："御外以治内为本。内治修，远人自服，于羽舞而有苗格。愿陛下以尧、舜之心，行尧、舜之政，天下自平。"对毕趋出。帝顾体仁迂其言，命钤辅政，宗周他用。①

士大夫无法提出切实有效的政治策略，反映了明朝士大夫内部普遍存在的重义理、轻事功的倾向。钱穆先生曾评明末政治之弊："明末以廷议误国，事不胜举。要之不度时势，徒逞臆见，是非纷呶，贻误事机。举其要者，流寇既起，内外相乘，若暂和关外，犹可一意治内；而思宗迫于言路，不敢言和，廷臣亦无敢主和事者。"②总之，在阳明心学"求诸本心"的治学特征以及被科举制度束缚的程朱理学日渐狭隘迂腐的学术环境下，至明朝晚期，思想界总体呈现出对实际经济事功知识的严重缺乏，儒家传统"道问学"的问学路径已经彻底偏离"尊德性"的道德本体，一体一用之间出现了严重的断裂和分离。

与政治和文化上的腐朽、空疏相反，明朝经济呈现出一派生机勃勃的新气象，民间出现了新的生产力与生产关系，商品货币经济催生了资本主义关系的萌芽，雇佣劳动关系出现。与此同时，明朝政府也不得不实行一系列的经济改革措施，如以货币赋税代替实物赋税及力役之征，承认民间开矿的合法性等等，顺应了商品经济的快速发展需求。民间商品经济开始走向世界，与日本、南洋群岛之间的贸易往来日益频繁，更有数以万计的沿海居民移居南洋群岛，以对外贸易为谋生途径。新兴的商业和手工业市镇不胜枚举，如瓷器专业市镇的江西景德镇、丝织业市镇的浙江菱湖及南浔等。民间私人的对外贸易蓬勃发展，无论是明中叶的开放海禁还是明末的严行海禁，都无法阻止中国商人走向世界，他们"市通则寇转为商，市禁则商转为寇"③。过去，中国传统社会呈现的是以农业为本、男耕女织的和谐画面，然而嘉靖之后，传统社会关系发生了翻天覆地的变化，出现了"末富居多，本富居少""商贾既多，土田不重"的明显对比。"农业为本，商业为末"的传统观念被"工商皆本"的新观念所取代，

---

① 张廷玉等撰：《刘宗周传》，《明史》卷二五五，中华书局1974年版，第6578页。
② 钱穆：《国史大纲》，商务印书馆2018年版，第698页。
③ 谢杰：《虔台倭纂·倭原二》，《北京图书馆古籍珍本集刊》(10)，书目文献出版社1990年版，第231页。

文人亦能加入商业的洪流,将自己的笔墨字画等作品作为商品售卖获取收入,从而在经济上保障了文人的自尊与独立。这一切都表明,古老的中国社会正在历史的召唤下,从传统走向现代,从封闭走向开放。

这就是吕留良的时代,政治统治腐朽堕落,文化上空谈心性义理的空疏之学成风,而经济上正经历资本主义的萌芽和转型,生产方式的变革带来新的生产关系,进而对上层建筑产生深刻影响。这种影响是深刻的,新旧制度的交替造成贫富差距的空前扩大,社会的动荡加剧,最终受难的还是平民百姓。明末此起彼伏的农民起义,充分显示了明朝封建政权统治正走向穷途末路,并最终在北方少数民族的金戈铁马之下分崩离析。在吕留良的著作中,有大量揭露统治阶层自私腐朽的言论,这些言论绝非单单由易代之下的“华夷之辨”而发,而是与他亲历的全部生活世界,以及黑暗腐朽的社会现实分不开。他对君尊臣卑观念的控诉,对讲学、赋税、民间社会治理的控诉,是立足于当下社会现实之特殊性,而又具有历史普遍性的理性探讨。在这个新旧朝交接的时代,吕留良以其卓越的胆识和非凡的洞见对其所处的时代乃至整个人类文明史发起反思总结,体现了一名儒生应有之现实关怀与文化自觉。马克思在《资本论》中说:“这各种灾难,是由古旧生活方式的残存,以及跟着起来的各种不合时代要求的社会关系和政治关系引起。我们不仅为生者所苦,而且也为死者所苦。死者捉住生者。”[1]明朝的覆灭,是中国一千六百多年封建专制制度的又一次崩溃,而新的也是最后一次的重建,正跃跃欲试。

2　贯穿始终的朱陆思想博弈

明朝后期,王阳明建立的心学系统因其崇尚自由、简易直接的思想特征赢得许多青年士子的追捧,同时也遭到一些固守门户之见的朱子后学的严厉批判。朱陆两派之间一贯存在的思想博弈在王学出现之后演变为程朱与陆王两派之争,尤其是王阳明撰写的《朱子晚年定论》,对朱熹的许多言论掐头去尾、断章取义,以论证“朱陆早异晚同”说,引起了朱子学者的强烈不满。因此,这一时期学术界针对王学的批判,也是在表达对陆学的批判,朱陆思想博弈也就是朱子学与陆学、王学之间的思想博弈。总体来说,随着王阳明的离世,阳明后学泛滥流行于各地,风披既广,流弊亦显,尤其是晚明泰州学派“非名教所能羁络”的狂妄风气,猛烈撼动着传统儒家所维护的社会秩序的合理性和稳定

---

[1]　［德］卡尔·马克思:《资本论》,中国社会科学出版社1983年版,第3页。

性。有鉴于此,许多恪守紫阳之学的学者展开了对陆王之学的抨击和反驳,而心学后学中的修证派①及其支流致力于纠正王学流弊,在面对朱子学者的驳斥发难时,亦采取了积极回应的姿态。

明末,批判陆王之学的代表人物有冯柯(字子新,号宝阴,别号贞白)、陈建(字廷肇,号清澜)。冯柯认为致用实学是圣学之所以成为圣学的本质所在,朱子强调"格物穷理",主张于事事物物上穷理,是为达到致用的目的而作的工夫准备。② "理""实理""定理"是他用来批判陆王之学的一个根本原则。由此立意,他否定陆象山"六经注我"的态度,认为违背了圣学致用之精神;也批判王阳明"良知即天理"的主张,强调这将使"理"成为一种无定式而置事物于混淆当中。针对王阳明批判朱熹"格物穷理"是"支离之学"的指控,冯柯强调这种指控是断章取义的误解,朱熹的"格物致知"同样以反身穷理为主,最终要达到"吾心之全体大用无不明"的境界,并没有离开涵养讲格物,也并没有遗内而求外,涵养与格物是同一过程,是真正的内外合一之体。③ 在对王学批判时,冯柯将"良知""致良知""去欲存理"等王学概念与《四书章句集注》中的内容一一对应,指出王学意旨并不出朱学之畛域。然而王阳明不仅不承认自己学说本质上是以朱子学为宗,反而处处语出惊人,标新立异,歪曲指责朱子之学是支离之学,并凭借简易直接的噱头吸引众多读书人的追捧,扰乱了士风及学风,而真正传承圣学的朱子学却被刻意地误解和抛弃。④ 需要特别注意的是,冯柯虽然对陆王之学持批判态度,但仍区别了陆学和王学,冈田武彦先生曾指出:"据贞白说,陆学中虽有禅家之意,但原本出自告子,而非来自禅氏。然而,王学则本来就是来自于禅氏。至于陆王之间的差异,也还有如下论述:陆子之学,因为经历了磨炼和辛苦,所以虽提举大纲而倡之,但仍有细密之理会,因而是笃实的。然而,阳明因为本来是豪杰之士,故无细密之理会,只不过是看到了空漠的陆学之大纲,而加以效仿而已。这就犹如陆子所谓'跟随别人脚跟,伊伊学语'。当然,尽管阳明之学与陆子之学极为相似,但是存在别样成分。

---

① 以日本九州大学著名的阳明学研究专家冈田武彦先生对阳明后学学派的划分为依据,冈田先生将阳明后学分为现成派、归寂派、修证派,他认为:"从事救正流弊、保持王学正宗,并对付朱子学者对王学之发难的,是修证派及其支流……修证派的着眼点是在于矫正其他两派尤其是现成派的流弊,因而势必产生接近朱子学的倾向,其中甚至有明显倾向朱子学的学者。"参阅〔日〕冈田武彦:《王阳明与明末儒学》,重庆出版社 2017 年版,第 230 页。

② 参见冯柯:《修学篇》,《贞白五书》,丛书集成续编第 170 册,台北市新文丰出版公司 1988 年版。

③ 参见冯柯:《求是编》卷三,《丛书集成续编》第 188 册。

④ 参见冯柯:《求是编》卷三,《丛书集成续编》第 188 册。

例如,陆子以为学有讲明与践履之别,但阳明却不承认这种差别;陆子以为知与行有先后之别,但阳明却不仅不承认,而且主张两者合一;陆子提倡究明物之理,而阳明则认为心外无物而专任于心。"[1]可见冯柯对陆王之学的批判之细微与理性。

陈建是明末坚守朱子学、批判陆王之学的一支主流力量,在批判佛老异端时,引用了胡居仁(字叔心,号敬斋)"儒者养得一个道理,释、老只养得一个精神"[2]的观点,以此来论证"养神一路"的批判异端方法。他将陆学提倡的"间旷虚静、恬淡退究"之自在精神归为与佛老相似的"养神一路","养神一路,象山、禅学之实也,异于圣贤、异于朱子之实也"[3],从这个角度谴责了陆学的异端倾向。另一方面,陈建大力提倡朱子学"敬义夹持,诚明两进"的实践工夫,主张朱子之学是兼顾未发和已发、涵养和省察、敬和义,如此才不易陷入异端邪说之窠臼。[4] 陈建的朱子学阐述路径与辩驳异端的方式与吕留良有相似之处,即他也是站在"夷夏之辨"和民族主义的立场上展开批判的。他认为佛教传入中国是外来文化的入侵,而儒家才是中华正阳之道,《学蔀通辨》中指出:

> 按此言,则知异端之害,不独系圣道之明晦,尤关系世道之盛衰。呜呼! 清谈盛而晋室衰,五胡乱华矣;禅谈盛而宋室不竞,女真入据中国矣。二代之祸,如出一辙,然后知程子之忧深而虑切矣,岂非后学之永鉴乎![5]

陈建将晋朝与宋朝衰亡的原因归结为外族文化——佛教的侵蚀,所以他坚决反对"朱陆同异"说与"朱陆早异晚同"说,只有朱子学才是真正的圣贤之学,而陆学、王学则是与佛教一路的"阳儒阴释"之说。尤其针对明初程敏政所编著的《道一编》与明末王阳明《朱子晚年定论》所阐述的"朱陆早异晚同"论,陈建还编撰了《学蔀通辨》一书,通过引用朱、陆的年谱、行状、语类等条例,对这两种论说进行了猛烈的回击,并谴责程敏政是"护法善神",王阳明则是"传法妙门",他们都是与佛教异端为伍的阳儒阴释之徒。

同时,这一时期王学体系内部针对朱子学者批判予以积极回应的主要是修证派,其特点是力图救正王学的流弊,以保其正宗,并应对朱子学者的发难

---

① 《王阳明与明末儒学》,第 295 页。
② 黄宗羲:《崇仁学案一》,《明儒学案》卷二,中华书局 2015 年版,第 32 页。
③ 陈建:《学蔀通辨》后编序,商务印书馆 1936 年版。
④ 参见陈建:《学蔀通辨》后编上,商务印书馆 1936 年版。
⑤ 《学蔀通辨》卷八,第 116-117 页。

和诘问。又因他们的主要着眼点是矫正现成派①与归寂派②的流弊，所以在阐述思想义理时有趋近朱子学的倾向。这一学派的代表人物李材（字孟诚，人称见罗先生，止修学派创始人）是邹守益（字谦之，号东廓）的门人，邹守益在世时就针对王学流弊而强调"性"的重要性。李材继承了其师的学术大旨，并更加彻底地把心与性分开，提倡心性二分的二元论，目的就是要提高"性"作为道德规范和伦理立场的纯粹性。③ 这样一来，李材的立场就十分明确了，他反对"以心为宗"的立场，认为阳明的"心即理"会导致知与用之间出现矛盾，"良知"的提出容易使人陷入向外支离、空疏诞漫以致恣肆任情的后果，道德规范所具有的严肃性就会丧失。从这个立场出发，李材进而批判朱熹二元论的不彻底性，认为朱熹虽然主张心性二分、理气二分、性情二分，但又关注这些范畴之间的相互关系，心性、理气、性情成为不可分离的浑一，这就使朱子学也有"宗心"的倾向，可见朱熹虽然反驳陆九渊的学说，却也犯了与陆氏相同的错误。④ 在修证王学、批判朱学的立场之上，李材提出"摄知归止"和"止修并举"说，"止"即"止至善"之"止"，"修"即"修身"之"修"。以修身为本，格致诚正、修齐治平是修身的工夫，而止至善统摄格致诚正，使心意知物各得其位。这样一来，止至善与格致诚正、修齐治平之间形成体与用的二元关系，本体不致堕入佛门性空之窠，而工夫也不会走向支离功利之臼，落实到修身之上，"身"就完成了即本体即工夫的一，从这个层面讲"吾身即宇宙"自然成立。⑤

对于李材的"止修并举"说，黄宗羲在《明儒学案》中这样评价：

> 止修两挈，东瞻西顾，毕竟多了头面。若单以知止为宗，则摄知归止，与聂双江之归寂一也。先生恐其邻于禅寂，故实之以修身。若单以修身为宗，则形色天性。先生恐其出于义袭，故主之以知止。其实先生之学，以止为存养，修为省察，不过换一名目，与宋儒大段无异，反多一张

---

① 依据冈田武彦先生的观点，现成派以王畿、王良为代表，主张把阳明所说"良知"看做现成良知，强调"当下现成"，轻视工夫，主张"本体即工夫"。至明末，现成派思想流于禅学而走向猖狂一路。

② 依据冈田武彦先生的观点，归寂派以聂豹、罗洪先为代表，以"主静"为"致良知"的宗旨，主张归寂立体、立体达用，以契合程子"体用一源、显微无间"的主旨。因以"归寂"为宗旨，故而更倾向于以静肃为宗的宋代性学。

③ 参见李材：《书问节语》，《正学堂稿》卷二十八，《儒藏》精华编第 262 册，北京大学出版社 2012 年版。

④ 参见李材：《答陆兰台书》《答吴养志书》，《正学堂稿》卷六。

⑤ 参见李材：《答舒梦滩书》，《正学堂稿》卷三；《答吴养志书》，《正学堂稿》卷二十一；《答徐时举书》，《正学堂稿》卷五。

皇耳。①

黄宗羲认为,李材的"止修并举"的确是为了纠正王学良知现成派与良知归寂派的流弊而提出的,但其思想的实质仍不出宋儒的涵养省察之说,所以他是在拾宋儒之牙慧纠王学之偏弊。之所以把李材的思想列为"朱陆博弈"中陆王一派的代表,是因为当时程朱理学和陆王心学两派之中左派代表人物所阐述的思想观点都具有极强的指向性和攻击性,他们的讨论完全立足于各自所宗之学,乾纲独断,带有明显的门户之见,实质上并未体现出两派之间理学精义层面的切磋交流。但李材所代表的修证派试图通过回归宋儒的方式来修正王学,在当时并不多见,他自己亦是私淑主张浑一工夫的程明道,所以在论述上更为中肯,学术立场也纯粹,而非囿于门户。他承认朱学对王学"宗心"的批判,并以彼之矛攻彼之盾,反驳朱子的"性即理"不在心上实践工夫导致性体落空,同样也有"宗心"的倾向。这种对王学修证及对朱学批判的方式,看似较为温和,却比当时自说自话的极左派学者更有批判力度,也更具学术价值。

3 调和朱王的思潮涌动

从纵向角度考察理学发展的脉络,可以发现贯穿整个明朝的理学主流思潮呈现朱学—王学—朱王调和的走向。明初,程朱理学被钦定为官方哲学思想,朱熹的《四书章句集注》成为科举考试的标准教科书,导致朱学快速沦为干禄之学,其思想体系中注重心性修养的道德内涵也面临着堕落危机。思想的禁锢与沉闷催生了王阳明的良知心学,其推崇活泼、自由的精神内核而给整个思想界带来了一场暴风雨般的洗礼,而其后学陷溺于束书不观、良知现成的治学路径,导致纵情肆欲、狂放不羁的所谓"真性情"猖獗不已。程朱陆王之间的论辩角逐,从明朝灭亡之后开始普遍具有反思明亡的意味,更多学者加入其中展开讨论。许多人将明亡之罪魁祸首归咎于心学造成的空疏狂妄之学风及其对儒家纲常伦理的扫灭,而朱子学也乘势抬头。当复兴朱子学与批判王学的两股浪潮交织在一起,到明清之际,理学发展最终呈现朱王调和的态势,无论是在王学内部,还是在朱学内部,都涌现出调和两派的思想主张,声势浩大的属东林学派与理学宗师刘宗周。

东林学派是一支经由王学而产生的新朱子学派,东林会约便是取朱熹《白鹿洞书院揭示》作为学宗旨,而该学派创始人顾宪成(字叔时,号泾阳)是王门

---

① 《止休学案》,《明儒学案》卷三十一,第 667-668 页。

薛应旂(字仲常,号方山)的门人。薛应旂的理学思想就有折中朱王的倾向,他排斥良知现成派的空虚顿悟,强调务实工夫,反对朱陆两派的互斥争辩,认为两派学说的最初源头都是孔孟之学,因此都有可取之长,亦都有可去之短。顾宪成深受其师的影响,不过立场上更倾向于朱子学,他对陆王之学采取批判的态度,总体上是调和朱陆的立场。东林学对王学展开的批判,依钱穆先生的观点,可以分为三个方面:其一辨王阳明"无善无恶心之体";其二辨工夫与本体;其三辨气质之性与义理之性。顾宪成对王阳明"无善无恶心之体"之辨最为得力,黄宗羲评价他:

> 先生深虑近世学者,乐趋便易,冒认自然,故不思不勉,当下即是,皆令究其源头,果是性命上透得来否?勘其关头,果是境界上打得过否?而于阳明无善无恶一语,辨难不遗余力,以为坏天下教法,自斯言始。①

这表明顾宪成对王学崇尚任情自然、当下即是持反对态度,并对"无善无恶"之说展开辩难,认为这种观点无异于"以学术杀天下后世",是"坏天下教法"的始作俑者。他从"性"范畴入手,明确提出复兴性善论的主张,既是为了反驳王阳明的"无善无恶"说,也是为了辩难告子和佛老的性说。他说:

> 性太极也,知曰良知,所谓乾元也;能曰良能,所谓坤元也;不虑言易也,不学言简也。故天人一也,更不分别。自昔圣贤论性,曰"帝衷",曰"民彝",曰"物则",曰"诚",曰"中和",总总只是一个善。告子却曰"性无善无不善",便是要将这善字打破。自昔圣贤论学,有从本领上说者,总总是个求于心;有从作用上说者,总总是个求于气。告子却曰:"不得于言,勿求于心;不得于心,勿求于气。"便是要将这求字打破。求字打破,工夫也只是一个空,故曰告子禅宗也。②

顾宪成以"太极"释"性",性是实现天人合一的本体存在,它裁成万物并内化于万物之中,是帝衷物则的善本体,而绝非告子所谓的善恶不定之体。这种本体存在超越了有与无、着与不着,因此不能通过性来求一个"空"或者"无"。性与善是一而非二,"善字打破,本体只是一个空"③,所以他强调不能离善求性,否则会滞于空;同样也不能离性求善,否则会滞于有。由此,顾宪成批判王阳明的"无善无恶"说打破了善的圆融统一,使本体之性成为空,从而连工夫也一并

① 《东林学案一》,《明儒学案》卷五十八,第1379页。
② 《东林学案一》,《明儒学案》卷五十八,第1381页。
③ 《东林学案一》,《明儒学案》卷五十八,第1380页。

堕入虚空。"无善无恶说"还使得善与性分离,并走向离性求善而滞于有,最终会陷入没有是非善恶之分别的乡愿之流。在明末阉党祸乱朝纲、迫害东林清议士人的严峻政治环境下,以顾宪成为典型的东林学者力辟"无善无恶说",既是为了回击李贽等心学后学对纲常伦教的冲击,也是为了揭露那些打着猖狂无忌为不好名的幌子、投奔阉党的小人之流,具有深刻紧迫的现实意义。

东林学派关于工夫与本体之辨针对的是王学末流伪良知的流弊,由于许多王门学者热衷于体悟良知本体,忽视实践工夫,导致学问脱离现实而流于空虚。东林学者一反其道,呼吁以工夫为重,钱一本(字国瑞,号启新)便是其中的代表人物,他的学问忌谈本体,重视工夫。黄宗羲概况其学:

> 先生之学,得之王塘南者居多。惩一时学者喜谈本体,故以"工夫为主,一粒谷种,人人所有,不能凝聚到发育地位,终是死粒。人无有不才,才无有不善,但尽其才,始能见得本体,不可以石火电光,便作家当也"。此言深中学者之病。至谓"性固天生,亦由人成,故曰成之者性"。夫性为自然之生理,人力丝毫不得而与,故但有知性,而无为性。圣不能成,愚不能亏,以成亏论性,失之矣。①

钱一本以一粒谷种比喻人之性,强调了人性后天化育、扩充的重要性,他从孟子论性的角度主张"尽其才"才能"成之者性","四端只是果芽,若不充长,立地成朽"②。针对当时许多王门学者不注重实践工夫,一味地在本体上虚逐光景,他强调应当注重"存心养性""戒慎恐惧""反身而诚"等儒家传统修身养性的方法。只有在日常生活中切实付诸实践,才有可能使主体内在本有之"性"获得保全和涵养。

气质之性、义理之性之辨与上文本体、工夫之辨相通,舍弃本体而空谈工夫,与舍弃义理而空谈气质,其弊病之根源同出一辙,都是由于好逐光景而悬于空虚。所以与论学重工夫一样,论性也侧重气质,孙慎行(字闻斯,号淇澳)关于气质之性的讨论较多,《明儒学案》记载:

> 先生谓性善气质亦善,以麰麦喻之,"生意是性,生意默默流行,便是气;生意显然成象,便是质。如何将一粒分作两项?曰性好,气质不好?"盖气裹实有不齐,生而愚知清浊,较然分途,如何说得气质皆善?然极愚极浊之人,未尝不知爱亲敬长,此继善之体,不以愚浊而不存,则气质之非

---

① 《东林学案二》,《明儒学案》卷五十九,第1437页。
② 《东林学案二》,《明儒学案》卷五十九,第1441页。

不善可知。①

孙慎行反对将性与气质剥离甚至对立,主张气质和性一样是万物生成、流行的内在之源。他以䅆麦为喻,䅆麦先天具有的生意就是性,这是生命流行的潜能,但倘若仅靠这一点潜能是无法完成其生命的整个过程的。只有将生意之性的潜能扩而充之,使䅆麦能够完成生根、发芽、结果的一系列生命流行之过程,䅆麦方能复归其本真状态。这种扩而充之的能力便是气质,气质使万物之性所具有的生意能够流行、发育,使万物能够还原并复归其本真状态。离开了气质而论性,则事物的生意只是一团寂静;离开性而论气质,则事物丧失其生意之本原,更无从言说生生之流行。孙慎行肯定了气质之性的先天性,既为先天,则必然符合自然之善,所以无论个体气秉之清、浊有多不同,气质之性都是善的。由此,他批判了宋儒的变化气质说,进而追溯到荀子的性恶论以及孔夫子的习,指责这是后儒对气质之性的歪曲误解。总之,孙慎行的观点是气质与性并非对立,二者是万物之所以能够生、成、毁、亡的共同来源,缺少任何一方都不能实现万物的生意流行。

东林学是经由王学而产生的新朱子学,而刘宗周之学则是经由朱子学而产生的新王学。刘宗周早年受东林学派的影响,崇尚朱子学,以程朱理学的居敬为学问之要,中年信奉王阳明之学,后在王学的基础上建立了一个以慎独诚意为大旨的新思想体系。关于他的学术变迁,门人黄宗羲这样评价:"盖先生于新建之学凡三变:始而疑,中而信,终而辩难不遗余力,而新建之旨复显。"②所以大抵上可说刘宗周之学是明末以来针对王学思想的批判性继承与总结,其基本的内涵主旨并未超出王学之范畴。刘宗周思想的基本特点是以慎独为宗,以诚意为体,他对王阳明"心之所发便是意"的观点进行了修正,主张意为"心之所存"。他说:

> 心所向曰意,正是盘针之必向南也,只向南,非起身至南也。凡也向者,皆指定向而言,离定字,便无向字可下,可知意为心之主宰矣。③

意乃心之主宰,主宰有本体、本质、根本等内涵,可见在刘宗周的思想体系里,意是一个比心更为本质的范畴。他反对从"已发"的层面理解意,主张从未发的、根本的角度讲,如同指南针具有必然指向南方的属性一样,主体的意是具

① 《东林学案二》,《明儒学案》卷五十九,第1449页。
② 黄宗羲:《子刘子行状》卷下,《黄宗羲全集》第一册,浙江古籍出版社1985年版,第254页。
③ 《蕺山学案》,《明儒学案》卷六十二,第1557页。

备某种指向性、主宰性的属性,这种属性的具体内涵就是"好善恶恶"。

刘宗周从《大学》以"如恶恶臭、如好好色"论诚意中获得启发,进而对意的主宰作用展开了讨论,

> 其言意也,则曰好好色、恶恶臭,好恶者,此心最初之机,即四者(忿懥恐惧好乐忧患)之所自来,故意蕴于心,非心之所发。①
>
> 如恶恶臭、如好好色,盖言独体之好恶也。②

"独体"就是本然之体,就是意,意是"心最初之机",正是此"最初之机"主宰并定向了个体履行好善恶恶的整个过程。刘宗周清楚地看到"知善知恶是良知"的弊病,"因有善有恶而后知善知恶,是知为意奴也,良在何处?"③认为阳明的四句教使"知"落于"意"之后,从而良知失去其应有的本体性、主宰性。所以他把"好善恶恶"作为个体内在的、原始的指向,这个指向由意来完成,"好善恶恶"之意念不是在对象之后才生出的意念,而是先于对象的本质存在。由此,刘宗周完成了把意置于比良知更本质更原始的理论建构,心学后学以后天意念为良知、恣意而行的弊病得到根本解决。

简而言之,在刘宗周的理学体系中,作为本体的意根、独体与王阳明的良知本体地位相当,不过良知本体在阳明后学的发展中逐渐流于现成、已发,轻视实践工夫,意的提出就是为了匡正此弊。意根、独体的本体论发之于实践工夫层面便是诚意、慎独的工夫论,刘宗周非常重视慎独、诚意的工夫,他否定朱子将慎独视为已发工夫的观点,强调意的主宰地位,主张意无所谓未发、已发,诚意工夫也无所谓动和静、未发和已发。刘宗周的理学思想可以视为心学体系经由心—知—意的逐层深入发展,从陆九渊的"发明本心"始,经过王阳明更为细密的"良知本体",直至刘宗周将意作为主体本有的、支配后天思虑活动的最初意向,亦由此解决了王门后学将主观意念掺入"先天正心"的良知现成派弊病。可见,心学的思想内涵正朝着由显归秘的方向逐渐完善,理论架构也更加细密。

总结东林学派和刘宗周的调和思想,可以发现明清之际理学界的主要特点是不再执拗于一家之言、门户之偏,而是更加自觉地从宋代诸儒的思想中寻找答案,甚至上溯孔孟,从孔孟的经典源头中重新考量理学史发展的出路,这是思想上的"靡革匪因、靡故匪新"。这一时期的理学进入了总结历史的阶段,

---

① 《蕺山学案》,《明儒学案》卷六十二,第1519页。
② 《蕺山学案》,《明儒学案》卷六十二,第1532页。
③ 《子刘子行状》卷下,《黄宗羲全集》第一册,第254页。

朱子学者和王学学者开始互相汲取思想养分来丰富各自的理学内涵，同时也会毫不忌讳地展开批判和自我批判，他们的立场不再局限在当下时代，也不再囿于自身的学问框架，而是着眼于现实的社会危机，将视域扩展到思想史的源头，其思想观念具有显著的现实关切。因此，所谓的新王学与新朱子学并没有十分严格的界限分明，与其给他们贴以姓朱或姓王的标签，不如将这些大放异彩的学问体系统统归为儒学之树历经千年成长而结下的累累硕果。自调和朱王的思潮过后，随着清廷日益专制严苛的文化统治，宋明以降注重义理发明的理学发展微乎其微，清朝的儒学步入了一个与此前完全不同的发展路径。所以，吕留良处在宋明理学发展的最后巅峰时代，而这个巅峰主要是由调和派创造的，在这样的时代背景下，吕留良仍旧坚持朱子学的坚定立场，力倡紫阳之学，并对心学及佛老之学严加排斥，可谓当时理学界的一支独特力量。作为一个非主流的宗朱派学者，在调和朱王的浪潮冲击之下，吕留良的朱子学立场及其尊朱辟王论究竟能使他的理学思想开出什么样的新生面？下文将从社会史和学术史的角度，分析吕留良所处社会历史背景的特殊性以及理学发展在这一时期所呈现的趋势和走向，结合吕留良在历史环境中扮演的角色及承担的责任，以期能更加准确地把握吕留良理学思想的精髓及历史意义。

1 吕留良的生平、交友与著述

1.1 生平

1.1.1 出生及早年抗清活动

吕留良(1629—1683),字庄生,号东庄,后易名光轮,字用晦,号晚村,又自号耻斋老人、南阳村白衣人,晚年落发袭僧服,僧名耐可,字不昧,号何求老人,明末清初浙江嘉兴府崇德县(今浙江省桐乡市崇福镇)人。吕氏家族并非高门望族,世代以经商为业,至曾祖吕相时,财富已达"盛至倾邑"的规模,但因家族无在朝为官之人,社会地位一直不高,常常遭受当地官员的倾轧勒索。直至其高祖吕淇,始登仕途,官至锦衣武略将军,本生祖父吕熿与怀庄王之女南城郡主结婚,为淮府仪宾中奉大夫。吕留良是遗腹子,生父吕元学逝世四个月才出生,出生后因生母杨氏无力抚养,故托于三兄吕愿良夫妇。十三岁时,母亲杨氏亦因病逝世,所以吕留良的童年是在为双亲披麻守孝中度过,正如他自呈:"计自始生至十五岁,未尝脱衰绖。视他儿衣彩绣,曳朱履,如衮鸟之不易得。"①心境之凄苦可想而知。

吕留良天性聪慧,八岁便能作文,十三岁参与崇德县孙爽、侄吕宣忠倡导的徵书社,因出众的才华受到同邑文人孙爽的青睐,孙爽以读书力学嘱之,二人遂为忘年之交。崇祯十七年(1644)三月李自成攻陷北京城,皇帝朱由检自缢于煤山,十六岁的吕留良闻此消息,呕血数升,悲痛几绝。旁人劝解其勿过

---

① 《吕留良全集》第一册,第 256 页。

于自苦,他严辞道:"今日天崩地坼,神人共愤,君何出此言也!"①次年开始,与宣忠一同积极投身各地抗清运动,毁家纾难,奔走于山林草莽之间,力图救国。无奈清兵势力强大,各地抗清组织逐渐被一一镇压下来,宣忠也被捕慷慨殉难,年仅二十四岁。吕宣忠的舍身就义对吕留良的精神打击非常大,他清楚明王朝的覆灭已成定局,复明之望化为泡影,于是自此返回家乡崇德,潜心书册,专意治学。

1.1.2　中年出试清廷及弃诸生

少年经历山河颠覆和亲人罹难的吕留良,内心对清王朝充满了反抗和仇恨情绪,他视清兵入主中原为华夏民族的耻辱。然而,由于家族内部的压力以及仇家的构陷,他不得不于顺治十年更名光轮,出试清廷,为邑诸生逾十余年,以全身保家。康熙五年,三十八岁的吕留良内心备感煎熬,他决意放弃清廷诸生身份,坦荡地向世人展示自己的明遗立场,于是在就试前夜造访了学使陈执斋,希望能成全自己的守节志愿,并以诗示之:"谁教失脚下鱼矶,心迹年年处处违。雅集图中衣帽改,党人碑里姓名非。苟全始知谈何易,饿死今知事最微。醒便行吟埋亦可,无惭尺布裹头归。"②陈执斋读后深为所动,非常敬佩吕留良的胆识和气节,感叹"此真古人所难,但恨向日知君未识君耳"③。张符骧在《吕晚村先生事状》中记载:

> 当是时鳌折尘扬,巢倾卵覆,瓮绳无蔽,风雨渹漂。先生悲天悯人,日形瘝叹。而怨家猜咻不已,眠先生者咸曰:"君不出,祸且及宗。"先生不得已,易名光轮,出就试,为邑诸生。自癸巳迄丙午,展转十余年,仇复事定,乃得弃去。尝作诗,有"苟全始信谈何易,饿死今知事最微"之句。④

十四年的清廷诸生生涯,让吕留良尝尽了无奈和煎熬的滋味,弃诸生的举动表明他已绝意功名,同时也意味着他拒绝承认新政权、拒绝参与新朝政治、自我边缘化的决心。晚年的他每每忆起应试科考一事,总不免生出许多悔恨之叹。如果说二十五岁的吕留良出试清廷是违背心志的被迫无奈之举,那么三十八岁的他以一首《耦耕诗》宣告拒绝仕清便是经多年自省沉潜后的主动选择。吕

---

① 《吕留良全集》第二册,第882页。
② 《吕留良全集》第三册,第443页。
③ 卞僧慧:《吕留良年谱长编》,中华书局2003年版,第147页。
④ 《吕留良年谱长编》,第92页。

留良一生喜结交良友,尤其是坚守遗民矩矱的明遗人士,彼此共同的家国罹难经历和志向节操使得吕氏的遗民意识逐渐清晰且坚定,他自己也在这个特殊的历史群体中逐渐成长为群体规范的楷模,其理学体系形成的一个重要基石便是他对遗民道德的体认和践履。清廷邑诸生的人生经历,既给吕留良的精神世界带来诸多困扰和煎熬,也为他建构朱子学思想的新内涵起到推动作用。

1.1.3　晚年削发为僧誓不仕清

康熙十七年,为了笼络前朝名士、巩固思想统治,清廷招举博学鸿儒,浙江省举荐吕留良,他誓死不就,经子侄的多方走谒疏通才得以免除。两年后,清廷再次招举山林隐逸,吕留良又一次在举荐名单之上。迫不得已,他剃去头发,穿起僧服,取僧名耐可,缁服为隐,在吴兴埭溪的妙山建造了一间小庵居住,题名为"风雨庵",还作《自题僧装像赞》聊以自嘲:

> 僧乎不僧而不得不谓之僧,俗乎不俗亦原不可概谓之俗。不参宗门,不讲义禄。既科呗之茫然,亦戒律之难缚。有妻有子,吃酒吃肉。奈何衲褐领方,短发顶秃。儒者曰是殆异端,释者曰非吾眷属。咦! 东不到家,西不巴宿。何不祖裳以游裸乡,无乃下乔而入幽谷。然虽如是,且看末后一幅。竖起拂子,一喝曰:"咄! 唠叨个甚么,都是画蛇加足。"①

削发为僧的举动让很多人无法理解,因为无论是在日常生活还是理学思想中,吕留良对佛老二氏无一例外地持强烈驳斥态度。例如他曾极力阻止邑内建造寺庙事宜,为此还专门托朋友说服县令,细数佛教异端诬民祸世、平添民生负担等危害,致使寺庙建设最终未果。如此憎恶僧道,却主动堕入佛门,对吕留良而言,实乃极其痛苦的无奈之选,亦足以证明他对故国之忠诚,甚至重于自身的好恶得失。他耻于与清廷合作,而只有成为方外人方可彻底断绝清廷的恩威逼迫,保全气节。自中年绝意仕途弃诸生,吕留良的遗民意识便已彻底觉醒,誓不仕清是他回归遗民身份后的志趣与坚守,在个人爱憎与民族大义面前,他毫不犹豫地选择后者,即使因此成为他憎恶的僧徒之辈也在所不惜,个中悲怆之情无以言表。

明清政权的鼎革客观上造就了一批遗民群体,而"士"是其中具有典型性的遗民,他们或选择枯槁于山林之中,自我边缘化;或标榜拒绝"高尚",另择道而行。当遗民遇上新的王朝政权,个体的出处选择便蒙上了一层浓厚的道德

---

① 《吕留良全集》第一册,第209-210页。

意义,其中的道德评判标准便在遗民的生活方式与出处选择中逐渐形成。值得注意的是,遗民的生存方式和道德规范一旦被普遍认可,必然会出现挑战这种生活模式的反面声音。只不过在过往的历史情境中,无论是宋遗还是明遗,隐逸、不应征召的处士选择始终占据着主流传统。吕留良的绝仕弃诸生亦是如此。更有极端者,吕留良的好友黄周星,同样也是被招博学鸿儒,躲到湘潭才得免,后又被招山林隐逸,无奈之下,选择自投浔阳江而死,以保不仕二主的遗民气节。可想而知,在当时特殊的时代背景下,遗民之"处"既是对新朝的最后反抗,也是坚持自我人格独立的自由自主。吕留良平生言拒佛老,晚年却为了躲避清廷之召而断发出家,这种选择所体现的悲剧色彩,不亚于投江而死的黄周星。

1.2 交友

吕留良出生于一个富裕的大家族,从小天资聪颖,博学多才,精通天文、谶纬、乐律、兵法、星卜、算术、丹经、梵志等书籍,工于书法、投壶、拨阮、技艺之事,平生一大爱好就是收藏砚台。[①] 所以广结良友,如少年时便引为挚友的陆文霦,友谊始终不渝的高旦中,著名的朱子学者张履祥,以及浙东黄宗羲黄宗炎兄弟。此外,由于吕家在南京经营天盖楼书局,兼刻书、印书、发行和贩卖等事务,吕留良常常奔波崇德与南京两地,加之他本人喜好游山玩景,故结交了许多志同道合的朋友。他自呈"某粗疏人也,平生以朋友为性命"[②],朋友有难,必倾囊相助。有故人客死于西湖边,吕留良听闻恸哭不已,亲自赶往杭州将其妥善安葬于南屏山,其视朋友之重如此。终其一生,交友甚广,笃于情谊,而自尊倔强、不喜权变的狂狷个性,又容易使他与朋友之间发生分歧摩擦。其中,吕留良与黄宗羲之间恩怨交加的纠葛直至今天仍是一个不解的历史谜团,他与朱子学者张履祥的交往,也由最初的亲近走向疏离,无论最终结局如何,这两段交友历程对吕留良的人生态度和治学理念产生了非常深刻的影响,这一点毋庸置疑。

---

① 《吕留良全集》第二册,第 864 页。
② 《吕留良全集》第一册,第 46 页。

1.2.1 吕黄之交始亲终隙

黄宗羲(字太冲)出生于绍兴府余姚县,父亲是著名的"东林七君子"之一,家族声望显赫,黄宗羲与弟宗炎(字晦木)、宗会(字泽望)并称"浙东三黄"。吕留良初次与黄氏家族打交道时年仅十四岁,黄宗炎有诗《哭吕石门》曰:

> 与君季兄游,忆在壬午岁。君时甫十四,双目炯吐锐。气薄层云高,诵读时嗜嗜。记此久不忘,长使魂梦缀。①

吕留良在《友砚堂记》中亦有记载:

> 忆予年十四,见泽望于东寺,气象伟然,与子度坐禅榻论《司马温公集》,予侧聆之,不敢问难。②

> 己亥,遇余姚黄晦木,童时曾识之季臣兄坐上,拜之东寺僧寮,盖十八年矣。崇祯年间,晦木兄弟三人以忠端公后,又皆负奇博学,东林前辈皆加敬礼。③

三兄吕愿良曾兴办澄社,吸引四方之士前来讲学论道,吕留良从小抚于三兄家中,耳濡目染,也因此得见许多有名望的学者。崇祯十五年,黄宗炎、黄宗会两兄弟至吕愿良家,邀约一起前往东寺相与论学,年仅十四岁的吕留良随侍左右。顺治十六年,距初次见面已时隔十八年,吕留良和黄宗炎于杭州正式会面,从此结为良友。

顺治十七年,在好友高斗魁(字旦中)和黄宗炎的牵线安排下,吕留良与黄宗羲于杭州孤山第一次会面,黄宗羲赠吕留良一方八角砚,以表朋友情谊。《友砚堂记》记载:

> 其秋太冲先生亦以晦木言,会予于孤山,晦木、旦中曰:"何如?"太冲曰:"斯可矣。"予谢不敢为友,固命之。因各以砚赠予,从予嗜也。④

至此,黄吕之交既定,二人常常互通书信,诗文往还,不亦乐乎。康熙二年,黄宗羲应吕留良之邀,前往吕家梅花阁坐馆授课,二人之间的来往更加亲密无间。黄宗羲每年多次往返崇德、余姚之间,吕留良总是相送至杭州,惜别之情

---

① 《吕留良年谱长编》,第72页。
② 《吕留良全集》第一册,第205页。
③ 《吕留良全集》第一册,第202页。
④ 《吕留良全集》第一册,第202页。

溢于言表。黄吕的高情厚谊一直持续到康熙五年，因共同购澹生堂祁氏藏书而出现裂痕，此后由于各种观念的偏差和误解，二人最终割席断交，再无瓜葛。关于黄吕关系交恶缘由之一——共购澹生堂祁氏藏书，后世有许多说法，黄宗羲自己在《天一阁藏书记》中记载如下：

> 祁氏旷园之书，初庋家中，不甚发视。余每借观，惟德公知其首尾，案目录而取之，俄顷既得。乱后迁至化鹿寺，往往散见市肆。丙午，余与书贾入山翻阅三昼夜。余载十捆而出，经学近百种，稗官百十册，而宋元文集已无存者，途中又为书贾窃去卫湜《礼记集说》《东都事略》。中山所存，唯举业讲章，各省志书，尚二大橱也。①

书贾指吕留良雇佣的使者，受吕氏之托和黄宗羲一同前往澹生堂购书。显然，黄宗羲的言外之意是书贾窃书的行为乃受吕留良指使，言语间淡漠鄙夷，无丝毫情谊。然而对于同一件事，沈冰壶在《黄梨洲小传》中有不同说法：

> 石门吕留良与先生素善，延课其子，既而以事隙。相传晚村以金托先生买祁氏藏书，先生择其奇秘难得者自买，而以其余致晚村，晚村怒。②

沈冰壶记载，澹生堂购书的资金由吕留良所出，黄宗羲以吕氏资金购得大量藏书之后，将其中的奇秘难得之书占为己有，而将其余零散归于吕留良，致使后者萌发怨恨。沈冰壶与藏书世家祁氏是同乡，均为浙江绍兴人，且并非吕氏或黄氏的门人，没有立场扭曲事实偏袒任何一方，他的记载应属较有说服力的。

再看全祖望的说法：

> 呜呼！吾闻澹生堂书初出也，其启争端多矣，初南雷黄宫讲学石门，其时用晦父子，俱北面执经。已而以三千金求购澹生堂书，南雷亦以束修之入参焉。交易既毕，用晦之使者，中途窃南雷所取卫湜《礼记集说》、王偶《东都事略》以去，则用晦所授意也。南雷大怒，绝其通门之籍。用晦亦遂反而操戈，而妄自托于建安之徒，力攻新建。③

> 旷园之书，其精华归于南雷，其奇零归于石门。④

全祖望学术上私淑黄宗羲，所记录的事件很大程度上偏袒黄氏。兹举一例，依

---

① 《天一阁藏书记》，《黄宗羲全集》第十册，第113页。

② 《吕留良年谱长编》，第149页。

③ 全祖望：《小山房祁氏遗书记》，《鲒埼亭集外编》卷十七，顾廷龙主编《续修四库全书》，上海古籍出版社1995年版。

④ 《小山房藏书记》，《鲒埼亭集外编》卷十七。

全氏所记,吕留良父子曾俱北面执经于黄宗羲,这是不符合事实的。顺治十七年,在黄宗炎、高旦中的介绍下吕留良与黄宗羲见面并结交,吕留良自称"予谢不敢为友",黄宗羲"固命之",并从吕氏之嗜赠八角砚一台。康熙二年,黄宗羲馆于吕氏梅花阁,授课吕家子孙,但与吕留良以朋友之道处之,并非师弟关系。而且在黄吕交往甚密之初,二人常以诗文相和,称呼上都取对方之字"太冲""用晦",从未见吕留良称其"先生""吾师"之类,每有诗相赠,对方亦必赋诗和之,可见二人就是朋友关系,并非全祖望所说的师弟关系。

　　然而就连私淑黄宗羲的全祖望,也承认在购澹生堂藏书一事上,黄宗羲以奇秘之书归于己,而以零碎归于吕留良,足证沈冰壶的记载是可信的。且全祖望亦承认购书所需的费用中,吕氏出了大部分,黄宗羲则以"束修"参与其中,然而黄宗羲以"束修"之力得购书之精华,吕留良出资大部分却只得奇零。客观论之,在澹生堂购书一案中,黄宗羲的行为有负朋友之托,实属失当。总而言之,自澹生堂购书之纷纭始,黄吕的友谊逐渐产生罅隙,此后二人渐行渐远。

　　购书风波后,从康熙六年开始,黄宗羲不再坐馆吕氏梅花阁,这一年,吕留良为黄宗羲作诗《问燕》《燕答》,《问燕》中有这样的诗句:

> 　　汝居得所我亦喜,何事不复相过语。呢喃闻汝向雕梁,咒尽穷檐不堪处。寄声留取当时面,黄姑织女犹相见。雕梁住久过穷檐,向有突栾窠一片。[1]

从中可以看到,此时吕留良虽然对黄宗羲有抱怨和不满,但仍旧以朋友的身份珍视并维系着过往的情谊。"汝居所得我亦喜"道出了他宽容友善的待友之道,二人只是没有之前那般亲密,但并未完全交恶。康熙八年,吕留良有《寄黄太冲书》,信中表达了对黄宗羲的日常关怀与问候,并赠送衣服、茶叶。种种迹象表明,彼时的二人并未因澹生堂购书一事而绝交。

　　真正引发黄吕绝交的导火索是在康熙九年,这一年发生了两件事,使得吕留良对黄宗羲彻底失望,并决绝而去。其一是吕留良从他处得知黄宗羲写了一封批评自己的书信,但是信件并没有寄出,而是给他人传阅,这让他十分恼怒,因为他一向认为"友过不净,非人友也"[2]。于是吕留良写信质问,认为黄宗羲如果尚且视自己为良朋益友,就应直言不讳地提出诤言,而不是背地指责。这件事使二人的矛盾公开化了,信中吕留良责问道:

---

　　[1]　《吕留良全集》第四册,第 539 页。
　　[2]　《吕留良全集》第一册,第 103 页。

　　诚望切磨之益，使得闻其过，则日迁于高明之域无难也。太冲有责善
之言，正某之所欲闻，奈何书成而不一示之耶？嗟乎太冲！天下舍读书负
气之人，望谁能言？使太冲言之而当，于太冲为知言；既言而未当，于太冲
岂有过哉？但于言之外别有委曲依隐之私，是则太冲未尝无言，而所以言
者先失其道矣，然于某正不当作如是观也。①

其二是二人共同的好友高旦中逝世，黄宗羲为其撰写墓志铭，评价旦中行医巧
发奇中，未必纯以其术，并铭言"日短心长，身名就剥；千秋万世，恃此幽斫"②。
吕留良听闻十分不满，力请改易，而黄氏不从。黄宗羲认为墓志铭应遵循古志
铭之法，如实地记载人物之生平；吕留良认为墓志铭不是作史书，应称美不称
恶，何况高旦中生前曾以行医解囊相助过黄氏。吕留良力争：

　　凡铭之义，称美而不称恶，原与史法不同。称人之恶则伤仁，称恶而
以深文巧诋之，尤不仁之甚，然犹曰"不没其实云尔"；未闻无其实而曲加
之，可以不必然而故周内之，而犹曰"古志铭之法当然也"。③

高旦中墓志铭一事，反映了黄吕二人关于交友之道和作铭原则的意见相左，也
体现了吕留良嗜友如命、重情重义的个性。至此，二人的矛盾完全激化。

　　信件风波及墓志铭风波使得黄吕情谊濒临破裂，二人停止了书信、会晤等
一切交流往来。时隔五年之后，也就是康熙十四年，吕留良时在杭州，黄宗羲
碍于情面没有亲自会面，于是遣子黄百家携书信一封、诗扇三首前来问候，希
望吕留良以诗相和，然而后者的和诗令黄宗羲大失所望，《黄太冲书来三诗见
怀依韵答之》三首中有：

　　越山吴树两曾勤，何日忘之诗不云。倚壁蛛丝名士榻，荒碑宿草故人
坟。相从歧路招扬子，谁出庐舟载伍员。惭愧赏音重鼓动，枯桐久已断
声闻。④

黄宗羲"书来三诗"的具体内容今已不得而知，但从吕留良的回应中能够大致
推测，黄氏有言归于好的意愿。吕留良虽怀念旧日情谊，然而终究回绝了，并
向对方表达断交的决定，吕留良学生严鸿奎的注释也证实了这一点：

---

① 《吕留良全集》第一册，第45-46页。
② 《高旦中墓志铭》，《黄宗羲全集》第十册，第317页。
③ 《吕留良全集》第一册，第51页。
④ 《吕留良全集》第四册，第872页。

太冲之交,实因鼓峰,鼓峰终始谊笃,而太冲后来凶隙,故因太冲之交绝而遂念鼓峰之不可作也。故又言有从歧路而招扬子者,无出庐舟而载伍员者,二句双承上意也。结语则正言已不求人之意,而毅然绝之矣。①

自此以后,二人不相问闻,分道扬镳,黄吕之间长达十五年的情谊彻底断裂。从最初的莫逆之交,变成最终的相忘于江湖,个中缘由究竟如何,已不得而知。从吕留良和黄宗羲现存的书信来看,二人关于绝交的缘由均言之甚少,后人只能从相关文献的只言片语中推测一二,有如下几种说法:

其一,购祁氏澹生堂藏书而交恶。关于购书细节,上文已有详细分析,可以肯定的一点是,黄吕二人的感情因购书一事有所疏离,但并没有绝交。购书争端之后,黄宗羲虽不再坐馆吕家,但是双方之间仍有互通信札、礼物,朋友之间的常规问候仍在延续。

其二,《高旦中墓志铭》之争而交恶。墓志铭之争的确是二人关系交恶的导火索,但仍不可说是根本原因。黄宗羲和吕留良均为学问高、涵养深的理学大家,在当时社会享有很高声望,墓志铭之争只能反映二人对铭书这一体例的书写原则不同。吕留良指责黄宗羲主要由于墓志铭主人高旦中是他们多年的共同好友,他认为黄氏为亡友所撰铭书言辞不当,生前沾光,死后便诋毁。从这件事推论吕留良因此事对黄宗羲的情谊变淡较为合理,但若就此断定吕留良因墓志铭一事而与黄宗羲绝交,未免显得过于锱铢必较,实在难以令人信服。

其三,学术宗旨不同而交恶。这一观点由钱穆先生在《中国近三百年学术史》中首次提出:

晚村丙午弃举,翌年丁未,梨洲与姜定庵、张奠夫复兴证人讲会,而晚村此后即招张杨园馆其家。自是梨洲以王、刘学统自承,而晚村则一意程、朱,两人讲学宗旨渐不合,而卒致于隙末焉。②

学术宗旨的不同导致二人最终分道扬镳的可能性是有的,但仔细考察两人交游之始末,宗旨不合仍不可视为绝交的根本原因。早在吕留良与黄宗羲结交之初,黄宗羲就深知吕留良宗朱的学术立场,而黄宗羲的老师是明末心学大师刘宗周,吕留良对此亦早已知晓。即便一个尊朱一个尊王,二人也曾一同拜谒朱熹门人辅广之墓,吕留良曾与友人商讨刊刻刘宗周《遗书》事宜。可见虽然

---

① 《吕留良全集》第四册,第873页。
② 钱穆:《中国近三百年学术史》,商务印书馆2015年版,第79页。

学术宗旨不同,但黄吕二人皆非以门户之偏见而择友的狭隘之辈。吕留良攻击黄宗羲的《南雷文案》"议论乖角,心术镜薄"是在绝交之后,而黄宗羲针对吕留良而发的"纸尾之学""时文选手"之类的谴责,亦属绝交后事。所以,学术宗旨的不同并非黄吕二人绝交的根本原因,毋宁说因学术宗旨不同而针锋对立是由绝交引发的后果。

以上是目前在学术界较为流行的三种观点,虽然在一定程度上交代了吕留良和黄宗羲绝交的原因,但都没有触及根本。个体的学术修养、作止语默与他所处的社会环境是分不开的,其人格养成会受到来自社会舆论、政治动荡、家庭遭遇等各方面的影响,尤其是早年的生活经历,是影响和塑造个体人格特征的最主要因素。正如心理学视角分析一个人的性格养成时,童年经历往往是考察的重点。在研究吕留良这一个体时,我们同样不能忽略他的早年经历以及他所处的生活时代。吕留良出生于明清更迭的动荡年代,崇祯皇帝自缢、明朝灭亡时才十六岁,他却因山河崩塌而痛哭流涕。之后他毁家纾难,参加抗清武装运动,日夜奔走于山林草莽之间,吃尽了苦头,与他志趣甚洽的侄子吕宣忠在此期间被捕就义。早期艰难的抗清经历在吕留良的心里埋下了民族大义的思想种子,随着年岁的推移,这颗种子生根发芽。深埋于心的遗民意识日益坚定,恪守遗民道德、宣扬民族气节成为他始终坚守的一项人生使命。因此,在研究吕留良的学行及某些重要抉择时,遗民身份是我们不可忽略的一个前提因素。

同样,黄宗羲也是经历了国仇家恨之人,早年曾四处奔走参加抗清武装活动,为了反清复明的大业,不顾危险东渡日本乞师未果,数次面临生命危险。他比吕留良年长二十岁,遗民意识也比吕留良更明晰。黄吕结交之初情谊笃实,相处非常愉快,相似的人生经历和对故国的赤诚之心是他们视彼此为莫逆之交的信念基础。黄宗羲著名的《明夷待访录》即成于此时,吕留良弃诸生的举动亦发生于此时,而弃诸生作为后者人生中的一次重大抉择,本质上意味着其遗民意识的彻底觉醒,这一觉醒与黄吕二人之间的深度交流密不可分,可以说,吕留良是受黄宗羲人格的感染而绝意清廷,恪守遗民矩矱。所以,在吕留良与黄宗羲交好的前几年里,二人互为助益、惺惺相惜,躬身践履着遗民生活,乐在其中。尽管在绝交之前,二人之间的矛盾由于澹生堂购书事端、黄宗羲写信不寄之误会、高旦中墓志铭之争论而不断凸显,但始终没有彻底断交。对吕留良而言,黄宗羲更像是为自己的人生道路指引方向的长者,他弃诸生的人生选择、民族精神的彻底觉醒,很大程度上受黄氏影响。可惜的是,从吕留良家离去之后,黄宗羲与清廷官员来往频繁密切,积极走谒为子黄百家谋求一官半职,甚至闹出为子更名①的笑话。昔日志同道合的问道好友,如今却为了名利向清廷权贵卑躬屈膝,这是对他们曾经诗酒唱和、莫逆于心的情谊的最大背叛。

　　基于这些史实,可以推论,吕留良与黄宗羲绝交的更深层原因在于他们对遗民立身处世之道的观点不同,具体而言,就是痛失故国的一代明遗应当以何种姿态面对清王朝建立的新政权新秩序。易代背景之下,遗民群体当中的任何行为选择都会被放大,成为考量遗民个体是否失节的丈量尺,这种紧张的、近乎压迫性的道德提撕是遗民寻找自我归属感的唯一方式。但是随着时间的推移,天崩地坼的禾黍之伤逐渐被抚平甚至遗忘,遗民群体内部对新朝的态度渐渐出现缓和态势。而吕留良终其一生都在这种道德提撕中自省、沉潜,绝意清廷。他的朱子学思想最独特之处就在于其中承载的民族精神与民族气节,对他而言,民族大义、夷夏之防是倾尽一生坚守的精神寄托。因此,当黄宗羲以一种似乎合作的姿态面对新朝,与清廷官员往还甚密,虽不出仕但令其子弟出而参与编修《明史》等清廷的文化建设,甚至称新朝为"国朝"、清军为"王师"、康熙帝为"圣天子"时,吕留良失望透顶,当初鼓舞了自己弃诸生、觉醒遗民意识的老友竟沦落至此,与元朝许衡、吴澄等失节之儒有何分别? 他向来痛恨失节之士,尤其是在山河崩塌的动荡时代,作为社会道义担当者的士人群体更不可丧失民族气节,否则整个国家将陷入寡廉鲜耻的混乱状态。吕留良自身亦严守这一道德关口,面对清廷的两次举荐,誓死不从,甚至狼狈逃禅。总之,在交往的后期,吕留良和黄宗羲关于一代明遗应以何种姿态面对清廷、如何严守遗民道德的问题上逐渐产生分歧,当初结交友谊的信念基础已经不复存在,这注定了他们终将分道扬镳,各自走上不同的人生轨道。

　　由此,吕留良和黄宗羲的交往始末也就变得更加清晰了,二人最初因志趣相投走到一起,诗酒唱和,相得益彰,成就过一段佳话。后陆续因澹生堂购书、黄氏写信不寄、墓志铭事件而萌生隔阂,二人关系逐渐疏离,但这些均未直接导致吕黄绝交。归根结底,他们曾经能够走到一起,是因为彼此相似的早年抗清经历、遗民意识及人格魅力,这是他们相知相交、惺惺相惜的信念基础,即使学术宗尚不同,也并不会因此影响情谊。但是后来,由于各自选择的人生道路不同,他们最初建交的信念基础崩塌了,黄宗羲对清廷采取的是在恪守不仕二

---

　　①　据吕留良《与魏方公书》记载,黄宗羲曾托贵人为二子黄百家、黄百学谋求官职出路,黄百家本字正谊。不料,贵人误将百家、正谊记为两人,黄宗羲遂更黄百学名为黄百家,以错应错,以保全二子出路。

姓的遗民规范前提下,积极参与时务的入世态度,而吕留良则归卧南阳村,誓不仕清,终身以倡明春秋大义、夷夏之防为使命。至此,吕留良和黄宗羲的关系彻底走到了尽头,吕留良藐视黄宗羲为不明出处去就大义的失节之儒,黄宗羲则斥责吕留良为石门一狂子而已。黄吕二人从此割席断交,终身不复相见。

1.2.2　吕张情谊由亲至疏

张履祥,字考夫,号杨园,世人称杨园先生,浙江桐乡人,清初朱子学的倡导者,晚年与吕留良交往甚密,对吕留良的生活和学术产生过深刻影响。张履祥是明清之际声誉卓著的朱子学者,对朱熹的理学思想非常推崇,而吕留良治学亦推朱熹,因此他渴望能与张履祥这样的同道中人结交,共同发扬紫阳之学。早在康熙三年甲辰之冬,吕留良就曾致信请张履祥来自家梅花阁坐馆,但由于张氏当时正馆于别家,并未前行。康熙六年,黄宗羲离开吕氏梅花阁之后,吕留良更加迫切地希望张氏能来家中授课,并多次写信表达自己的求友之心切:

> 向知老兄于钱氏有"死者复生,生者不愧"之订,故数年愿慕之诚,不敢唐突以请。所请者,期满谢事后,必欲重累杖履耳。凡某之区区,固不仅为耳辈计也。此理之不明,又数百年矣。①

吕留良深知张履祥性静耽道、交友谨慎,必不愿以养家糊口为名前来处馆,因此特别自呈请他来家中,并非仅仅为了子孙的读书治学,而是出于挽救斯道的考虑。这样的呈请,正合张履祥之意。但这时的吕张二人互相并未十分熟悉,张履祥对吕留良的了解仅限于信札和他人的描述,所以虽对吕留良的卫道之心赞许有加,还是拒绝了他的邀请。为表对其反复邀约的感谢,张履祥向吕留良推荐了凌渝安、朱洽六等才俊,但吕留良还是盼望他能来家中执鞭,因此虚席以待越两年,直至康熙八年,张履祥才正式来到吕家。

如吕留良所期许一般,张履祥来到吕家之后,两人的交往非常默契,深有相见恨晚之意,他们之间的交往活动涵盖了学术交流、诗酒唱和、刊刻撰述等多方面。这一年,吕留良、张履祥相约前后至何商隐的万苍山楼游玩,同行的好友还有王锡阐、吴曰夔、巢鸣盛等一行六人,诗酒唱和,不亦乐乎。事后吕留良心情畅快,作了多首诗词,其中有:

---

① 《吕留良全集》第一册,第1页。

> 岭啸林弹得五君，风清月白胜三人。诗情哭世痴无敌，经学论医妙入神。举国皆狂辽左蜡，一家别作海南春。虽然误罪屠苏早，好是杯湖痛饮伦。①

诗中淋漓尽致地展现了吕留良与三五好友交游论道、游山玩景的畅快之情。次年八月，张履祥和诸友聚会吕留良家，在与何商隐的书信中，张履祥表达了自己此次聚会的心情：

> 日者，御儿之乡，群贤毕至，其聚不亦乐乎？②

与贤友相聚，心情之豁达愉悦溢于言表，可见自坐馆吕家之后，张履祥与吕留良的相处十分愉快。

吕张二人的交往活动还表现为共同从事尊朱辟王的学术活动，发扬紫阳之学。吕留良曾敦请张履祥评王阳明《传习录》，编撰《明代名臣言行录》，张履祥协助吕留良刊刻程朱理学著作《二程遗书》《朱子遗书》等，二人还共同选编了《朱子近思录》。起初，张履祥因自己年事已高，精力不足，认为评《传习录》对纠正世道人心的意义并不大，对编撰《明代名臣言行录》一事亦有推辞。但吕留良慰勉他：

> 窃闻君子守先待后，其所至止，君公安富尊荣，子弟孝弟忠信，盖其语嘿风流，皆足以廉顽立懦，故不在乎一卷之书、一铃之说也。若《言行》《传习》二者，亦因去岁先生以无所事事为歉然，则又妄揣以为与伊川"别事做不得，惟有辑书有补"之义相当。③

信中对张履祥推托之辞的急切反驳，也恰恰表明了吕留良迫切渴望与之一道发扬程朱理学的期盼。苏惇元《张杨园年谱》中，记录了吕张二人结交之后从事的学术活动：

> 八年，先生五十九岁。馆语水。馆主人请自甲辰之冬，屡请屡辞，主人虚席待二年，今始就焉。训门人曰："学问固重践履，然自必致知格物始。"先生馆语水数年，劝友人、门人刻《二程遗书》《朱子遗书》《语类》及诸先儒书数十种，且同商略。迄今能得见诸书之全者，先生之力也。④

---

① 《吕留良全集》第四册，第 676 页。
② 张履祥:《与何商隐》，《杨园先生全集》卷五，中华书局 2014 年版，第 137 页。
③ 《吕留良全集》第一册，第 3 页。
④ 《张杨园先生年谱》，《杨园先生全集》附录，第 1511-1512 页。

从年谱中可以看到,在吕家坐馆的几年时光里,吕留良和张履祥相互劝勉进学,刊刻了多本理学书籍,扭转了明末阳明心学冲击之下,人人追捧良知现成,以致无程朱理学之书可读的局面,为发扬程朱理学贡献了重要力量。苏淳元所谓"迄今能得见诸书之全者,先生之力也",确属实情。

康熙十年,由于张履祥年事已高,吕留良与他们共同好友何商隐商量决定,张氏不必以课业为务,平日相与讲学,并共同出金资助张家的日常开销。可见无论是学术还是生活,吕留良都视张履祥为挚友,慷慨解囊,给予张氏物质上的帮助,让其免于后顾之忧,张履祥也得以有更多的时间精力与何商隐、吕留良等诸友谈学论道。一如钱穆先生所说,吕留良弃诸生之后,"归卧南阳村,与桐乡张考夫、盐官何商隐、吴江张佩葱诸人,共力发明宋学,以朱子为归。"[1]

从上述吕张的交游活动来看,二人的情谊真切笃实。张履祥年长吕留良十八岁,性格沉静低调,为人处世方面有着近乎严苛的原则性,并严守遗民道德规范,不与清廷合作,不与清朝官员为友,吕留良义不仕清的举动也是其愿意馆于吕家的一个主要原因。与张履祥不同的是,吕留良的个性豪爽,喜好游玩山水,广结良友。二人性格一偏于动,一偏于静,在许多问题的看法上也不尽相同,这使得他们的交情在一定程度上有所影响。张履祥曾对吕留良的行为爱好提出过一些劝诫,吕留良亦因张氏年长,且是为自己着想,所以对张氏的诤言劝诫虚心接受。但在吕留良为已故好友辑文的《质亡集》中,收集了生前来往密切的至交密友之文章事迹,独独未收录张履祥,仅在序中提及一二,这不得不说是颇为蹊跷的。由这件事情可以推测,吕留良对张履祥的情谊有可能在交往后期有所疏离。

情感疏离的直接原因在于张履祥对吕留良的多次劝诫,早在二人互通书信之初,即康熙六年,张履祥就对吕留良行医之事表达了不满:

> 年来徒以活人心切,亟亟于医,百里远近,固已为憔悴疾疠之托命矣。但自仁兄而论,窃恐不免隋珠弹雀之喻也。昔者大禹过门不入,为放龙蛇;周公仰思待旦,为宁百姓;若夫颜之陋巷,泽不被于一夫,绩罔效于一业,天下归仁焉。儒者之事,自有居广居、立正位而行大道者,奚必沾沾日活数人以为功哉?[2]

---

① 钱穆:《中国近三百年学术史》,商务印书馆 2015 年版,第 77 页。
② 《与吕用晦》,《杨园先生全集》卷七,第 195 页。

行医活人本是功德之事，但张履祥认为于儒者而言，读书治学才是头等大事，若以儒者的身份行医者之事，容易让旁人产生沽名钓誉之嫌，反而得不偿失。基于张履祥的建议，加之自己也有归隐山林之愿，吕留良于次年开始不再以医事出行。

康熙十一年，张履祥写信吕留良，信中又提出了对其评选时文一事的担忧：

> 昔上蔡强记古今，程子尚以为玩物丧志，东莱日读《左传》，朱子亦以其守约恐未，何况制举文字益下数等，兄岂未之审思耶？凤凰翔于千仞，何心下视腐鼠？隋侯之珠，不忍于弹鸟雀。①

早在顺治十二年，吕留良就和陆文霦同事房选事宜，最开始评选时文确是迫于无奈误入科场，内心迷茫苦闷，无所事事，因受陆文霦相邀便专心于此，消解时光，又因评选的效率很高，逐渐成为当时风靡一时的"时文选家"。其间二兄吕茂良忧其因此荒废学业，有违先人之志，将其禁锢家中，于是从康熙元年前后开始，吕留良便不再应陆文霦之约评选时文。然而康熙五年弃诸生之后，吕留良重操时文评选之旧业，这一次他的目标很明确，即他把时文视为传播圣贤之道的途径。《行略》记载：

> 又尝叹曰："道之不明也久矣！今欲使斯道复明，舍目前几个识字秀才，无可与言者；而舍四子书之外，亦无可讲之学。"故晚年点勘八股文字，精详反复，穷极根柢，每发前人之所未及，乐不为疲也。②

所以，吕留良把评选时文当做复明斯道的重要途径，并且一再澄清自己并非巴结权贵的"选手"之辈。然而他的行为并不能为时人所理解，连老友张履祥亦指责他"玩物丧志"，这也代表了当时学者的普遍看法。由于身边挚友的多番劝诫，加之自己亦耻于与世俗选家为伍，自康熙十三年始，吕留良停止了选文事务。

康熙十二年，张履祥再次写信敦促吕留良早日归家，因吕留良在南京已经逗留了三个月之久，迟迟未见归还。在张氏看来，吕留良乐游山水、喜好交友的做法容易让其与一些市井小人同流合污、声名俱损，他希望吕留良能够沉稳慎重地择友，减少一些不必要的人际往来，隐身自晦。

---

① 《与吕用晦》，《杨园先生全集》卷七，第 197 页。
② 《吕留良全集》第二册，第 870 页。

> 琴书出门之后,耳目开涤,胸中日加洒落,知所得弥多也。但游通都之会已阅三朔,南北人士往来繁庶,交游必日广,声问必日昭,恐兄虽欲自晦亦不可得。①

信札的字里行间虽然透露责备之意,但仍可感受到对吕留良的关心,事实上他是担忧后者长期游于市井之中,身名渐高,一旦得意忘形,容易落得名誉扫地。作为朋友,他有责任劝阻,保其清白。但对于张履祥的此次劝诫,吕留良提出了自己的看法:

> 张先生所虑"同流合污,身名俱辱",其言固自不刊,但学者自问何如,正要此间试验得过。鸭子使绳缚,止为庸人说法也,济不得事。吾不解抱不哭孩儿,宁遭简点,此意无从告诉,但叹息知人之难耳,不审足下又何以益我也。②

这封信是吕留良写与董载臣,让董生代为转达己意,之所以没有直接写信反驳张履祥,大概也是念及张氏年事已高,不愿与之发生直接的笔锋之争。他认为学者的德行修养之高下,正要在与外界的交往互动中得以检验,而不赞成张履祥所谓名高必跌的说法。从"知人之难"的叹息中可以推测,彼时的吕留良因老友的息交绝游之劝诫而对其产生了一定程度的失望之情。不过交友修身的观念虽然不合,他还是听取了张氏的劝诫。从康熙十三年开始,吕留良谢绝一切事务,彻底归卧东庄,平日只以课儿种植为事,过上了真正的耕读生活。

以上的三次劝诫,包括弃医事、弃时文评选、息交绝游,是张履祥对吕留良个人修身养性之事直言不讳的关怀与劝诫,二人在这三方面的意见分歧,体现了他们关于儒者应当如何立身处世的不同看法。张履祥持较为保守、传统的儒士观,认为一名真正的儒者就应该洁身自好,远离尘器,"不拜客,不与燕席,不赴朔望之会"③是他平日奉行的基本准则。就连迫不得已处馆执鞭弟子的治生之务,在他看来也是低下的"佣力""旅食""就食",这种屈辱感的表达反映了张履祥在儒者治生问题上的严苛态度。而吕留良和张履祥不同,吕家非官宦之家,世代以经商、务农为主,虽然他也是易代之际的儒士,但态度比张氏稍微开明,这也使得在当时的社会环境下,吕留良的治生选择比张履祥多了一层尴尬与艰难。一边是遗民身份带来的道德压力,一边是世代经商传统及家族

---

① 《与吕用晦》,《杨园先生全集》卷七,第199页。
② 《吕留良全集》第一册,第138页。
③ 《言行见闻录三》,《杨园先生全集》卷三十三,第948页。

事务,以致吕留良的许多行为都颇显窘迫无奈之感。虽然他自己乐于行医治人,评选时文,结交朋友,但是只要张履祥对这些做法有微词,他就会选择听从后者的劝告。一定程度上也说明,性格沉稳、只以弘道为务的张履祥代表了儒家传统关于个体如何立身处世的道德标准,特别是易代之际,这种道德标准会更为严苛,甚至成为儒者道德品行高低的衡量标准。

吕留良与张履祥关于儒士观的分歧,虽然不及吕留良与黄宗羲之间的分歧那般严峻,不至于感情破裂以致绝交。但从张履祥屡次劝诚的信札中看,他的语气直白严苛,更像是师长之辈的训斥,例如将时文评选之事说成是"玩物丧志"的下等事,认为广交朋友容易使自己"同乎流俗,合乎世污",成为小人之儒。此外,在平日记载他人嘉言善行以供自己学习的《言行见闻录》中,张履祥记载了当初准备来吕家处馆时的经过:

> 后十年,语溪友人亦以课子见招,徐敬可遗书,大指谓兹非僻静之地,恐非所宜。然已不能不往。①

好友徐敬可劝告他吕家非僻静之地,不宜前往,虽非张履祥亲口所言,却也在一定程度上表明了当时像张履祥一类儒者对吕留良的看法,这或多或少对他自己产生了影响,所以从医事到交友,张履祥都觉得吕留良的为人处世方式不符合其儒士身份。

面对张履祥多次直白的劝告,吕留良选择听从。不过,二人在某些观念上的不合以及张履祥三番五次的苛责让吕留良对其逐渐产生了抵触甚至厌倦心理。张履祥反复以儒者应该怎样处世的说教语气劝阻吕留良的各项事务,从另一层面上说,似乎认为吕留良的处世方式不是儒者的方式,继而有否定吕留良儒者身份以及人品修养的隐晦之意,这一点是他所无法忍受的。然则,吕留良毕竟是一个虔诚的宗朱学者,平生以修身养德为要,虽然在交友观及评选时文这两件事上,吕留良持不同于张履祥的看法,但出于敬长之情,以及张氏复兴朱子学的决心和志向,加之来自遗民群体的道德紧张感,他虚心接受了所有的责善之辞。可惜吕留良不是子路,不能做到"闻过则喜",张氏对自己某种程度的误解始终会让其心生隔阂,这也就能解释为什么在《质亡集》中,独独未收录张履祥之文。

---

① 《言行见闻录三》,《杨园先生全集》卷三十三,第948页。

1.2.3 "知交半零落"

吕留良生平素爱交友,张履祥、黄宗羲只是其中较有盛誉的理学家,除此之外,还有诸多其他志同道合的好友,他们常常相约一起拜访名儒、诗咏聚会、游山玩景、谈学论道,不亦乐乎。单从现存的书信来往来看,与吕留良互通信札的就有六十余人,其中还不包括没有书信留存但平时亦有交流往还的朋友,如同邑吴自牧、吴江王锡阐、画家黄子锡等等,可见其交友之广泛。吕留良一生命途多舛,自小饱尝亲情失落的苦楚,特别重视朋友之情,对待朋友必付真心。他对交友之道有自己的看法:

> 弟闻朋友之义,犹臣之事君。君过不谏,非人臣也;友过不诤,非人友也。①
>
> 朋友之伦,与君臣同,皆以义合,不合则止。②
>
> 然朋友之道,所重在信,苟其爽信,是即欺也。③

他认为,朋友之间既要真诚指出对方的不足之处,也要虚心接受对方的诤言教导,这样才能共勉进步。不同于父子有亲、长幼有序的血缘亲情纽带,作为五伦中的一伦,朋友之交的基础在于"信"。信就是不欺之意,如君子之交平日淡淡如水,一旦对方有事,必竭尽全力慷慨赴义,这种情感的延续不会因为时间、距离的增加而改变,反而会越久越醇。小人之交则不同,有事相求时笑脸相迎、前呼后拥,一旦面临困难需要帮助时,则反面无情、千推万阻,这便是不"信"。吕留良主张朋友之伦与君臣之伦相似,无论是朋友关系还是君臣之伦,义合则合,不合则止,朋友之间的交往最重要的是要有共同的道义追求,志同道合的朋友才能长久,如果失去了共同的志向追求,朋友情谊也就走到了尽头,最著名的例子就是吕留良和黄宗羲之间的友谊,最终因为不同的志趣追求而分道扬镳。

从康熙十三年开始,吕留良谢绝时文评选、经营书局等一切事务,回归乡里,四十五岁的他,已经度过了人生的大半载春秋。人至暮年,最难以接受的就是身边至亲好友的离去,何况吕留良又是一个视朋友如性命的性情中人。这一年,他的同道好友张履祥逝世了,同年八月,二兄吕茂良又离他而去,接下

---

① 《吕留良全集》第一册,第103页。
② 《吕留良全集》第一册,第105页。
③ 《吕留良全集》第一册,第139页。

来的几年，与他素来要好的朋友同邑吴尔尧、吴江张嘉玲张嘉瑾兄弟等接二连三离开人世，再加之与他感情最笃且在医事上受益颇多的高旦中早在几年前就命染黄沙，使得晚年的他颇为凄凉孤苦。出于对已故好友的思念，自吴尔尧逝世之后，吕留良开始收集亡友的文章，辑为《质亡集》，共收录四十九人，请徐倬作序，序中记载：

> 而晚村光霁如一，日斗室之中，未尝旦夕无四方之客，诗簒词版，流布人间。入其室者，供宴赠投，欢尽忠竭，经籍玩好，虽见攫夺而不忏；及乎离去，多以惭生怒，因忌成悁，或至挤排调诋，加以不堪。旁观皆疾其无良，而咎晚村之不智，然晚村退然以为吾诚有过，不则以为吾命合尔，终于无所言；后有来者，亦未尝惩前而改度也。盖性笃于交游，而心忘怨憾如此。使纷纷翻覆之子，老死而有文足传，晚村必且咨嗟永叹，以之入是集无疑也。天下读《质亡集》，可以得晚村之与人，即为人友者，亦可以知所愧厉矣。①

这段节选的文字反映出吕留良平日的待友之道，对待朋友慷慨无私，推心置腹，即使受到小人的诋毁和排挤，也总是念及旧情不与之针锋相对、以牙还牙，并且从来不会因为个别友谊的破裂而迁怒于人，以最诚挚的态度对待他人。为帮友人留得身后名，还辑选他们的文章、事迹编成《质亡集》，重友之情不言而明。

在生命的最后几年，吕留良的咳血之疾日渐加重，加上晚年知交半零落的苦楚，他不再醉心于会集四方之客，吕家天盖楼书局事务全权交由长子吕公忠处理，他自己则时而居于南阳村庄，时而居于妙山小屋，避嚣习静，鬓丝禅榻。生活虽然清静许多，他仍坚持辑书改订，手不释卷，刻《江西五家稿》，欲挽救三百年来八股制义之病痛。康熙二十二年，风烛残年的吕留良作《祈死诗》六首，其中有：

> 悔来早不葬青山，浪窃浮名饱豆箪。作贼作僧何者是，卖文卖药汝乎安。便令百岁徒增憾，行及重泉稍自宽。一事无成空手去，先人垂问对应叹。②

这是祈死诗中的最后一首，弥留之际的吕留良历数了此生所行悔恨之事，如误入科场、逃入禅门，以"一事无成空手去"总结自我，苦闷之情溢于言表。纵观

---

① 《吕留良全集》第二册，第 944-945 页。
② 《吕留良全集》第四册，第 1002 页。

吕留良的一生,治学上,他严斥佛老,尊朱辟王;治生上,他提囊行医,刻书卖书;生活中,他挚深重义,散金结客。一生从事之事业虽然丰富,人际交往常常胜友如云、宾客盈门,但吕留良的精神世界始终处于彷徨无助的状态。少年时期经历的国破家亡之阴影笼罩着他此后的生活,如何在易代中保持自我人格之独立,是他毕生努力探寻的目标。在吕留良身上,我们能看到一个在易代夹缝中苦苦坚守着对自尊、自由、道德以及信仰之追求的独立灵魂,他的一生典型地代表着明清易代之际遗民处士的整体生存状态。

1.3　著述

吕留良一生以程朱理学为宗,理学著作颇丰。生前恪守遗民矩矱义不仕清,故有行医隐世、刻书贩书以全身保家之举,于医论医案亦有涉及。不料身后惨遭文字狱曾静案的牵连,吕留良的遗著被严厉查禁,连稍有摘录吕氏之语的相关书籍亦一并禁毁,从中亦可想见清廷对吕留良忌惮之深。不过,因曾静案最终以吕留良及其家族付出的惨痛代价收尾,学界对他普遍持同情态度,只是迫于皇权淫威,敢怒而不敢言。其中也不乏胆大之人,以"古博学""前明遗老"替代吕留良之名,冒死将其著作私藏并流传下来,才使今天学界研究吕留良的相关理学思想有了充足的资料储备。据历史学者李裕民教授的搜集考证,吕留良生前著作共 52 种,其中专著 17 种,评选书籍 35 种。经文字狱的禁毁荼毒之后,流传至今的专著有 10 种,评选书籍 7 种。[①]

2015 年,在国家清史编纂委员会的不懈努力下,《吕留良全集》得以刊布发行。《全集》汇集了吕留良所有现存流传的著作,其中涵括了吕留良的诗集、文集及其主要四书学著作《四书讲义》以及汇集一生时文评选之汇编《吕子评语》,其余如吕留良所撰时文集《惭书》、论文之要旨《吕晚村先生论文汇钞》、杜甫诗评《天盖楼杜诗评语》、砚铭集《天盖楼砚铭》、婚嫁仪礼《御儿吕氏婚礼通俗仪节》、医论医案集《东庄医案》等,皆辑入《补遗》。《全集》的内容宏大而完备,版本精良,句读考究,是目前研究吕留良相关思想的最重要且最权威的参考资料。现根据《全集》[②]的搜集整理,将吕留良现存的著述一一罗列如下:

---

① 参阅李裕民:《吕留良著作考》,《浙江学刊》第 4 期,1993 年,第 97-100 页。
② 《吕留良全集》,中华书局,2015 年版。

1. 诗文创作

①《何求老人残稿》。因为是以抄本形式流传于世，所以名称有异，如《东庄吟稿》《东庄诗存》等。

②《吕晚村先生文集》。由吕留良曾孙吕为景刊刻的天盖楼刻本，此后坊间陆续有其他版本。

③《吕晚村先生家书真迹》。吕氏家塾刻本。

④《吕晚村墨迹》。民国六年商务印书馆印本。

2. 经典笺注

①《四书语录》。吕留良门人周在延辑，康熙二十三年金陵玉堂刻本。

②《四书讲义》。吕留良门人陈鏦及子吕葆中辑，内容与《四书语录》大体无差异，但因为吕留良长子及门人共同编辑，并由吕氏天盖楼刊刻发行，故流传程度更广。

③《诗经汇纂详解》。书名及版铭为《诗经详解》，李裕民教授在 1993 年发布的论文中将该书归为已轶书，但 2015 年《全集》考证其在清朝禁毁书目之中，且内容具在，不过经编者考证，此书为托名之作。

④《易经汇纂详解》。与上书情况大体相同，李裕民教授将其归为已轶书，《全集》考其为托名所作。

3. 时文评点

①《天盖楼偶评》。吕留良评点，康熙十四年吕氏天盖楼刻本。

②《天盖楼制艺合刻》。吕留良评点，内容同《天盖楼偶评》。

③《十二科小题观略》。吕留良评点，康熙十二年吕氏天盖楼刻本。

④《十二科程墨观略》。吕留良评点，康熙十七年吕氏天盖楼刻本。

⑤《钱吉士先生全稿》。钱禧撰，吕留良评点，康熙二十年吕氏天盖楼刻本。

⑥《归震川先生全稿》。归有光撰，吕留良评点，康熙十八年吕氏天盖楼刻本。

⑦《黄陶庵先生全稿》。黄淳耀撰，吕留良评点，康熙年间吕氏天盖楼刻本。

⑧《质亡集》。吕留良为四十九为亡友辑录其生平制艺文章，并做评点，康熙二十年吕氏天盖楼刻本。

⑨《江西五家稿》。吕留良评点，康熙二十一年吕氏天盖楼刻本，江西五家指的是艾南英、章世纯、罗万日、陈际泰、杨以任。

⑩《吕晚村评选四书文》。吕留良评点，内容为搜集的六十六篇关于四书

的文章，刊刻版本及年月不详。

《吕子评语》。车鼎丰编，康熙五十五年由金陵顾麟趾刊刻。车氏虽未直接受业于吕留良，但对吕留良渴慕有加，此书为吕留良一生时文评点的总结之作，车氏亦因此受曾静案牵连而死。

4. 杂著

①《惭书》。顺治十七年，吕留良选己著八股文三十篇，汇集而成，康熙初年吕氏天盖楼刻本。

②《东庄医案》。为吕留良生平行医之心得记录，与高斗魁《四明心法》《四明医案》、董废翁《西塘感症》一同收入杨乘六《医宗己任编》，《东庄医案》为卷五。康熙年间衔三堂刻本。

③《医贯》。明赵献可撰，吕留良评点，康熙年间吕氏天盖楼刻本。

④《天盖楼砚铭》。吕留良素来喜爱收藏砚台，每得一方新砚，必细细把玩，爱不释手，并为砚台作铭，以表志趣。关于吕留良的砚铭汇集，历来版本较多，内容不一。今考现存的六种版本，查漏补缺，去其重复，辑得砚铭四十条。

⑤《御儿吕氏婚礼通俗仪节》。吕留良手定本。

⑥《晚村先生论文汇抄》。吕程先、曹鍴辑，康熙五十三年吕氏家塾刻本。

⑦《宋诗抄》。吕留良、吴之振、吴自牧编，康熙十年吴氏鉴古堂刻本。

⑧《朱子四书语类》。张履祥、吕留良摘抄，康熙四十年南阳讲习堂刻本。

⑨《吕留良评点杜工部全集》。吕留良批点，刘世教编，万历四十年刻本。

⑩《晚村先生八家古文精选》。吕留良选编，吕葆中批点，康熙四十三年吕氏家塾刻本。

⑪《唐文吕选四种》。吕留良选编，董采评点，收录唐代韩愈、柳宗元、李翱、杜牧四家文。康熙四十三年困学闇刻本。

⑫《唐诗选注》。署“御儿吕留良晚村甫选”字样，《全集》考其疑为托名之作。

除了这些流传于世的书籍之外，经文字狱禁毁佚失的部分著述已经无从查寻，其中专著部分包括：《礼记题说》《宝诰堂遗稿》《天盖楼述评》及《日记》。这四种著作里，除了《礼记题说》和《日记》，另外两种著述与现存的点评类书籍内容应无甚出入，而《礼记题说》乃吕留良唯一一本针对《礼记》的专门著述，可惜早已佚失不见流传，实为研究吕留良礼学思想的一大缺憾。关于《日记》，在雍正审理曾静案的上谕中尚有记载：“所著诗文以及日记等类，或镌板流传，或珍藏秘密,皆人世耳目所未经,意想所未到者。朕翻阅之余,不胜惶骇震悼。"①由于日记体例的私密性特征,相较于流通的时文选本,吕留良或于其中对清朝政府的憎恶咒骂有过更直白激烈的言语表达,所以雍正才会"惶骇震悼",甚至逐条反驳,忌惮之深溢于言表,这也解释了《日记》不见流传于今的主要原因。此外,由吕留良点评或评选的文集书稿及时文评选类书籍亦有二十多种,包括对罗万藻、艾南英、陈际泰、金声、唐顺之、陈子龙等人的文稿和时文的评点,以及由其选编的时文选本,皆于曾静案后遭清廷禁毁而不得流传于世。

以上为吕留良在世流传的所有著述,以及已佚书,其著述数量之丰,证明了他在问学道路上的勤勉刻苦。从著述的内容来看,吕留良的治学入手处主要是朱熹的四书体系,故针对四书的撰述较多。从著述的体例来看,除了文集、诗集和讲义,最常见的就是评选八股文,也充分体现了吕留良以时文明道的志向。虽然在经过残酷文字狱的荡涤后,吕留良的诸多著述已被彻底禁毁,但即便清朝的思想控制严密有加,当政者不惜代价抹黑打压,民间关于吕留良的记忆仍旧存在,他的著述得以流传至今就是最好的证明。作为后学,我们要做的就是将这些隐匿于恐惧中不见天日的理学思想著作重新陈列到理学史的框架之中,以实事求是的历史态度去还原吕留良这一历史人物及其思想主张在明清思想史中的真实样貌,只有这样才是对蒙受专制皇权之极度倾轧的理学大家吕留良的真诚告慰。

---

① 吕留良:《吕留良诗文集》下册,浙江古籍出版社 2011 年版,第 352 页。

2 遗民身份与学理选择

2.1 遗民身份与学理选择

从横向角度来看,相较于某一时代社会政治、经济的发展进程,思想史的发展具有一定程度的独立性和自身传承性,常常表现为超前或落后于这个时代的政治、经济发展,但它绝不会脱离彼时社会环境和时代背景而单独存在。而个体的思想观念作为思想史的一个缩影,其思想体系的建构既具有个体的学理选择偏向性,同时也会打上社会主流思潮的烙印,无论这种烙印是个体自觉的主观选择还是不自觉的被动接受。当我们研究吕留良的理学思想时,明清之际最主要的易代史实以及明末儒学发展之概况都应该纳入参考的范围。他的理学思想内涵既从某种角度反映了整个明代的理学发展脉络,同时又反过来影响了理学史本身的发展路径。因此之故,在对吕留良这一历史个体的思想体系进行研究时,其易代所造就的明遗身份以及明末清初程朱理学的复兴是不可忽视的两个基本立足点。

2.1.1 理学新内涵——儒者的出处、去就、辞受

明中晚期,王阳明建立了良知心学体系,其敢于挑战权威、大胆独立的新学风一扫程朱理学二百余年蹈常习故的积习,给理学界带来自由和解放,成为理学发展的主流思潮。然而随着阳明后学的发展支脉繁多,心学逐渐偏离了良知主旨的原初教义,以致流弊丛生,这就为程朱理学的复兴带来了契机。吕留良生活在复兴朱子学的时代潮流之中,他学术上专尚朱熹,平生致力于尊朱辟王的卫道活动,是紫阳之学的忠实拥护者。他的理学思想以朱子学为宗,但绝非简单的重述,而是充分结合了明清易代的社会历史背景以及自身的遗民

生活体悟，发明朱子理学的新内涵，即强调以出处、去就、辞受作为儒者立身处世的立脚点。在与友人的书信中，他强调：

> 今示学者似当从出处、去就、辞受、交接处，划定界限，扎定脚根，而后讲致知主敬工夫，乃足破良知之黠术，穷陆派之狐禅。[1]

吕留良主张以严辨出处、去就、辞受作为治学的基础，是基于他对遗民这一特殊历史群体所蕴含的道德意义和价值而提出的具有道德规范作用的行为准则。从古至今，圣贤之学只是一个为己之学，只有先立稳下学的内在修养之人格准备，才能自然而然向外开显出上达宇宙之精神境界，修身然后方可齐家、治国乃至平天下，尤其是易代之际，自我道德修养对于个体的立身处命更具紧迫性。道理就是如此，然而自古以来多少儒者的失足，都是因为没有站稳脚跟，没有在出处、去就、辞受之间分清是非曲直，坚守道德原则，所以面对荣辱、贵贱、贫富的抉择时，往往容易丢失士的尊严。他批判道：

> 而所谓朱子之徒，如仲平、幼清，辱身枉己，而犹哆然以道自任，天下不以为非。此义不明，使德祐以迄洪武，其间诸儒失足不少。[2]

他尤其痛恨宋人仕元的吴澄、许衡之辈，虽然这二人对道学的传承之功被后世学者所承认和敬仰，但在吕留良的眼中，他们却是败坏圣学、贻害后世的千古罪人。当其时，神州陆沉，山河崩坏，北方满洲少数民族侵占中原土地，这是华夏民族的奇耻大辱，然而却有所谓儒者之徒不顾廉耻，向蒙元夷狄政权俯首称臣，或为全身保家，或为高官厚禄。这些人表面上俨然以道自任，实则骨子里已经丧失了儒士尊严，于大节有亏，更谈何道德性命？儒家自古以来便将个体人格修养作为评判圣贤庸愚的基本标准，败坏了德性而讲治学求道，无异于本末倒置、买椟还珠。

那么，当面临重大的人生抉择时，出与处、去与就、辞与受的选择标准何在？吕留良的答案便是仁与义，他说：

> 三代前总未尝有谋取天下之事，归仁去不仁，自是定理。圣贤去就予夺，皆以仁为断，非谓势不得已而从之也。[3]

> 予谓隐居只是个隐居，虽君子不能异其称，若出仕则小人亦同，惟君

---

① 《吕留良全集》第一册，第10-11页。
② 《吕留良全集》第一册，第10页。
③ 《吕留良全集》第六册，第612页。

子之仕却只为行君臣之义耳,故"义"字自重。"义"指去就言,"道"指德业言。①

所以,只有符合仁与义方可处、就、受,反之则应坚决地出、去、辞,以捍卫儒者的自尊。具体来说,大至于君臣之伦,小至于富贵贫贱、朋友之交,都要以仁义为标准去衡量其间的进退之择。并且,吕留良反复指呈君臣、朋友这两种人伦关系与父子、兄弟的血缘亲情关系不同,前两者的合与不合之标准只在一"义"字,合则留,不合则去。他痛斥自秦开创的君尊臣卑的君臣观,认为这是唐虞三代君臣之伦的堕落,以此为原则,吕留良阐明了当前历史情势下君臣一伦应该如何恰当地表呈,这便是他提出"民族大义大于君臣之伦"观点的初衷和起点。在吕留良眼中,明清政权的更迭就是华夏文明的倒退,它所意味的不仅仅是个人家园的丧失,更是中华民族文明根基的动摇甚至湮灭。在紧迫的历史环境下,个人的去就抉择首先应该着眼于整个民族的存亡,而不能囿于个人的政治成就。他自己就是时刻秉承这样的意识,面对清廷的威逼招抚,宁可出家为僧也不愿屈膝求全,甚至与出仕清廷的朋友断绝来往,誓不与之为伍。

在日常生活及学术中的择友建交活动上,吕留良同样坚持仁义的原则,他平日素爱交友,志同道合是他笃于友朋之谊的基石,此"志"就是在易代的特殊社会环境中如何恰当合宜地处世的方式、态度。吕留良一生交友无数,但真正称得上志同道合的毕生好友并不多,处世原则的不同使得他与许多人渐行渐远,著名的黄吕之交最后走向绝交,根本原因就在于他与黄宗羲在关于儒者的出处、去就问题上所展现的观点分歧,具体来说就是在易代之际的遗民应当如何自处的分歧。在吕留良看来,这个问题是关乎儒者安身立命的根本,是最最紧要处,容不得半点含糊。他从出处、辞受的角度解读孔夫子关于富贵贫贱的取舍之道,主张个体对富贵贫贱的取与舍不是外边事,而是本源于个体的内在本体并且体现为个体对天道的追求,具体来说便是对君子、圣人造次必于是、颠沛必于是的"仁"的追求,也是对孟子所谓"富贵不能淫,贫贱不能移,威武不能屈"的大丈夫之"义"的追求。仁义作为个体内在德性本体,既能够支配人们面对富贵贫贱时的抉择,反过来也能从这些人生抉择中体现个体的德性修养之高低。

通过以上的义理阐释,吕留良申发了他对朱子理学思想中仁与义的内涵新解,尤其是在明清鼎革、遗民道德紧张的社会环境下,坚持主张从去就、辞受

①　《吕留良全集》第五册,第371页。

的义利选择之中检验个体的人生追求与精神境界之高下,并借此批判了当时阳明后学对良知本体的滥用,以及把良知现成作为满足个人私利之借口的小人行径,深刻揭露了易代之际流行于士人群体中虚伪求荣的现状。归根结底,出或处、仁或不仁、公或私,最终取决于个体内在道德信仰的建立与否,只有真正建立起内心大本之人,富贵能取之有道,泽被天下,贫贱时亦能泰然自若,乐而忘忧。如此,无论身处盛世乱世,皆能在出处、去就、辞受之间站稳脚跟,则自然能够严守内在于己的中正之心,也自然能够由此中正之心向外开显出一个顺应天道、大公至正的理想世界。

2.1.2　选择与拒斥——遗民生活方式的两难

以出处、去就、辞受之中的节义作为儒者立身处世的立脚点,这是吕留良立足明清社会的现实对程朱理学思想的创新性阐述,也是他对当前进学者成就君子人格的一项基本要求。诚然,先秦时期孔子孟子对儒者应当追求的君子理想人格形象均有表述,如"君子喻于义,小人喻于利"①,"舍生而取义"等。但在吕留良的理学体系中,以出处、去就之节义为基点所含摄的君子人格内涵已然成为儒者为学的立脚点,也是检验儒者自我德性修养之高下的首要原则。在明末清初的理学界,吕留良理学内涵的创造性阐发,一方面表达了对当时士人群体中普遍存在的颠倒是非、见利忘义现象的拒斥与反抗,另一方面也折射出了明清易代背景下明遗生存方式的紧迫与两难,尤其是后者,构成了对吕留良生活世界产生影响最深刻、最不容忽略的因素。如前所述,遗民意识的自觉和清初程朱理学的复兴是吕留良理学内涵的政治与思想背景,于他而言,如何在易代之际牢牢把握心学式微、理学复兴的契机将程朱理学重新纳入主流的思潮,如何在遗民群体道德紧迫、步履维艰的现实情境下维护士的尊严以自处,这些具有深刻时代烙印的社会问题和个人问题,正亟待解决。

关于明末清初这段历史时期的遗民现象与问题,北京大学赵园教授的研究成果颇丰。她的著作《明清之际士大夫研究》及其续编《制度·言论·心态》,对明清之际遗民士阶层的生活状态、心理变化、作品特点等各方面展开了细致的研究,书中涉及大量明清之际的遗民代表人物,其中多次提及吕留良、张履祥等人,如讨论张履祥对处馆的矛盾态度:"当其时士人所就,无论书馆、幕馆,都会发生尊严问题。张氏数十年业此,体验自然深刻,对从事者的心理,

---

① 朱熹:《四书章句集注》,中华书局 2010 年版,第 73 页。

也颇能洞见隐微。他说自己'实见处馆一节,真如呼蹴之食,与尔汝之守';而'流俗之士'对于书馆主人,姿态之卑屈与内心之怨毒,其间之'无限情态',确也非久在其中者即难以悉知。"①这些典型遗民的言说与讨论,很大程度上反映了当时士阶层普遍具有的心理特征及生存状态。对遗民而言,最现实的问题在于如何在他们眼里的末世之中生存,生存的方式应当如何,生存的意义指向何处。可以说,吕留良终其一生都在寻找答案,他的交游择友、刻书印书、时文点评等等人生选择,都是对他遗民身份的注脚。

对吕留良来说,故国覆亡是他开展所有生命活动的起点,他的实践行动、思想建构都是在检讨明亡之教训以及缅怀故国之山河,并通过诗文著作表达出来。《题如此江山图》一诗中他说:

> 尝谓生逢洪武初,如瞽忽瞳跛忽履。山川开霁故璧完,何处登临不狂喜。怙终不过杨维桢,戴良王逢都不仕。悲歌亦学宋遗民,蝍蛆甘带鼠嗜屎。刘基从龙亦不恶,幸脱㺌裘近簪珥。胡为犁眉覆瓴诗,亡国之痛不绝齿。此曹岂云不读书,直是未明大义耳。②

吕留良认为明朝代元的崛起如同盲人复明、跛足履地,是光明对黑暗的取代,华夏民族的山河重新完璧归赵,这是多么令人狂喜的事情啊!借此他阐述了华夷之辨的思想,指出宋、明的统治才是符合天道,元遗民效仿宋遗民悲歌叹息的行为完全是不明大义。《钱墓松歌》中亦有类似的表述:

> 其中虽有数十年,天荒地塌非人间。君不见三代不服千余载,汉高唐太犹虚悬。不放架漏如许日,何况短景穿庐天。除却戌年与末月,宋松明松正相接。③

诗中,吕留良明确将宋代与明代相对应,其实是在暗示清朝终究会像元朝一样短暂而缥缈,他坚信不过"如许日",三代以至宋明以来的中华文化、故国家园将会由一个更加强大的王朝所继承。事实上,吕留良阐述的复国愿景在遗民群体中普遍存在,他们倾向于从文化的角度着手,自觉把儒家的夷夏之防作为言说的内核。此外,在语言的表达上,明遗民总是以宋遗民作为自我陈说的方式,吕留良的上述诗句便是非常典型的例子。

---

① 赵园:《制度·言论·心态——〈明清之际士大夫研究〉续编》,北京大学出版社 2006 年版,第195 页。
② 《吕留良全集》第三册,第 322 页。
③ 《吕留良全集》第四册,第 698 页。

　　某种程度上，吕留良所流露出的清朝必重蹈元朝灭亡之覆辙的信念，源于他内心深处对自我生命意义的找寻。从小接受良好学术熏陶的他坚信，政统的息绝只是暂时的，只要学统、道统不息，政统终究会回归。终其一生，吕留良以卫道为己任的信念始终坚毅，这份使命感敦促着他在日常的学行当中，总是把民族大义、遗民道德作为最基本的言说场域，而他个人也在此过程中找寻着自我生命的意义。可以说，明清之际的遗民社会环境为他以出处、去就、辞受之间的节义作为儒者立脚点的朱子理学新内涵提供了丰富的人生体验，他反对程朱、陆王思想的大融合，反对道德抉择的两可，反对不讲天理的良知现成，归根结底就是反对乡愿。在他看来，作为士阶层的遗民，卫道事业任重而道远，生存方式的选择和生存意义的找寻更是被放大至道德的层面被监督，容不下丝毫的自欺和伪善，是真正意义上的临渊履冰。事实上，遗民往往要承受来自新朝、旧国乃至遗民群体内部的压力，他们对死亡的期盼比任何一个时期的士人都要强烈，苟活的唯一理由只剩下渺茫的复国之梦。这种生与死的思量，恰恰印证了加缪笔下的西西弗斯——苟活的坚持，正是对现世黑暗最彻底的反抗，而反抗的终点指向何处？对遗民之士而言，前路的多歧和未知意味着忧虑和恐惧将永远伴随他们的余生，吕留良晚年曾作《祈死诗》六首，淋漓尽致地表达了这种复杂而两难的情绪，即苟活的坚持等待与新朝国泰民安的现实之间反差越大，对死亡的期待越迫切。他一方面期盼满夷政权的倾覆，另一方面又不希望看到百姓因战争而流离失所，而现实是清朝统治者积极学习汉族文化传统，社会正逐渐恢复和平安宁，百姓的生活状况比故朝更好。更让吕留良感到绝望的是，清廷所掌控的治统正主动地向道统学统靠拢，越来越多的明遗态度开始转变，表现出对清廷的不抗拒甚至合作。其结果是，有清一代的治统最终兼并了道统，并凭借政治权力的威严将治统凌驾于道统之上，士人阶级失去了解释真理的自由，而陷入长达三百年的"失语"①状态。总而言之，作为典型的遗民，吕留良的一生都在前进与固守的两难之间徘徊，士人身份的自觉时时刻刻鞭策着他去平衡卫道与现实之间的落差。同时随着时间的推移，遗民身份的自我归属感逐渐消失殆尽，种种沧海桑田的变化都在向他昭示着复国

---

　　① 参阅葛兆光：《中国思想史》第二卷，复旦大学出版社 2013 年版。葛兆光认为，清代初期的政治权力相当巧妙地垄断了本来由士人诠释的真理，并使帝王的"治统"兼并了"道统"，使士人普遍处在"失语"的状态。他们的策略是：首先重用所谓的理学名臣，制造出朝廷重视儒家传统文化的假象；其次一方面通过上谕和诏书，另一方面又通过考试制度，转手接过汉族文化知识传统；最后运用权力的批判和批判的权力，对于士人中的一些异端作杀一儆百的剖析，从这种批判中确立自己对于真理的占有权。

之梦的破灭，惟有一死，既能无声地表达对现世安定的认可，也使他履行了对故国忠义的坚守。

另外，目睹了晚明以来空疏学风对社会人心的荼毒，以及讲学之士互相标榜、不务实学的浮华浅薄，吕留良极力批判崇尚讲学、结社的思想风气，他说：

> 而正嘉以后诸公，讲学纷纭，病谵梦呓，皆因轻看经义，不曾用得工夫，未免胡乱蹉却路头耳。①

> 讲学之事，不但非其所知，亦生平所憎疾而不欲闻也。②

吕留良的言论证明了一点，即正德嘉靖以来讲学逐渐成为流行于理学界的传统，学者好成群结社，辨析心性义理等问题，不究实务只求自得，其热忱程度远远高过对国家百姓事务的关心。且所讲之学与圣学经义毫不相干，只流转于几个心性概念之中，此真"离经叛道"。明亡之后，这种一味讲学、不究现实的空疏学风与亡国联系起来，越来越多的有识之士总结明亡的历史教训，严厉拒斥讲学风气，倡导脚踏实地的践履之学。吕留良批判空疏讲学之风的做法，充分显示了作为遗民儒士的他在国破家亡之后对现实社会的检讨与反省，他虽断然拒绝"山林隐逸"及"博学鸿儒"之聘，忠实地履行着不仕新朝的遗民矩矱，但并不意味着完全不关心时局，不出不仕表明的是一种道德态度，而于现实社会中的道德沦丧之现状仍时时牵挂于心，"虽居恒绝口弗及世事，而世道人心，未尝一日忘怀"③。正因如此，吕留良在恪守遗民气节的同时，亦心系社会道德体系与纲常伦理的维护，并投身反讲学、崇实用的浪潮中去，积极引导务实的新学风，以收拾晚明以来世道人心之堕落。

除了在国家、文化层面上的忧虑和反省之外，遗民自身的生计问题不容忽视，明遗民中有普遍的逃禅现象，关于逃禅，赵园教授有十分全面的分析：

> 士人以此"逃"为保存节操，而有关批评的严厉处，正在指此逃为失节。如黄宗羲所谓"不欲为异姓之臣者，且甘心为异姓之子"。在上述指控中，逃禅者所背叛的尚不止是学派（及信仰）。令人惊心动魄的，应是其间隐含的"夷夏"这一当时最称敏感的命题。④

---

① 《吕留良全集》第一册，第 28 页。
② 《吕留良全集》第一册，第 75 页。
③ 李颙：《司牧宝鉴》小引，《二曲集》卷二十八，中华书局 1996 年版，第 369 页。
④ 赵园：《明清之际士大夫研究：作为一种现象的遗民》，北京师范大学出版社 2014 年版，第 55-56 页。

由逃禅折射出的严苛而沉重的失节忧虑笼罩着易代之际的遗民群体,吕留良可谓其中的典型。众所周知,吕留良平生言拒佛老,然而面对清廷的两次举荐,却不得不披上僧伽服走上逃禅之路。而对清廷态度并不如吕留良那般强硬抗拒的黄宗羲,对逃禅行为竟表现得比吕氏更为严格,这恰恰体现了遗民群体中普遍存在的如何选择适当的遗民生存方式的严峻性。在易代的疼痛下,凡是带有"夷夏"色彩的命题都变得尤为致命。对吕留良而言,一边是来自蛮夷政权的逼迫,一边是逃禅本身具有的夷夏之辨的深层内涵,这使得他的逃禅行为具有了极端两难的悲剧色彩。

生计问题落实到更为现实的层面,就涉及通过何种方式维持个人及家庭的生存,这便是择业。从古至今,士的择业都被当作检验个体道德修养之高下的一项标准。明清之际,遗民之士的生计手段基本上可以概括为处馆、入幕、力田、作宦,除了以维持生计为目的的力田无争议以外,其他几项都被不同程度地视为有损士的尊严,至于卖文、行医就更具争议了。吕留良曾经劝诫友人行医,"此中最能溺埋,坏却人才不少"①。不过考察吕留良的生平也有过行医、卖文的经历,他曾作《卖艺文》,邀约贫困好友一起卖文、字、画、篆刻以谋生计,是不仕清廷、安贫守道的明遗生活的真实写照。后因"有工挟荐牍请见",便作《反卖艺文》,驳斥那些以敛财、货殖为目的卖艺行为。也曾向好友高斗魁学习医术,提囊行医,又因张履祥的劝诫而弃绝。此外,吕留良还开设了天盖楼书局刻书卖书,常常往返于南京、杭州等地开拓市场,家业渐渐扩大。从古至今,商贾是士农工商四民中的最末等,吕留良从事书贾行业固然能够助他发扬紫阳之学,刊刻圣贤书籍嘉惠后学,但毕竟是以经商的方式,理学界不乏针对他的贬低之辞。可见易代之际的遗民在择业问题上往往比其他任何时代都更为复杂,家族生计、个体修养、遗民舆论、新朝压迫、传统观念等诸多因素交织在一起,形成了一张巨大的、紧密的道德之网,伴随着他们的是永远无法摆脱的失节恐惧。

要之,作为特定历史情景下的人文景观,遗民群体的方方面面都体现着选择与拒斥的两难,其中复杂两难的情感主要体现在三个方面:其一,遗民以充满悲剧色彩的存活表达对易代之现实的反抗,他们期待新朝的灭亡,又不忍百姓重归困苦与战乱。而随着时间的推移,故国的印记被新朝彻底覆盖,他们逐渐成为真正意义上被遗弃的、孤独的一群人。其二,儒士卫道以存道,他们以独有的文化方式立忠义之志,却面临着新朝的恩威压迫,道统逐渐与新政统合

---

① 《吕留良全集》第一册,第 42 页。

一,此间的进退去就众说纷纭、莫衷一是。其三,易代之际的生计方式、职业选择所具有的道德属性被无形地加强,遗民背负着沉重的道德负担与深刻的失节恐惧,全身保家的生计问题尤显艰难。总之,易代给遗民群体造成不可磨灭的深刻影响,它搅乱了这群人关于政治抱负、境界修为等所有美好愿景,只留下"易代"这一生命不能承受之重,作为他们余生的唯一语境。

2.2　以时文救世

　　明末至清初的这段历史时期,理学界出现了调和程朱理学与陆王心学的学术思潮,东林学派是其中的主要推动者。当其时,虽然程朱理学已经在心学式微的情势下显现出复兴的势头,但大部分朱子学者采取的是折中调和的方式,像吕留良、张履祥这类笃定宗朱的理学家已寥寥无几。吕留良对朱子学的极端信仰之情,源于他对程朱理学思想的切身体悟以及对思想史自身发展的深刻反思,在与友人的信札中,吕留良精确地剖析了儒学在宋明时期存在的两条发展路径,其一为"由朱子而程子而孟子而孔子,此一先生也"①;其二为"由陈献章、王守仁而陆九渊而达摩而告子,亦一先生也"②。这两条理学线索的梳理,表明了吕留良视陆王心学为释氏一脉,并从道统继承的角度把程朱理学列为儒学正统学脉的基本治学态度。可见一腔热忱复兴程朱理学的吕留良,与视程朱理学为加官晋爵之手段的庸儒截然不同,他毕生从事的学术活动都在明确而笃定地指向振兴发扬程朱理学——点勘八股文,借以向士子阐明理学的微言大义;经营天盖楼书局,刊刻发行理学丛书,嘉惠后学;尊朱辟王,捍卫程朱理学的正统地位。明清之际,学界诸儒对晚明以来学术弊端的反思主要集中在两个方面:其一是王学末流背离孔门为学宗旨,荡轶名教;其二是朱子学的科考程式化导致的大义不明。而吕留良坚持时文评选的学术活动和尊朱辟王的学术主张,就是针对上述两点展开的学术纠弊,尤其是以时文点评的方式挽救帖括俗学给士子群体造成的危害,对明清之际理学的发展以及士风学风的扭转产生了重要影响。

　　明朝科考以八股取士,八股文是一种专门的文体,考生需要按照固定的格式作文,因这种文体不同于两汉唐宋的"古文",所以又称时文,因其考试内容

---

① 《吕留良全集》第一册,第 24 页。
② 《吕留良全集》第一册,第 24-25 页。

是以"四书"的句子命题,故也称为四书文。随着八股取士制度的不断成熟,加之程朱理学被列为科举考试的唯一官方哲学,钦定的教科书《四书章句集注》逐渐沦为学子牟取功名的工具,以至于书籍市场大量涌现出专门针对科考编撰的时文选本。有了标准的八股范文,学子甚至连四书都不读了,他们只需背诵现成的时文来应付科考。明末,学风日益败坏,程朱理学成为读书人牟取荣华富贵、功名利禄的手段,也成为封建王朝禁锢思想的工具。有志于发扬道学的读书人对此深恶痛绝,他们痛恨八股文,并谴责评选时文的选家败坏文章士风。然而在吕留良眼里,这却是一个发扬程朱理学的良好契机。

吕留良从事时文评选工作始于顺治十二年。两年前,也就是顺治十年,迫于仇家压迫及家人期望,吕留良参加了清廷的科举考试,成为邑诸生。但这次应试纯属违心之举,所以内心一直处于无奈迷茫的混沌阶段。由于精神苦闷,无所事事,从顺治十二年开始,吕留良便与陆文霦一同在苏州租了一间房,专心从事时文评选工作。在《庚子程墨序》中,他记录了此次选文经历:

> 乙未之冬,燕坐玄览楼,群居块然,无所用其心,因与雯若同事房选,于吴门市傭一室如农车大,键闭其中,匝月而竣事。盖其为日也暇,而致力也专,虽未必当乎古人,而世亦满志矣。嗣而坊客骤以试牍程墨进,则贾人婺利,视外间许可者而役之,例尔也。时又无所事事,乐为其所驱,且迫之以程期,限之以额,两人从事苦不给,因分理之,故《五科程墨》,则予之论居多焉。①

从中可以看出,此次时文评选事务并非吕留良主动的自觉选择,更多的是出于生活所迫的盲目作为,从事评选工作的目的只是消遣时日,填补内心空虚,同时也能贴补家用。当时一本选本完成的时间十分紧迫,书贾催促书稿,使他常感力不从心。所以这段时期里,吕留良的评选活动并没有多大的学术价值,经他评选的时文选本,与充斥于市面上迎合学子求取功名的选本并无二致,只会对理学原始精义传播产生负面影响,对此无须讳言。总之,人生初次的选文经历,对吕留良自身的学术涵养来说并没有多大意义,而二兄吕茂良见他经常外出,荒废学业,有违先人之志,便将他禁锢在家中。故顺治十八年,吕留良谢去时文评选事务,于家中梅花阁专心读书。

如果说从顺治十二年开始长达七载的时文评选经历只是青年时期的一次歧路彷徨,并未给理学界带来积极影响,甚至还助长了急功近利的风气。那么

---

① 《吕留良全集》第一册,第167页。

康熙五年,吕留良重新走上时文评选的道路,其内心境遇就完全不同了。早年的房选经历于吕留良个人的学术生涯而言,或许并没有产生多少助益,但不可否认的是,这次尝试直接促成了吕留良日后萌生以时文评选方式在学子群体中发扬传播程朱理学的想法。时文的风行一方面导致了理学思想的禁锢甚至倒退,但另一方面,时文风行的浪潮本身也可作为传播思想的绝佳方式。正是基于这种考虑,吕留良不顾世俗鄙夷的眼光,开始了他人生第二次有意识有目的的时文评选,《行略》记载:

> 其议论无所发泄,一寄之于时文评语,大声疾呼,不顾世所讳忌。穷乡晚进有志之士,闻而兴起者甚众。①

《与施愚山书》也有:

> 某跧伏荒塍,日趋弇固,偶于时艺,寄发狂言,如病者之呻吟,亦其痛痒中自出之声,而赏音者则以为有当于歌讴,顾先生亦有取焉,又自悚然也。②

也就是说,吕留良是借时文以抒发内心的积郁,他所要发泄的积郁无外乎两者:其一是对清朝政权的不满;其二是对祸乱世道的王学的贬斥。他的时文评语中,处处高举尊朱辟王的学术大旗,且毫不掩饰自己的明遗立场,可见与年少时初次涉足时文评选的初衷不同,经过多年的身心修炼与学术沉潜,吕留良已经自觉将时文作为发扬程朱理学和救世济时的重要武器。

时文家、选手的称号为许多学者所不齿,吕留良为何偏要选择这种方式发扬程朱理学呢?当时,与吕留良交好的张履祥对他的做法多加劝阻,张履祥评价制举文字为"益下等数",他写信给吕留良,信中把吕留良比作凤凰,把时文比作腐鼠,认为像吕留良这样有志于挽救斯道的志士豪杰不应该沉溺于制举文字,甚至指责他的所作所为"堪为若此无益身心,有损志气之事,耗费精神,空驰日月乎"③。然而老友的苦心劝诫并未促使吕留良放弃这项事务,张履祥的门人姚瑚记载了吕、张二人之间的一段对话:

> 晚村云:非时文不足以明道。先师戏曰:我若为相,当废八股,复乡举里选之法。晚村云:先生虽废,我当扣阍复之。④

---

① 《吕留良全集》第二册,第 865 页。
② 《吕留良全集》第一册,第 16 页。
③ 《与吕用晦》,《杨园先生全集》,第 197 页。
④ 陈梓:《诸先生遗言》,《删后文集》卷三,《清代诗文集汇编》254,上海古籍出版社 2010 年版。

从这段对话可以看出,张履祥和吕留良二人关于科举与明道是否可以两全的问题各执己见。张履祥认为科举和明道不仅不能两全,甚至还会损害德业的纯粹性。吕留良则认为科举与明道并不相悖,主张"事理无大小,文义无精粗,莫不有圣人之道焉,但能笃信深思,不失圣人本领"①,无论举业还是评选时文,都是"明道"的践履方式。八股取士制度自明初就已实行,其间诞生了许多理学硕儒,可见学风益坏的根源不在于科考制度本身,而在于人心之堕落。在《寄秦开之先生》诗中,吕留良披露道:

> 忆昔少且狂,飞动过狡兔。汗漶制科书,低头死梆句。细于苍蝇声,轻于薤上露。累坠及牛腰,无非速朽具。人心忽异类,成群畔传注。冈畏圣人言,充塞仁义路。以此相感召,阳穷气凝冱。②

吕留良对追名逐利的社会风气深恶痛绝,在他眼里,朱子学是能够救正世道人心的圣学,但是如今士子却把圣学当作跻身官场的敲门砖,只知"成群畔传注""冈畏圣人言",多么令人痛心疾首!他深刻分析了当前情势,断定只要科举考试不废,统治者就会采用八股取士,士子也就必然为求功名而寄托时文选本。那为何不顺应事实并加以利用,在时文点评中渗透未被科举化的程朱理学思想原义,借以陶染士子扭转士风?所以他说:

> 道之不明也久矣!今欲使斯道复明,舍目前几个识字秀才,无可与言者;而舍四子书之外,亦无可讲之学。③

尤其需要注意的是,吕留良所谓的"道"指的是程朱理学,但并非一般腐儒固守门户、毫无发明的程朱理学,而是结合明清鼎革的历史环境,旨在解决社会道德危机、关怀国家民族之前途命运的深具救世济时精神的程朱理学。当其时,士风败坏,俗文当道,读书人或好高骛远蔑视纲纪,或沉迷制举不闻圣学,导致社会秩序的失衡以及政治人才的缺乏。吕留良将目标锁定在科考求仕的士子群体,坚信只要对这个群体加以恰当地引导,就能拯救程朱理学甚至整个民族的未来,只有学术明,才能明天下。而点勘八股文字,既可以扭转时文评选一贯以来的营利风气,正人心救风俗,又能为振兴程朱理学、宣扬春秋大义提供有力的传播途径,实乃倡明斯道的绝佳机遇。

康熙十二年,由于身旁友人的多次劝诫,加之不甘与世俗选家为伍,吕留

---

① 《吕留良全集》第一册,第 29 页。
② 《吕留良全集》第三册,第 127-128 页。
③ 《吕留良全集》第二册,第 870 页。

良彻底结束了选文生涯。虽然停止了坊间的选文事务,但他并没有放弃依托八股文明道淑人的志向,多年的品评经历让他对时文评选有了深刻的认同感和使命感,选文成为他践履圣学、维挽风气的重要方式。停止选文事务之后,吕留良着手搜寻了三百年间有益于世道人心的八股文字,辑为《知言集》,逝世前的最后几天,仍反复斟酌修订此书,足以见之以斯文明道是他毕生的夙愿。吕留良逝世之后,学生车鼎丰将他生前散见于各种时文选本的评语剪辑成册,编为《吕子评语》,并在卷首例略中阐明,"此编自成吕子明道救时之书,与从来讲章本头,丝毫不相比附。时下动将吕子之说,夹和蒙、存等说数,一例编纂混看,此种冤苦,直是无处申诉。"①车鼎丰深知老师的良苦用心,严申其师之时文点评与当下的讲章俗文不同,是真正明道纠弊的救世文字。他颇为老师被世人不加分别地归为"选家"之列而感到冤屈气愤。辑成此书,既是对老师以八股文字挽救斯道之志的承继,也为后人能公允地评判吕留良提供有价值的参考。

后世对吕留良"以时文救世"的评价褒贬不一,戴名世对他十分敬佩:"吾读吕氏书,而叹其维挽风气,力砥狂澜,其功有不可没也。"②认为明朝末期艾南英亦曾以时文拯救斯道,吕留良能张而大之,摧陷廓清,与艾氏相为颉颃。当然也不乏贬损的论调,好友张履祥劝阻他评选时文是玩物丧志,黄宗羲、万斯同更是鄙夷他的学问是"纸尾之学",梁启超亦讽刺他"不过是帖括家或古文家,不见得有很精深学问"③。不管是支持还是非议,必须清楚的一点是,吕留良以时文明道的学术活动背后隐藏着深刻的社会动机,他坚信明亡的根源在于学术不明,而学术不明的根源在于王学末流的空疏学风。因此,对学术进行清本正源,倡明传承圣学的程朱理学,是知识分子应该履行的基本责任,即使遭到世人的误解甚至辱骂,亦坚定不移初心不改。事实也证明,吕留良"以时文救世"的意愿始终坚若磐石,且经他评选的时文多达二十余种,"本朝时文选家,惟天盖楼本子风行海内,远而且久"④,对当世空疏迂阔学风之扭转产生了积极而深远的影响。

---

① 《吕留良全集》第七册,第 6 页。
② 《吕留良全集》第二册,第 957 页。
③ 梁启超:《中国近三百年学术史》,中国人民大学出版社 2012 年版,第 184 页。
④ 王应奎:《柳南续笔》卷二,中华书局 1983 年版,第 163 页。

2.3　刊刻理学丛书

2.3.1　刊刻理学诸书,嘉惠后学

据卞僧慧《吕留良年谱长编》记载,吕留良的叔祖吕炯为人谦逊,乐善好施,"人称其大雅不群,为善以自快,高风不减柴桑焉。"①且家中藏书丰厚,在文坛上享有盛誉,冯梦祯曾为其撰写《吕先生行状》,记载了吕家藏书的盛况:

> 先生多购书,自经史百家及二氏书,无所不精究。所为诗文,多雄丽超逸,晚而归于大雅。善书家八法,具体赵吴兴。又好蓄古丹青、法书、金石、奇器,聊以适情,不至耽溺。②

从行状可以看出,吕家素有爱书藏书、收藏金石奇器的优良家风,到了吕留良一辈,吕家藏书的盛况不减当年。侄子吕愚忠(字及武,一作及甫)是二哥吕茂良之子,娶吴兴潘氏之女,得潘氏家中藏书若干,黄宗羲在《天一阁藏书记》中记载:

> 语溪吕及父,吴兴潘氏婿也。言昭度欲改《宋史》。曾弗人、徐巨源草创而未就。网罗宋室野史甚富,缄固十余簏在家。约余往观,先以所改《历志》见示。未几而及父死矣。此愿未遂,不知至今如故否也。③

古代书籍价格不菲,吕氏家族世代经商,是远近有名的富庶人家,因此购书藏书也有充裕的经济基础,加上吕家先人向来有嗜书之好,到了明清之际,吕家藏书之丰已远近闻名。

吕留良继承了先祖乐善好施的家风传统,明亡之时,他积极参加抗清运动,毁家纾难,战争之后,家道逐渐中落。但由于吕家"先代传书既富,而生生之资又足"④,所以经济状况尚为宽裕。吕留良依靠先辈流传下来的藏书,在家中的天盖楼开了间书局,雇请工人刊刻书籍。

---

① 《吕留良年谱长编》,第32页。
② 冯梦祯:《吕先生行状》,《快雪堂集》卷十九,四库存目丛书影印明万历三十三年刻本。
③ 《吕留良年谱长编》,第56页。
④ 《与吕用晦》,《杨园先生全集》卷七,第195页。

> 弟处自开刻局,有二十许人,皆恃汤生一手写样给之。而刻局中一应
> 收发料理,亦皆汤生主其事。①

吕家天盖楼书局的最初规模并不大,平日主要由长子吕公忠打理。吕留良对
刊刻书籍的质量把控严格,每次筹备刊刻之前,必向亲戚朋友处抄借相关资
料,文本校勘必广搜善本。他还邀请张履祥、黄宗羲等理学大家参与编审,所
以经天盖楼刊刻贩售的书籍学术价值高,在市面上颇受欢迎。加之吕留良平
日编选刊刻时文选本,在士子群体中享有很高声誉,天盖楼的品牌越做越大。

吕留良学术上尊崇朱熹,坚信程朱理学才是圣学,他充分利用自家天盖楼
书局的有利条件,整理刊刻了大量程朱理学的典籍著作。他说:"第程朱之要,
必以《小学》《近思录》二书为本,从此入手以求四书五经之指归,于圣贤路脉,
必无差处,若欲别求高妙之说,则非吾之所知矣。"②因此决心整理刊布《小学》
及《近思录》二书,以传播发扬程朱理学,倡明优入圣域之径。为了保证刻印出
来的理学著作具有相当的学术价值,他四处搜寻善本,如《与徐子贯书》:

> 某近正思刻《小学》,曩晤施虹玉兄云,书铺廊郑店,有高足以钦兄藏
> 熊勿轩注甚佳,不审可惠借一录否?幸足下为我一访请之。③

在《复张考夫书》中询问《近思录》的刊刻事宜:

> 《近思录》虽有二本,具未尽善,专望藏本是正。声始姊文有一本,自
> 称胜坊刻,不知果否?云尚在几案,幸并示之。④

《小学》一书最终刊刻并发售了,但《近思录》未能在他生前及时完成。在生命
的最后时刻,吕留良仍手批目览,自谓"一息尚存,不敢不勉",由此可见他对朱
熹的尊崇之情以及复兴程朱理学的笃志不倦。除此之外,他还与朱子学者张
履祥一起,编辑刊刻理学书籍,《张杨园先生年谱》记载:

> 先生馆语水数年,劝友人、门人刻《二程遗书》《朱子遗书》《语类》及诸
> 先儒书数十种,且同商略。迄今能得见诸书之全者,先生之力也。⑤

张履祥是当时著名的朱子学者,曾受吕留良之请坐馆吕家,其间两人的学术交

---

① 《吕留良全集》第一册,第 111 页。
② 《吕留良全集》第一册,第 127 页。
③ 《吕留良全集》第一册,第 86 页。
④ 《吕留良全集》第一册,第 6 页。
⑤ 《张杨园先生年谱》,《杨园先生全集》附录,第 1512 页。

往非常密切。张履祥敬佩吕留良早年的抗清义举以及矢志不渝的宗朱立场，而吕留良仰慕张履祥的高风亮节及学问文章，加上笃信程朱理学的共同学术立场，使得在相处的时间内，两人携手为程朱理学的发扬作出了非常重要的贡献，吕留良也因此对自己的尊朱立场更为坚定。他听从张履祥的劝诫，谢绝医事，终止选文，息交绝游，把更多的时间和精力投入传播和表彰朱子学的使命中去，并刊刻大量理学书籍，而张履祥也协助他选编、修订。在二人的通力合作下，《二程遗书》《朱子遗书》《朱子语类》等宋代先贤的理学著作得以重新在士子群体中流通，仅《朱子遗书》的初辑刊刻就有《近思录》《延平问答》《杂学辨》《中庸辑略》《论孟或问》《伊洛渊源录》《谢上蔡语录》等，在明中晚期以来朱子学一度式微、学林间无程朱理学书籍可读的学术环境之下，正是吕张二人的编选刊刻之努力，为清初学界传播程朱理学提供了基本的典籍保障，其复兴朱子学之功诚不可没。

除了理学书籍之外，吕留良还刊布大量的时文评选类书籍，这类书籍相当于今天的高考参考书，在科考士子中很受欢迎。之所以刊发时文类书籍，是因为吕留良坚信"非时文不足以明道"，倡明圣学道理、扭转士风文风的最佳途径就是八股制义之文。他认为，文字承载着辩明事理的功能，所谓言为心声，文字之坏必定源于人心之坏；反之，若能扭转文字之坏，则深藏于人心之痼疾也能得以根治。所以吕留良把表彰圣学的希望寄托在读书人身上，主张"今欲使斯道复明，舍目前几个识字秀才无可与言者，而舍四子书之外亦无可讲之学"①，并痛斥专门教授学子作文技巧以猎取名利的时文选家，正是他们败坏了当世的人品文章和学术风气，使朱子学沦为跻身官场、争名逐利的工具。鉴于这种认识，他亲自投身于编选、品评八股文的事务中，致力于通过八股文的形式将朱子学的真正内涵呈现给世人。康熙年间，经吕留良评选编定的八股文选本有《东皋遗选》《大题观略》《质亡集》《江西五家稿》等多种，这些选本流传甚广，切实起到了正人心扶世道的积极作用。

在吕氏父子的悉心经营以及对市场的敏锐洞察下，吕家开设的天盖楼书局品牌越做越大，市场越做越广，吕公忠还远赴福建开拓市场。自古以来，"四民分业，士农工商"，"士"居于首位，"商"居于末位，四民地位之高下的价值观念深入人心。尤其对从事商贾行业的读书人而言，更容易受到周遭的指责甚至唾骂。吕留良经营书局、以商养家的行为，被许多学者视为儒士的自甘堕落，甚或是商贾小人的附庸风雅。又因他选评、刊布时文选本的做法，有人把

---

① 《吕留良全集》第二册，第 870 页。

他归为败坏士风文风的选家之列,从而忽视了他在理学上取得的成就。对于此类误解,吕留良不得不一而再、再而三地向世人解释自己卖书"非求利也",评选时文也不是为求蜗角虚名,"平生所知解惟有此事,即微闻程朱之坠绪,亦从此得之,故至今嗜好不衰"①。他还写信训斥儿子将卖书作为人生主业的打算,告诫他如果因此荒废道德文章,则大本已失,得不偿失。不过,面对众多责难和误解,吕留良始终未曾动摇倡明圣学的决心,只要能实现传播复兴程朱理学的目的,即使被误解为书贾、选手,也在所不辞。总之,选书、刻书、售书这一系列带有商业属性的行为背后,隐含着吕留良立志传播发扬程朱理学思想的深层用意。在他的努力下,诸多被晚明心学浪潮冲击渐失的程朱理学书籍得以重新流传,后学可以借此厘清整个宋明理学思想史的内在发展理路,为清初程朱理学的复兴和阳明心学的纠弊提供了丰厚的典籍基础。

2.3.2　反对调和,专宗朱熹

明末清初,折中调和陆王心学和程朱理学成为儒学的主流思潮,东林学派是其中最著名的代表。与吕留良同时期且有所交集的人中,黄宗羲也属典型的朱王调和派。当时,坚持宗朱立场的学者并不多,晚年与吕留良交好的张履祥是其中之一,张吕两人志同道合,曾合力编撰出版诸多理学书籍,为程朱理学的复兴和传播做出了重要贡献。此外,被清廷誉为"本朝理学儒臣第一"的陆陇其学术上亦推崇朱熹,排斥陆王,而他的尊朱辟王论很大程度上是受吕留良思想的影响,陆陇其自呈"不敏,四十以前,亦尝反复于程朱之书,粗知其梗概。既而纵观诸家语录,糠秕杂陈,斌珉并列,反生淆惑。壬子癸丑,始遇先生,从容指示,我志始坚,不可复变。"②并称赞"先生之学,已见大意。辟除蓁莽,扫去云雾。一时学者,获睹天日。获游坦途,功亦巨矣。"③陆氏的自述足以证明吕留良对清初理学界的影响之深。张天杰注意到由张履祥、吕留良、陆陇其三人构成了清初尊朱辟王的主线,他分析此三人之间的学术传承与交流的脉络,认为"清初的'尊朱辟王'思潮,张履祥发其端,吕留良将其拓展,而到了陆陇其等学者则达到了高潮,最终王学式微而朱学重新成为学术正统"④,

---

① 《吕留良全集》第一册,第 28 页。

② 《吕留良全集》第二册,第 889 页。

③ 《吕留良全集》第二册,第 889 页。

④ 张天杰,肖永明:《从张履祥、吕留良到陆陇其——清初"尊朱辟王"思潮中的一条主线》,《中国哲学史》2010 年第 2 期,第 123 页。

笔者认为这个结论较为可靠，从侧面也证实了吕留良在整个程朱理学复兴的过程中所发挥的深刻影响力。

上文阐述了吕留良为发扬紫阳之学所作的种种努力，包括不顾世人的鄙夷与误解点勘八股文，矫正文风；凭借天盖楼书局的优势刊布大量理学丛书，嘉惠后学。在学术探索的道路上，吕留良早已把发扬紫阳之学当作自己毕生的使命，并认为凡天下明理的读书人都应担此责任。他对朱熹的推崇，是自幼读书便形成的学术情感之皈依，这份坚定与执着，成为吕留良此后一生的治学根基。在邀请张履祥来吕家坐馆的呈请信中，他深情表呈：

> 此理之不明，又数百年矣。毒鼓妖幢，潜夺程朱之坐以煽惑天下也亦久矣，此又孟子以后圣学未有之烈祸也。生心害事，至于此极。谁为厉阶，不知所届。此凡有血气所当共任之责，况于中读书识字又颇知义理者耶？某窃不揣，谓救正之道，必从朱子；求朱子之学，必于《近思录》始。又窃谓朱子于先儒所记圣人例内，的是头等圣人，不落第二等；又窃谓凡朱子之书，有大醇而无小疵，当笃信死守，而不可妄置疑凿于其间。①

吕留良推崇朱熹对圣学的传承之功，是当之无愧的头等圣人，然良知心学的崛起祸乱世道人心，较孟子时杨墨之害有过之而无不及，于是圣学不传而斯道不明。他号召当今有识之士联合力量，共同担起振兴斯道之大任。而救正斯道必以朱子学为宗，因此要从读朱熹《小学》《近思录》始，尤其是《近思录》，汇集了周敦颐、程颢、程颐、张载的论学精髓，是治学之阶梯，达道之津梁。只有深谙《近思录》之要，在此基础上进阶至四书、五经，则于圣学正道无碍。

作为亲历故国覆亡的一代明遗儒士，吕留良把明亡归咎于心学导致的学术不明，他痛骂王阳明的"致良知""陷人于禽兽非类"，因此他要"痛哭流涕，为天下后世争"，他说：

> 道之不明也几五百年矣。正嘉以来，邪说横流，生心害政，至于陆沉，此生民祸乱之原，非仅争儒林之门户也……今日辟邪，当先正姚江之非；而欲正姚江之非，当真的紫阳之是。②

明正德、嘉靖年间，正是阳明心学兴起并大肆传播的时期，吕留良毫不掩饰地将心学斥为异端邪说，认为山河崩塌、生民祸乱的根源就在于此。学者必须把握朱子学的内涵真谛，则王学的谬误自然显露无遗，由此吕留良展开了尊朱辟

---

① 《吕留良全集》第一册，第1页。
② 《吕留良全集》第一册，第9-10页。

王的卫道活动。在许多学者的眼里，吕留良展现的是一个固执而严苛的卫道夫形象，他始终不渝地履行着尊朱辟王的使命，对王学进行不遗余力地批驳和瓦解，这份学术坚守在以朱王调和为主流思潮的明清之际，显得格格不入。

然而，在吕留良看来，廓清姚江之学和紫阳之学的孰非孰是，绝非为了争立门户而已，而是关系到大是大非的原则性问题。为此，他必须严守门户之别，不做分毫退让，他说：

> 平生于此事不能含糊者，只有是非二字。阳明以洪水猛兽比朱子，而以孟子自居，孟子是，则杨墨非，此无可中立者也。若谓阳明此言亦是矫枉救弊，则孟子云云，无非矫救，将杨墨告子皆得并辔于圣贤之路矣。①

孟子是，则杨墨非，二者之间绝无调停处。王阳明将洪水猛兽喻朱熹，而自诩为孟子，则王阳明与朱子之间也就是此是则彼非、冰炭不相入的对立关系。所以在是非面前，吕留良必须严防死守，绝不含糊。他认为自己辟阳明之非，就如同孟子辟杨墨、告子之非一样，是站在孔孟圣贤的立场坚持辨别是非的必要之举。任何以阳明为是，甚或包罗和会、浑融两是的做法，不仅不符合孔孟程朱的圣学初衷，即使是阳明在世也会认为是失其接机把柄。只有分别大是大非之畛域，世人才有一套据以安身立命的规范和原则，不至于无所适从而沦为乡愿之流。

值得注意的是，吕留良的尊朱辟王思想并非庸儒那般寻章摘句地陈腐守旧，而是立足于明末清初社会巨变之下，一些知识分子不能坚定民族气节、坚守自我尊严所发的针砭时弊之言。他大声疾呼：

> 今日之所以无人，以士无志也。志之不立，则歧路多也。②

吕留良所强调的"志"具有显著的时代内涵，指的就是严守夷夏之防的民族气节，他特别强调士人要笃志尚节，在民族大义面前站稳脚跟，他说：

> 从来……不足为法。今示学者似当从出处、去就、辞受交接处，画定界限，札定脚根，而后讲致知主敬工夫，乃足破良知之黠术，穷陆派之狐禅。盖缘德祐以后，天地一变，亘古所未经，先儒不曾讲究到此，时中之义，别须严辨，方好下手入德耳。③

---

① 《吕留良全集》第一册，第16页。
② 《吕留良全集》第一册，第33页。
③ 《吕留良全集》第一册，第10—11页。

　　德祐是南宋灭亡之年号,吕留良以南宋亡于元的历史教训,援古刺今,告诫士人切不可效仿吴澄、许衡等失节之儒,在山河巨变的民族危机面前,要坚守民族气节,才是朱学真精神。显然,吕留良所谓"先儒不曾讲到"的"紫阳之是",就是他一向坚持和推崇的民族气节,而现实中往往有一批伪君子之流,打着传播圣学的旗号,却干着蝇营狗苟之勾当,在民族大义面前尊严尽失。所以,吕留良的朱子学是紧密结合了社会现实之形势,有的放矢,强调做人要于出处去就的现实抉择面前坚守气节、扎稳脚跟,试图唤起士人的觉醒,这是他阐发朱子学的最大特点。

　　"尊朱辟王"成为吕留良学术立场的代名词,不过他自己并不接受这个标签:

> 　　至谓痛抹阳明太过,为矫枉救弊,此则非某所知。平生于此事不能含糊者,只有是非二字……且所论者道,非论人也。论人则可节取恕收,在阳明不无足法之善;论道必须直穷到底,不容包罗合会,一着含糊,即是自见不的,无所用争,亦无所用调停也。①

这段话清楚表明吕留良对王阳明和王学区别而谨慎的态度,他认为论人和论道不能混同,既不能因人废言,也不能以言举人。当评判王阳明个人的品德时,吕留良承认其必有可取之处。而他要严辟的是由王阳明建立的一套心学思想体系,正是王学末流引发的"狂禅运动",荡涤了百姓日用之纲常伦教,使整个社会陷入无序状态,给个人、社会甚至整个民族带来种种流弊与危害。因此,他坚决反对王学,进而反对不辨是非、折中调停的调和朱王派。吕留良对王学的尖锐批判态度引起了当时许多尊王学者的不满,与吕留良有书信来往的清初学者吴晴岩认为对宗朱态度并不可取,主张"为讲章制义则当从朱,辨道理、阐绝学则姑舍是"②的兼采立场,吕留良写信反驳他:

> 　　今指某尊朱以攻王为制举家资,则其不然又甚矣。果仅为制举家资云尔,则王何必攻,王非令甲所禁也。且某尊朱则有之,攻王也未也。凡天下辨道理、阐绝学,而有一不合于朱子者,则不惜辞而辟之耳,盖不独一王学也,王其尤著者耳。③

吕留良强调他的最终目的并非攻击王学,而是表彰朱子学,所以对与朱子学大

---

① 《吕留良全集》第一册,第16页。
② 《吕留良全集》第一册,第23页。
③ 《吕留良全集》第一册,第23页。

旨相悖的其他学说都应严辟,包括事功之学以及佛老之学。对于吴晴岩指控他以尊朱辟王作为点勘八股文、谋取名利的手段,他愤然回应,自己之所以对王学作出严苛指摘,是因为王学不仅没有起到正人心、扶世道的积极作用,甚至歪曲攻击作为圣学正道的朱子之学,这是他所不能容忍的。

虽然吕留良极力辩解自己"尊朱则有之,攻王则未有",但从与友人相与辩论的书信中,仍能明显感受到他对王学的深恶痛绝。这种感情,深深地扎根于国破家亡、山河崩塌的切身经历当中,他痛恨心学倡行下脱离实际的空疏学风以及由此造就的一批虚伪狡诈的乡愿之流,痛恨它对传统儒家道德规范的践踏,他把明朝覆亡以及向满夷俯首帖耳的明遗群体的形成统统归咎于心学后学的遗弊。不可否认的是,在明清鼎革的社会环境下,随着学界对明亡的历史教训展开反思,以及清廷试图从儒家传统文化中找寻政权合理性的依据,王学的确逐渐走向衰落,随之迎来的是程朱理学的复兴,这是学术发展的必然趋势。梁启超总结明清时期的学术发展史,认为"从顺治元年到康熙二十年约三四十年间,完全是前明遗老支配学界,他们所努力者,对于王学实行革命"①,"王学反动,其第一步则返于程朱,自然之数也"②。受吕留良理学思想影响颇深的陆陇其便是清初王学反动的代表,而高举复兴朱学大旗、捍卫朱学正统地位的吕留良毋庸置疑地成为此反动之先驱。

吕留良在理学界的自我定位就是众所周知的"专宗朱熹",他把曾主导明末儒学走向的阳明心学斥为惑乱人心的异端邪说,并予以猛烈地抨击。但是,一个生活在明清鼎革之际的理学家,其面临的是阳明后学大肆传播导致流弊丛生的社会环境,想要扭转学术失序的局面,复兴朱子学,必然要从主流的王学入手,这就意味着必然要深入王学内部进行精义探询,才能对其展开更加有力地解构。这种深入学说内部的义理解构,与宋代诸儒为复兴儒学而对佛教义理展开解构和吸收如出一辙。由韩愈主导的倡明道统、排除佛教的文化运动,本质上就是一场批判佛学、夺回学术主导权的儒学复兴运动。到了宋代,复兴运动进入高潮,二程、朱熹等宋代诸儒深入佛学内部展开激烈地义理解构,并利用佛教义理丰富儒学自身内涵。有鉴于此,再回头看清初的朱子学复兴运动,我们有理由相信,这些以表彰朱子学为己任的学者在展开针对王学的学术批判时,自然而然会自觉从王学体系的内部进行义理的解构,这就要求朱子学者对王学的义理内涵有足够精深的把握。吕留良是清初朱子学复兴运动

---

① 梁启超:《中国近三百年学术史》,第17页。
② 梁启超:《中国近三百年学术史》,第103页。

的重要人物,他的尊朱辟王论势必是建立在对王学有深刻研究的基础之上,事实也证明,其《四书讲义》中多处批判王学的观点都采用了义理解构的方式。因此可以做一个大胆的假设,虽然吕留良反复申明自己的宗朱立场,拒绝与主流的朱王调和派为伍。假若纯粹从思想精义的角度来看,则吕留良的理学思想是否受到王学思潮的影响而在一定程度上带有王学烙印?无论如何,想要在一个全然不同的历史环境中复兴某种学术流派,不可避免地会与当前社会中的主流思潮发生碰撞和融合,复兴绝非简单地复古重提。这个问题,将在下章对吕留良理学思想的梳理中寻找答案。

3 吕留良的理学体系

3.1 吕留良的四书学

四书作为儒家的经典文本体系,是由南宋朱熹最终确认并完成的,其深层原因是为了应对佛教、道教的挑战,重塑中华文化的内核与真精神。这个重建的过程始于韩愈的道统说,得到宋初三先生的积极响应,经过北宋五子的传承发明,最后由朱熹对《论语》《孟子》《大学》《中庸》展开系统地传注,建构起一个庞博的理学思想体系,四书始正式凌驾于儒家传统六经文本之上,《四书章句集注》便是此次中华文化重建运动的最终成果。四书作为儒家新的经典文本体系的建立,一方面解决了以佛教为代表的外来文化的威胁挑战;另一方面吸收借鉴了佛老二氏的义理精髓,重新建构具有中国本土文化特征的精神内核与价值体系,涵括了宇宙观、心性论、工夫论等一系列形而上的概念系统。所以自宋以后,四书体系取代了五经体系在儒家士大夫中的信仰地位,四书中蕴含的价值理念、文化理想和人类终极信仰被广泛接受,成为庙堂与江湖的主流。元代开始,四书被钦定为科举考试的官方内容,一直延续到清朝废除科举制,而儒家知识分子对四书经典文本的热忱和钻研从未停歇。

四书经典文本体系是朱熹毕生理学思想之总结,旨在发明孔孟思想精义,使北宋以来新兴的新儒学思想与先秦孔孟精义融会贯通,可以说,四书是朱子学的主要精神内核。通过四书体系的建立,朱熹出色地完成了儒家道统谱系建构的历史使命,在儒释道三家互争学术主流地位的博弈之中牢固确立了儒学的最高正统地位,并以"允执厥中"为核心的十六字心传所确立的道统说以道统含摄学统和政统的理想被前赴后继的儒者们继承和传扬。而先《大学》,其次《论语》,其次《孟子》,其次《中庸》的为学次第,亦即所谓先定其规模,次立其根本,再次之观其发越,最终求古人微妙处,为后学优入圣域提供了一套循序渐进、立本达用的进学路径。朱熹的四书体系还深刻阐发了儒家下学上达之道,儒家向来重视个体内在的道德修养,只有通过德性修养建中立极,实现个体作为道德主体的觉醒和回归,方能自然上达天道,在此基础上与他者发生的任何关联亦符合中正之道,则齐家、治国、平天下自不在话下。

四书体系的建构除了完成上述关于儒家道统之确立、圣人的理想人格、为学次第及下学上达的政治理想之外,最重要的是,朱熹对经典极具创造性的诠释方式,推动了儒学向一个崭新的历史阶段的迈进。从朱熹开始,儒者对经学的阐释不再仅仅限于章句注疏,而是更加注重义理层面的发明,这是由朱熹开创的集注疏与义理、古与今于一体而融会贯通的博大宽宏的理学格局。经过以四书为核心的理学经典体系的建构,儒学重新获得了强劲的生命力,并以其活泼泼的精神面貌和注重德性修养的内心一路,在个体、社会、国家及宇宙层面达到了前所未有的理论高度。钱穆先生评之:"盖朱子之四书学,乃是其理学之结晶,同时亦是其经学之结晶。朱子以前之理学家,其说语孟,多是以孔孟语作一起头,接着自发己意,缺乏了一种经学精神,其势将使理学与儒家传统脱节,亦如先秦诸子之自成一家而止。朱子四书学,重在即就语孟本文,务求发得其正义,而力戒自立说。而后孔孟儒家大传统,得以奠定。此即是一种经学精神。然在朱子语孟集注学庸章句中,终不免有许多自立说之处,此乃是一种理学精神。故曰朱子之四书学,乃是绾经学与理学而一之,使经学益臻于邃密,理学益臻于深沉。"①也就是说,自朱熹确立四书作为儒家经典文本体系始,儒家体系内部方形成一种重经文、重传统的问学路径,在此之上,儒家学者得以尽情开展尊德性和道问学的人生践履,以完成下学以上达的自我道德人格之自觉开显。总之,四书是朱熹寓创造性于传统的伟大思想成果,为理学之发展奠定了一种尊重传统经文且鼓励创新精神的学术风尚。

朱熹《四书章句集注》作为南宋特殊文化境遇下的产物,是为了应对佛教外来文化对华夏文化的挑战而作的文化内核之重建,具有深刻的时代意义。自朱熹确定四书为儒家经典文本体系之后,学术界出现了许多关于四书的注解阐释,随着时代背景的变迁,这些义理阐释也以诸多新面相呈现出来。吕留良一生尊崇朱熹,对朱熹的学问笃信不疑,他以发扬紫阳之学为毕生使命,所以在四书学研究上付出了颇多心力,也收获了丰硕的成就。然而,与其他朱子学者不同的是,吕留良的四书学研究主要以时文点评的方式展开,他生前曾花

---

① 钱穆:《朱子学提纲》,生活·读书·新知三联书店 2015 年版,第 201 页。

费大量时间和精力在时文评选的事务上,经他评选的时文选本在当时的士子群体中流传甚广,影响甚著,现存的主要时文点评著作有《天盖楼偶评》《天盖楼制艺合刻》《十二科小题观略》《十二科程墨观略》《钱吉士先生全稿》《归震川先生全稿》《唐荆川先生传稿》《黄陶庵先生全稿》《质亡集》《江西五家稿》《吕晚村评选四书文》《吕子评语》等。吕留良逝世后,由其弟子整理收集了他生前散见于各个时文选本中的理学观点,辑为《四书讲义》与《四书语录》,这两本书也因此成为吕留良四书学的主要代表作。随着时文选本在士子群体中的广泛流传,加上自身扎实的理学功底以及善结良友的性格,吕留良在理学界的声誉越来越高。他的尊朱辟王论以及宗朱的学术宗旨对当时的士子群体产生了非常深远的影响,为复兴朱子学打下了坚实的基础,而他在时文点评上取得的丰硕成果,使其成为与明末艾南英[①]齐名的时文评选名家。

明清之际,遗民群体普遍对明亡展开反思和检讨,时文选家因其教人作文技巧、偏离圣道的职业化特征而被广为诟病。吕留良也因参与时文评选事务被诸多学者所不齿,但他始终不曾放弃"时文以明道"的信念,时文既为四书文,四书既为朱熹毕生理学思想的结晶,则视朱熹为头等圣人的吕留良,势必以四书文为其展开所有尊朱学术活动的起点。在当时的社会环境下,吕留良既以遗民身份对明亡展开自觉反思,又以儒者身份倡导朱子学,故而经他阐释的朱子学带有鲜明的时代印记,从点评的时文中,能时时感受到他在天崩地裂的现实环境中对个体道德节义的呼吁。由此出发,吕留良怒斥晚明心学造成的空疏狂妄风气,而王门后学的良知现成又为那些向清政权阿谀俯首的伪君子提供了"良知"的保护伞,故而他的朱子学一大特征便是"尊朱辟王"。在具体的义理诠释上,吕留良提出严守出处、去就、辞受之间的节义,然后方可讲致知、主敬工夫的观点,强调这才是朱子学的真谛,他说:"人必取舍明而后可以言存养,吾见讲学宗师,谈心论性,诃诋古人。至其趋膻营利,丧身失脚,有不可对妻子者,吾不知其所讲者何事也。"[②]这是吕留良针对晚明科举的程式化以及空谈心性的理学现状提出的针砭时弊之言,强调朱子学的真精神是"立身行己",只有先于大义处扎定脚跟,不为外界之名利所惑,然后方可致知存养。进而,吕留良结合了明清鼎革的时代背景,重申夷夏之防的儒家传统观点,将节义作为衡量君臣之义与夷夏之防的根本标准,提出重节义而轻功利的个体

---

① 艾南英(1583—1646),字千子,号天佣子,江西临川人,著名的时文选家,坚持"以古文为时文"的文化策略以及"制举业之道,与古文常相表里"的学术观点活跃于晚明的文社争论中。

② 《吕留良全集》第五册,第130页。

道德行为原则,同样也是在强调"立身行己"的朱子学真谛。现以《大学》《论语》《孟子》《中庸》为四条主线,对吕留良的四书学作一个概要式的说明,旨在阐明吕留良四书学的独特之处。

首先,关于《大学》的诠释。吕留良对《大学》三纲领之明明德、亲民、止于至善作了独到的诠释,他认为"'止至善',兼始终,不专终也。止至善之事,只附在'明''新'两纲领上,更无第三项用力处"①。也就是说,止至善统领明明德和亲民,并通过明明德和亲民来表达自身,是贯穿始终的。吕留良关于止至善的义理阐释,在下章中专设一节,此不赘述。此外,吕留良强调格物致知的内涵,主张格物与致知没有本末、先后之别,"知与物,致与格,是拆不开事。"②并以此抨击了心学以格物穷理为务外的异端之说,指责心学"正其所谓认理为外,认物为外袭,限于告子义外之说,而不自知以学术杀天下后世,其祸烈于洪水猛兽者,可即以此归之矣"③。他尤其反对心学以"致良知"释"致知"的观点,批判心学以良知之乍见为良知之全体,离却了天理,取消了致的工夫,最终落得个无体无用之邪说。

其次,关于《论语》的诠释。吕留良在诠释《论语》时,对其中"管仲之仁"的探讨尤为重视,这种义理的偏重是直接根源其所处时代之特殊性的。吕留良生于明末战乱四起的年代,他目睹了山河故国之坍塌,也看到贰臣干禄求荣之丑态。有鉴于此,他自觉地展开反思明亡、重振儒家道德理想的学术探索及实践活动,进而对现实社会的政治病症进行了深入剖析。吕留良以三代以上之君臣关系为准,抨击了三代以下君尊臣卑的君臣观,目的是讽刺和警醒那些为求名利、不顾气节尊严的人臣,这些人打着尽君臣之伦的口号,行蝇营狗苟之事,全然抛弃了儒家一贯重视仁义忠信之修养的理想道德人格。在《论语》中,吕留良反复指呈:"富贵贫贱,原不是外边事,学者工夫,须从出处、去就、辞受、取予处做起耳。到得圣人分上。"④也就是说,在天崩地裂的社会环境下,吕留良将儒家重视个体道德修养的内涵创造性地阐述为对个体出处、去就、辞受之间的节义的强调,进而对与易代之际个体出处紧密相连的君臣之伦展开了辩驳,提出"看'微管仲'句,一部《春秋》大义,尤有大于君臣之伦,为域中第一事者,故管仲可以不死耳,原是论节义之大小,不是重功名也"⑤。这样的四书学

---

① 《吕留良全集》第五册,第2页。
② 《吕留良全集》第五册,第15页。
③ 《吕留良全集》第五册,第16页。
④ 《吕留良全集》第五册,第129-130页。
⑤ 《吕留良全集》第五册,第323页。

内涵,体现了吕留良在社会大变革下深刻地人文关怀与道德警醒。

再次,关于《孟子》的诠释。吕留良严申贵义贱利的价值标准,而这恰恰与明末清初适应商品经济发展以及儒学自身义理发展态势的义利相合之新义利观格格不入。然则,吕留良重申"义"的价值理念,同样是植根于当前儒学发展的现实困境。在《孟子见梁惠王》章,吕留良交代了他严申义利之辨的根源,"孔子多说仁,孟子提出'义'字,正为战国功利之说,沦浃人心,与今日讲禅悦、讲良知、讲经济者相似,推其极,只一自私自利之害,才说利便不义,不义便不仁,此是古今人兽邪正之关也。"①也就是说,他是有鉴于当时心学后学、禅学、事功之学而导致的自私自利、沦浃人心的社会现状而提出的救正之道。在《滕文公问为国》章,吕留良对起源于农耕的传统中国社会政治体制展开了深入的解析,指出三代之封建、井田、学校可复,后世人君人臣以世事变迁为由认为三代制度必不可复,则完全是私心作祟。故而他说:"封建井田之废,势也,非理也;乱也,非治也。后世君相因循苟且,以养成其私利之心,故不能复返三代,孔孟程朱之所以忧而必争者,正为此耳。"②吕留良的义利之辨以及三代可复的政治理想,虽然与主流思潮和现实统治趋势正相背离,但确为当时世道人心的一剂良药,尤其是其政论中体现的民本思想、君臣以义合的主张,体现了他试图从儒家传统思想寻找解决现实政治病症之方的努力。

最后,关于《中庸》的阐释。《中庸》是以探究主体与天道以及主体自身道德修养的经典文本,吕留良在诠释《中庸》时,其基本观点主要是承袭朱熹的章句诠释,这也符合他发扬紫阳之学的治学初衷。不过,正因为《中庸》本身义理的深奥高远,以及它在四书体系中地位之终极,那些被吕留良视为异端的学派观点在展开新的思想体系之建构时,也不可避免地视《中庸》为其主要的理论精义之来源。因此,对于吕留良而言,要想守紫阳之是,必然要辟异端之非,而《中庸》自然成为他严辟异端邪说的下手处。吕留良在对《中庸》文本展开恪守程朱理学大旨的义理阐释时,还并举了释氏、心学、讲章等学说的谬误之处,例如在阐释第十二章时,吕留良说:"释氏小天地,小之以无;儒者小天地,小之以有。以天地之有碍其无故小之,此诞妄无忌惮也。"③在第十七章中,指责讲章之害:"讲章一派,起于元儒,盛于正嘉之间,如世俗所称《蒙》《存》《浅》《达》之类,拘牵破碎,影响皮毛,于圣道毫无所见,而自附传注之宗,其去汉唐训诂已

---

① 《吕留良全集》第五册,第 521 页。
② 《吕留良全集》第六册,第 586 页。
③ 《吕留良全集》第五册,第 438 页。

不啻万里。"①从中可见吕留良尊朱的学术尊尚以及复兴朱子学、廓清圣学异端的学术实践,亦能时时感受到其理学思想体系所迸发的批判性和战斗性。

总之,在明末清初的历史环境下,吕留良的朱子学具有强烈的救世济时的特征。他继承了宋明理学重视个体内在道德修养的一贯之传统,号召学者在道德紧张的易代之际更要先讲明出处辞受之大义,严守自身道德矩矱,彰显了自程朱乃至孔孟以来的儒家重志节的道德传统。这样的朱子学立脚点,显然与吕留良的遗民意识分不开,他把朱学思想智慧融入自身的生活世界,同时也为程朱理学思想体系注入新的活力,不得不说是清初的一次复兴程朱理学的成功实践。尤其值得一提的是,吕留良以时文为媒介的学术传播活动,既为倡扬其具有典型时代特征的理学思想精义提供了一个绝佳的途径,同时也扭转了程朱理学长期以来被科举制束缚而日渐僵化和功利化的趋势,本质上是对清初朱子学的修正。因此可以说,吕留良的四书学具有很高的学术价值和现实意义。

3.2 《四书讲义》及其地位

《四书讲义》是对吕留良对朱熹《四书章句集注》的义理阐释性著述,事实上,与《四书讲义》内容大致相同的还有《四书语录》,这两种著述皆为吕留良逝世之后由其弟子搜集编撰而成,不过因《四书讲义》的编撰事务是由吕留良长子吕公忠及学生陈鏦共同完成,并号称为证周在延所编《四书语录》之谬误而出,故虽成书稍晚,而流行程度与社会影响力亦远远盖过后者。相较于吕留良编选的时文选本而言,《四书讲义》的内容更加集中,且更具系统性和逻辑性,是吕留良四书学研究成果的精髓所在。因此,在下文阐述吕留良理学思想一章中,主要以《四书讲义》为主要文本依据。

从吕留良所处的时代环境及其理学宗旨来看,《四书讲义》一书的主要目的是应对明亡以后中国社会普遍存在的道德枯竭,其中的理学内涵亦明显地偏重于对易代之际个体生存之道与社会道德秩序重建的探讨。吕留良着眼于易代之下遗民士阶层的生存困境,提出朱子学之根本在于出处、辞受之间恪守儒者节义的立身处世之道,然后方可讲涵养、省察、致知、主敬等工夫。《四书讲义》中有:

> 近来多讲朱子之学,于立身行己,未必得朱子之真,其忧有甚焉者,开堂说法,未开口时,先已不是,又何论其讲义、语录哉! 故今日学人,当于立身行己上定个根脚,与师友实下为己工夫。①

他首先确定了为学的先后次序,即先明立身行己之道,而后讲致知存养之工夫,如此方是立稳了脚跟。这是吕留良对朱学的创新阐发,他认为这个道理即使是朱熹等先贤也未讲究到,只是因为他们并未经历"德祐之后"亘古未有的民族灾难,而他自己已亲历明清鼎革的历史巨变,目睹蛮夷政权之下儒士丧失廉耻、节义不明的悲哀现实。所以他十分重视节义,强调"必先取舍明而后存养密"②。否则,大本既失,即使学问再深工夫再精,在名利面前"丧身失节",本质上也只是个乡愿之流。

吕留良还从夷夏之辨的角度对朱子学展开了深入阐发,他一方面围绕夷夏之防的观念阐发其"民族之义大于君臣之伦"的思想,另一方面以夷夏之辨批驳其视为异端的外来文化,包括佛教、道教以及王阳明的心学。书中,他多次讨论管仲之仁,认为孔夫子许管仲以仁,是因为管仲以不死保全了华夏文明的延续,使百姓免于披发左衽之灾。如今清异族入主中原,华夏文明的根基正遭受夷狄的侵蚀甚至摧残,文化上异端邪说横行,心学披着儒学的外衣行释氏之实,无论是政治上还是文化上都再次面临着"披发左衽"的危机,他所倡导的民族精神和夷夏之防就是针对此次民族危机而发。总之,吕留良的遗民身份以及易代之际社会普遍严苛的道德压迫,使得他对朱子学的义理阐发必然带有相应的时代烙印,他的理学观点是对明清社会之现实以及儒者生存境遇的深刻反思与总结。

随着《四书讲义》的问世和流传,吕留良的理学思想以更加全面、系统的方式展现在学者面前,书中所阐发的政治理想、民族精神、处世之道对士人的影响颇为深刻。可惜的是,在其逝世四十年多年后,轰动一时的"曾静案"爆发,吕氏全族遭灭顶之灾,吕留良的著作、日记也被一一禁毁。此后的很长一段时间里,学界对吕留良其人及其思想仍旧讳莫如深,不敢稍加平议。直到清末章太炎先生在读《东华录》时看到吕留良的事迹,被其阐发的民族大义所感染,亲自到吕氏子孙流放的宁古塔(今齐齐哈尔一带)拜访,并撰《书吕用晦》一文介绍其生平思想,这位被历史湮没的理学家才逐渐回归人们的视野。而《四书讲义》虽然在乾隆年间遭到禁毁,坊间仍有不少同情者冒死收藏保存,这部体现

---

① 《吕留良全集》第六册,第 602 页。
② 《吕留良全集》第一册,第 10 页。

了吕留良理学精髓的作品才得以流传至今。钱穆先生在《中国近三百年学术史》中对吕留良的理学思想评价非常高：

> 自朱子卒至是四百余年，服膺朱子而阐述其学者众矣，然绝未有巨眼深心用思及此者。自此以往，朱学益发皇，然无虑皆熟软媚上，仰异族恩威之鼻息，奉以为古圣先贤之渊旨。窥帝王之意向，定正学之南针。极其能事，尚有愧夫吴、许，更无论晚村所云云矣。然则晚村良不愧清初讲朱学一大师，于晦庵门墙无玷其光荣。①

钱穆先生十分肯定吕留良在清初朱子学的学术价值，称赞其思想是"定正学之南针"。钱穆先生还考察了吕留良与黄宗羲的交往始末，认为吕氏《四书讲义》中的政论意见与黄氏《明夷待访录》所阐发的主旨大意颇为相似，推测这是由于二人在交谊笃厚期间，义理内涵上的相互影响、相互启发所致。只可惜黄吕二人的身后遭遇截然不同，《明夷待访录》传颂甚广，而《四书讲义》则因受"曾静案"的牵连而湮没于世，政治力量对历史人物的命运影响竟如此之巨，实在让人唏嘘。

概言之，《四书讲义》作为吕留良对朱子学思想的系统性阐述，是明清时期四书学的典范之作，也是吕留良四书学研究之精华。该书以注解朱熹《四书章句集注》为基本行文体例，内容上既涵括了宋明以来理学家们普遍关注的心性义理等问题，同时又突出了对与朱子学思想相违背的异端邪说的尖锐批判，体现了吕留良尊朱辟王的学术主张。其中阐发的朱子学新内涵对易代之际士阶层独立人格之培养发挥了重要的引导作用，体现了吕留良着眼于正人心、救风俗的现实需求以及整个华夏文明未来走向所作的呐喊和努力。书中涉及的明清时代特征、思想发展趋势，为后人把握明清之际的思潮观念及社会现实问题提供了清晰的背景参考，是今天研究明末清初这一历史时期的思想文化特征及吕留良理学思想不容忽视的一部作品。

3.3　吕留良的理学思想

从思想史本身的发展来考察清初理学的基本概况，可以确定的一点是，无论是正处于复兴阶段的朱学还是正处于修正阶段的王学，以心性义理之讨论

---

① 钱穆：《中国近三百年学术史》，第 92 页。

为内核的宋明理学发展整体上已渐近历史的尾声。从另一个角度来说，理学家们所探讨的问题既延续了宋代诸儒关注的基本范畴系统，同时也根据时代特殊性展开了义理层面的大胆创新，所以这一时期的理学发展和义理诠释都已到达顶峰。作为一名严苛的宗朱学者，吕留良视朱熹思想为毕生坚守之信仰，同时作为身处易代之际的遗民之士，吕留良立足于救世济时这一迫切的现实需求，从朱子学思想中挖掘出新的理学内涵，以此作为他理解和继承朱子学的思想基础。这种义理上的继承之创新，既是易代社会特殊性的产物，也是其敏锐的社会洞察后的切身体悟，它在很大程度上反映了明清之际理学界更加关注现实的学术倾向以及遗民儒士群体普遍面临的身心困境。因此，在研究吕留良的理学思想时，有关这一历史人物所处的时代特殊性不容忽视，时代特殊性往往能够影响个体的社会角色之形成，进而影响个体人格之养成。显然，明清之际最大的时代特殊性便是满汉政权更迭以及随之形成的一批遗民群体。纵观历史上的朝代更迭，自秦至宋之间的数次易代，本质上不过是华夏文明的自我更新，惟有元取代宋与清取代明，在传统儒家的观念里意味着天崩地裂，象征的是华夏文明的陨落，所以吕留良的书信及作品中大量充斥着抵触清廷的言论也就不足为怪。强烈的明遗心态敦促着他立身处世中更为小心谨慎，并立足于华夷之辨的高度阐发了一套以出处、去就、辞受之中的节义之道为儒者基本立脚点的朱子学新内涵。

　　下文将对吕留良的理学思想的内涵精义进行详细的阐述与研究，以吕氏四书学典范著作《四书讲义》为核心文本，以宋代以来普遍关注的理学范畴系统为主线。当然，吕留良的理学诠释并没有对朱子学的所有范畴都面面俱到，且由于时代因素的影响，在不同范畴的关注度也有所不同。此外，由于《四书讲义》本质上是吕留良对朱熹《四书章句集注》所作的诠释和疏解，并且是由门人搜集整理而成的讲义类作品，行文通俗易懂，偏向口语化，结构上也并非专门的哲学著作般严谨细密。所以下文根据吕留良在《四书讲义》中的义理阐释以及义理创新，总结出八个小节对吕留良的理学思想进行展开论述。这八部分涉及的范畴与问题，既是儒学自宋以来不断被学者重提并审视的焦点，也是关乎吕留良所处易代之际儒士群体普遍面临的精神困境。只有综合了儒学发展的普遍性与历史特殊性的哲学言说，才能更加真实地反映吕留良理学思想的特点与价值。

3.3.1　止至善

(1)"止至善"释义

"大学之道,在明明德,在亲民,在止于至善。"这是《大学》开篇提纲挈领的一句话,也是通常所言的《大学》三纲领。朱子在注释"止于至善"时这样表述:

> 止者,必至于是而不迁之意。至善,则事理当然之极也。①

朱子认为"止至善"就是要求学者在平日做修身养性的工夫时,要了解事物本身的当然之理,并时时刻刻遵循此理,不偏不倚。"极",《说文解字》释为"栋也",为栋梁之意,以其在屋之正中至高处,引申为最高的含义,故又常用以表达大中至正之道,如《尚书·洪范》篇"五,皇极,皇建其有极"。以"极"释"至善",意指天地万物依其自身本有的大中至正之道生长消息,无过无不及,是合乎必然与自然的。故"止至善"就是要求自我修身之主体,无论是在家庭、社会还是整个自然宇宙中,时刻以至善为最高原则,使事物还归其真实之本原。

"止至善"在儒家传统思想中,有较深入的讨论。首先关于"止"字。《诗·商颂·玄鸟》中有:"邦畿千里,维民所止。"这里的"止",有居住之意,意为都邑周围千里之地,都是商民的居住地。此外,古人还有将"止"与"正"互训的现象,横渠先生的《中正篇》中有:

> 中正然后贯天下之道,此君子之所以大居正也。盖得正则得所止,得所止则可以弘而至于大。②

在此,横渠先生将"止"与"正"从内涵上联系在一起,"正"即中正之意,得天理之必然也就是得中正之大道。

再看"至善"。"至善"一词作为儒家古典哲学的一个经典概念,象征着最高的本体与价值之统一,是每一个读书人都希望达到的至高境界,这种境界是合于中道、与道为一的,只有圣人才能达到。朱子对"至善"有若干阐述:

> 凡曰善者,固是好。然方是好事,未是极好处。必到极处,便是道理十分尽头,无一毫不尽,故曰至善。③

---

① 《四书章句集注》,第3页。
② 张载:《张载集》,中华书局2014年版,第26页。
③ 黎靖德编:《朱子语类》卷十四,中华书局1986年版,第267页。

至善是个最好处。若十件事做得九件是，一件不尽，亦不是至善。①

可见，"至善"不同于一般意义的"善"，它并不只是日常的善言善行，但却必须由日常的善言善行来表呈。"至善"是善的极致状态，是涵括了知与行、本与末、体与用的最高存在，可以说"至善"就是天、天道、天理，是上至宇宙万物的消息生长、下至普通百姓的日用常行的最高准则和最终源头。

以上是传统儒家对于"止于至善"的基本释义。在《四书讲义》中，吕留良扩展了它的基本内涵，认为"止至善"并非固定不变的定理，它会随时间、场合之不同而有不同的表达。"至善"在个体的生命活动中，表现为实在的美德，包括仁、敬、孝、慈、信。但对于不同的人，美德的表达方式不尽相同，吕留良说：

> 仁、敬、孝、慈、信，固为至善，然天下有许多仁、敬、孝、慈、信，其中大小浅深分数不同，不可不谓之善。必如文王之止，乃为至善，要人从文王身上体会出自家至善。不即以仁、敬、孝、慈、信虚义即为至善也。②

"至善"有定理，而"止"无定式，如仁为君道之善，而必如文之为君，乃止善之至也。

所以"至善"并不只是善，而是善的极至，这种善的极至状态就是天理，只有圣人能上达天理，止于至善。古代儒者读书习文，目的就是成为如尧、舜、禹、文王、周公、孔子一般的圣人。但由于每个人出生的资质及身份不同，"止"的程度也不同，故"止无定式"。如孔子与文王都是圣人，但二人被后人称作圣人的原因并不一样，文王作为天子，体恤民众建立周朝，推行礼乐教化，对后代德治产生深远影响。孔子并非天子，但他在礼崩乐坏的春秋末期，致力于恢复三代之礼乐制度，述而不作，是中国文化理想建立的最大贡献者。所以，吕氏一方面认为，至善作为有着仁、敬、孝、慈、信的丰富内涵的实理是毋庸置疑的；另一方面，对于个体而言，表达和实现这个实理的方式不尽相同，人人各尽其能，止于所当止。对于"止无定式"的强调，应该说是吕氏诠释的一大发明，它在坚持仁义道德的最高限定（至善）之下，为个体道德的自我完善留出极大的自主空间，换而言之，至善作为最高的道德目标，其最终的实现方式则是取决于个体不同的特点，这样使得道德不是一个"虚义"（即流于抽象化而无法在现实当中落实），而是跟非常切实有效的个体道德行为相关联。因此，成为圣人并非一朝一夕之事，需要在日常的生活中修养身心，于洒扫应对进退之间时时

---

① 《朱子语类》卷十四，第 268 页。
② 《吕留良全集》第五册，第 25 页。

遵循"至善"之准则,从圣人身上体会出自家的至善之理。

(2)"止至善"在三纲领中的地位

吕留良认为,"明明德""亲民""止至善"三者并非层层递进的关系,而是将"止至善"置于三纲领的统摄地位。"止至善"不是继"明明德""亲民"之后的成终之学,而是兼体用、贯始终,"明明德"与"亲民"是"止至善"的工夫下手处,除此之外,更无第三项用力处。他从知与行的角度对此进行了分析:

> 上两纲领知、行并重,此一纲领却单重在知。"至善"只是难知,知得自然行得,行处只在上两纲领内,不须更说。①

"止至善"是"明明德"和"亲民"的根柢,明、亲两纲领若离开"止至善"的指导,只是恍恍惚惚地做工夫,却不知工夫的目的指向何处。而若只讲"止至善"不讲"明明德""亲民",则工夫无从下手,"至善"之实理反而成了悬空搁置的空虚之物。只有真正理解领会了"止至善"与明、亲之间的关系,才能在具体的明、亲之实践工夫中,将至善完整地、彻底地表达出来。从某种程度上说,"明明德"就是成己之学,"亲民"就是成物之学,两者囊括了整个生活世界的实践活动。从另一个角度来讲,也正是成己成物的实践活动之开展,才使得象征最高价值与事实之统一的"止至善"在社会生活中呈现出来,这两个方面是相辅相成的。

具体而言,吕留良认为"明明德"是"亲民"之本,成己所以成物,没有成己而不成物之人;成物所以成己,成物是成己的必然开显。所以从知行角度而言,明、亲两纲领属行的范畴,而上文提到"止至善"则只涉及知,不涉及行。这样一来,吕留良似乎认为三纲领所呈现的知行关系是行先知后,即先有"明明德,亲民",而后有"止于至善",这与朱学一贯持知先行后的知行观似乎并不相契。在朱子的讨论中,"格物致知"成为解决这个问题的关键。格物是个体修身养性的下手处,只有在日常的洒扫、应对、进退之间,时刻提撕反省自我,才能实现对外界的准确认知与自我的价值体认。经过工夫的不断积累,实现天理的豁然贯通,天理内化为个体自身的美德与品行,指导现实的生活实践。其理论基础可诉诸朱子对知行关系的考量,朱子的基本观点虽然是"知得方行得"的知先行后观,但他亦反对一概地谨遵"知至"再去"行"的知行脱节,故朱子曰:

> 若日必俟知至而后可行,则夫事亲从兄,承上接下,乃人生之所不能

---

① 《吕留良全集》第五册,第 3 页。

一日废者，岂可谓吾知未至而暂辍，以俟其至而后行哉。①

可见朱子对知行的先后关系有两层见解：其一，知是行的基础前提，行必依赖于知，此之谓"知先行后"；其二，在实际生活中，不能因为"知未至"而搁置事亲从兄的伦理践行，仍需日常的涵养操存之工夫，此之谓"知行互发"。上文"格物"涉及的日常之洒扫、应对、提撕、反省，即涵养操存的工夫，如此一来，"格物"成为"知至"之前的基础工夫，它弥补了"知未至"可能导致的伦理道德实践之空缺。吕留良是坚实的宗朱学者，他的理学体系同样继承了朱子关于"格物致知"的基本观点，在他的体系中，"止至善"是通过格物致知的涵养实践之工夫所达到的道德境界，再在此道德境界的规范与指导下，渐次完成"明明德"与"亲民"的道德实践。就逻辑而言，道德境界是智力、德行统一的知的境界，它先于并指导道德实践。就现实而言，至善的道德境界并非天生完满具足，需要在后天的实践中体认涵养，涵养此道德境界与实践明、亲工夫本是同一过程，二者不容分割。

由此，我们可以总结吕留良对《大学》三纲领关系的诠释特征，从工夫渐次上来说，明、亲两纲领代表着工夫的实践过程，而"止至善"则代表着工夫的最终境界。从知行关系上来说，明、亲两纲领属行的范畴，"止至善"属知的范畴，明、亲两纲领所代表的实践工夫同时也是追求"止至善"境界所要付诸的工夫。从统领与被统领的角度而言，"止至善"是与天理合二为一的终极境界，也是指导明、亲两纲领的实践工夫的本体，体统摄用，有体才有用，故"止至善"统摄明、亲两纲领。概而言之，"止至善"既是"明明德""亲民"本体所在，亦是此二者所代表的实践工夫不断扩展而达到的终极境界。同时，"止至善"得以实现和表达自身的方式也只有"明明德""亲民"，以"统摄"来概括三者之间的关系最恰当。所以，"止至善"统摄"明明德""亲民"，是《大学》篇中最提纲挈领的核心。

（3）"止至善"诠释的义理特征

一般而言，我们倾向于认为吕留良是一位"尊朱辟王"的思想家，因此，从某种程度上说，他的理学思想的展开是以发扬程朱理学、批判陆王心学为目的的，这也是学界对于吕氏思想立场的一个基本判断，但是，这样的判断是否准确？其实是值得推敲的。本书旨在探讨吕留良对《大学》中"止至善"内涵的独特诠释，这种独特性，是建立在他对朱子《大学章句集注》意蕴的深入理解以及

---

① 朱熹：《朱子全书》卷四十二，上海古籍出版社 2002 年版，第 19 页。

对阳明心学的深刻反思之上。因此,须厘清朱子和王阳明有关《大学》的论述,以便从中窥探吕留良的思想理路的独特之处。

朱子的思想体系非常庞大,涉及本体论、工夫论、认识论、宇宙论等许多层面,内容丰富,其中"格物致知"是他展开工夫论、认识论的基础,这也是理解朱子思想脉络时不可忽视的一个重点。无论是"明明德""亲民"还是"止于至善",都逃不脱一个"格物致知",可见"格物"在朱子理学体系中的根基地位。关于三纲领之间的逻辑关联,朱子认为,德本来特征就是光明昭著,是谓"明德",它是自家胸中本有的道理,而非后天的赋予,故朱子曰:

> 明德,谓本有此明德也。如"孩提之童,无不知爱其亲;及其长也,无不知敬其兄"。[1]

但由于个体在后天的环境中,受到外欲的诱惑、污染,原本光明昭著之明德被遮蔽,所以必须践行"明"之工夫,才能复此光明之德。这工夫下手处不在别处,就在日用常行之待人接物间,体会万物本有之理,体会自家心中的本有之光明。明了"明明德"之涵义之后,朱子进一步论述了"明明德"与"新民"的关系,他主张"明明德"只是个为己之学,古之学者必从为己始,通过修身养性的工夫实现对本原道德性的回归,这也是个体重建道德主体性的过程。一旦主体性得以建立,则自然推而新民,近则影响家庭长幼老少,远则教化天下民众。故《语类》记载曰:

> 问:"明德新民,还须自家德十分明后,方可去新民?"曰:"不是自家德未明,便都不管著别人,又不是硬要去新他。若大段新民,须是德十分明,方能如此。"[2]

《论语》中,孔夫子教导子路君子之道,君子的"修己"工夫必是以实现"敬""安人",乃至"安百姓"之境界为最终目的,此工夫实现的过程同时也是自我道德本体向外开显的过程。而上述这段引文亦反映了朱子对先秦儒家传统的"修己安人"观念的传承与发扬,朱子明确表示,"明明德"是自家修养工夫,"新民"则是在"明明德"基础上通过礼乐刑政的方式教化、引导民众,"使之去旧污也。"

至于"止至善"与"明明德""新民"之间的关系,朱子在《四书章句集注》曰:

---

① 《朱子语类》卷十四,第267页。
② 《朱子语类》卷十四,第267页。

> 言明明德、新民,皆当至于至善之地而不迁。①

朱子将"至善"视为终极本体、最高境界,而"明明德""新民"则是达到此本体、境界的实践工夫。换言之,三纲领之间的内在逻辑关联应该是,"明明德"是工夫下手处,"新民"是工夫场域之拓展,而"止至善"则是工夫所要实现的最终境界。这个境界是道德主体与最高本体的合而为一,《语类》记载:

> 又问:"既曰明德,又曰至善,何也?"曰:"明得一分,便有一分;明得十分,便有十分;明得二十分,乃是极致处。"又曰:"明德是下手做,至善是行到极处。"又曰:"至善虽不外乎明德,然明德亦有略略明者,须是止于那极至处。"②

朱子一连串的补充说明就是为了强调一个事实,即"明明德"与"至善"之间存在"善"的程度上的差别。"止至善"则是天理之极致,但它必须由"明明德"与"亲民"的实践工夫来表呈。工夫做到一分,便是一分的"明明德",做到两分,便是两分的"明明德",只有将"明明德"工夫做到二十分之极致,"亲民"的工夫也自然做到二十分之极致,方可说达到"止至善"的境界,缺一分力量便不成。并且,引文中"须是""皆当"等肯定语气用词表明,"明明德"与"新民"的工夫必须以实现"止至善"为终极目的。也就是说,"明明德""亲民"以"止至善"为目的,"止至善"必从"明明德""亲民"之工夫始。

以上考察了朱子对"止至善"的论述,王阳明对此有不同的阐发,他认为《大学》即大人之学,大人是能以天地万物为一体之人,若与天地万物相分尔我,就是小人。此与天地万物为一体之仁的明德是人人具足的本然,但由于常常受到私欲的遮蔽,极易堕落成为小人。因此,需要"明明德"的工夫,将人性本有之明德彰显出来,使之重现光明昭著,这个过程是主体反思自我、回归本然的过程。"明明德"与"亲民"之间呈现的是体用关系,王阳明说:

> 明明德者,立其天地万物一体之体也,亲民者,达其天地万物一体之用也。故明明德必在于亲民,而亲民乃所以明其明德也。③

除却"亲民",无从体现"明明德",如孝敬自己的父亲,进而孝敬他人的父亲,然后能够孝敬天下所有人的父亲,这个不断扩展孝的过程,正是复我与天地万物一体之仁的过程,也正是"明明德"的过程。明德为体,亲民为用,体与用、本与

---

① 《四书章句集注》,第3页。

② 《朱子语类》卷十四,第269页。

③ 施邦曜辑:《阳明先生集要》,中华书局2008年版,第146页。

末不相分离,体即是用,用彰显体,体用不二,这个观点与宋明以来的观点一脉相承。

不同的是,王阳明对"止至善"作了与程朱学派之路数完全相异的阐释。何为至善?至善就是良知,它是我心中所固有,知是知非,知当与不当,没有深浅之分,没有一分与十二分之别。对"明明德""亲民"而言,至善就是内在于心的天理、准则,王阳明说:

> 至善者,明德亲民之极则也。天命之性,粹然至善,其灵昭不昧者,此其至善之发见,是乃明德之本体,而即所谓良知者也。①

由此可见,王阳明对《大学》的阐释完全根基于良知本体,他将至善解释为良知,"止至善"便是致良知,良知的自然发见,不问深浅厚薄,发而是则是,非则非。而"止至善"之于明、亲两纲领,就像规矩之于方圆,权衡之于轻重。方圆如若没有规矩,则不成方圆,轻重如若没有权衡,则失其准当,而明明德、亲民如若没有"止至善",则没了根柢。因此,只有"止至善"才能明明德、亲民,成就大人之学。

从上述朱子和王阳明对《大学》首句的诠释,可以看出二人思想体系展开的路数是截然相反的。在朱子的思想体系中,天理虽然是绝对的一本之理,但体现在事物中各有分殊之理,一本之理必然要通过分殊之理来获得表达和呈现,而分殊之理必然以一本之理为本源之根基。至善便是这至高的天理,要想穷究这一本之理,达到"止至善"的境界,就必须要一件一件地去格物,做的一分明明德的工夫,就是一分的善,但一分的善不是至善。只有将明明德的工夫做到二十分之极致,才可说达到"止至善"境界,这是一个向外不断扩充和涵蓄天理的过程。而在王阳明的思想体系中,至善就是良知本体,人人具足,无需向外揣摩寻求。良知乃是非善恶之心,圆融自足,人皆有之,发之事父自然是孝,发之事君自然是忠,良知本体自然袒露呈现,不假外求。所以王阳明认为,三纲领中"止至善"即是良知本体,而"明明德""亲民"则是对良知本体的发用、表呈。从时间上讲,三者不存在先后关系;但从逻辑上讲,则是有体才有用,即体即用,"止至善"作为良知本体,是一切工夫效用之最高准则。

因此,当我们重新考察吕留良对"止至善"的相关论述时,不难发现,虽然吕氏自始至终都在标榜自己的学问是根基于紫阳之学,并不遗余力的抨击姚江之学,但从他的"止至善"内涵阐释来看,我们仍然可以捕捉到其中调和朱王

---

① 《阳明先生集要》,第147页。

二学的痕迹。一方面,吕留良对《大学》三纲领中的"止至善"内涵做了补充,突出"止至善"作为本原天理的第一性,并且强调在具体的实践中应遵循格物致知的原则,这样既没有违背朱子强调的于事事物物上格物之基本涵义,还使"止至善"的内涵更加丰富、饱满,学者也更容易理解和把握。另一方面,他并没有延续朱子"至善是行到极处"的观点,而是把"止至善"置于三纲领的统摄地位,认为"止至善"统摄明、亲两纲领,并且通过明、亲两纲领来表呈自身。总之,"止至善"是通过格物工夫达到的道德境界,能够规范和指导"明明德""亲民",而"明明德""亲民"反过来是"止至善"表达和呈现自身的工夫,"止至善"与"明明德""亲民"之间是同一个生命过程的不同面向,"止至善"境界永远没有终点,追寻天理成为圣人的道路永无止境,这种解释路数与王阳明的解释路数有相似之处,王阳明认为至善就是良知,是人人生而俱有的本体,良知本体的自然发见就是"明明德"与"亲民"的实践过程,也是"止至善"自我实现与表达过程,这个过程没有一分与二十分之别,只有当与不当之别。而吕氏对于阳明学的吸收,在这个层面上也就十分清楚了。换而言之,吕氏在对于良知或者现实道德强调的意义上,继承了阳明学的良知自我呈现的观念,强调道德对于现实生活的主导意义。

概言之,吕留良既继承了朱子学的观点,强调"格物致知",认为至善天理需要通过具体的格物工夫才能获得。又吸收了王阳明的观点,承认天理发于具体事物的过程,同时也是天理实现和表达其自身的过程。两者的结合,使得"止至善"之内涵更加圆融。"止至善"既是格物工夫追求的最终境界,同时其自身又须时时在事物上磨炼操守之,这便是吕氏关于"止至善"内涵阐释的独特之处。而吕氏自始至终标榜自己的宗朱理学,也是对当时学术现状和社会现实进行反思的结果。一方面,吕留良目睹了明末以来心学泛滥所导致的种种流弊,学者惑于心学的简易直截,废经典文字,喜发狂妄之言,面对义利抉择时往往尊严尽失,尤其是明清易代的特殊背景下,更是对学者学术人格的严格考验。另一方面,吕留良十分准确地把握了明清之际的学术趋势,阳明学后学弊端丛生,折中朱王思想的调和派兴起,这正是复兴朱子学的大好时机,而复兴朱子学的重任绝非对朱子思想的析词解字可以做到,必须有一定程度的创新。结合上述论证,我们不妨作一个大胆的假设,吕留良虽处处表白自己的宗朱立场,在清初理学界亦影响颇深,但其理学思想究竟在多大程度上"宗朱",却是值得商榷的。

考察吕留良的时代,程朱理学作为科举考试的官方学说,思想内涵日益僵化,沦为士子追逐功名的工具。而吕留良的人生经历中,前后十余年投入点勘八股文的事业，并认为"非时文不足明道"，经他点勘的时文选本在士子群体中流传甚广，影响甚深。虽然当时许多学者都对此不屑和訾议，但吕留良却坚信只有这种方式才能够在更大范围内救正斯道、改善人心，以新的视角重新阐发理学思想，复兴程朱理学。从理学自身的历史发展来看，清初朱子学开始复兴，与张履祥、陆陇其等一批明末清初的朱子学者的努力分不开，张履祥是清初著名的朱子学倡导者，陆陇其被清廷誉为"本朝理学儒臣第一"。而这二人都与吕留良有学术交流，张履祥晚年一直在吕家教书，学术交往密切。陆陇其的理学思想观点则直接来源于吕留良，钱穆先生认为，"晚村尝与陆稼书交游，论学甚洽。其后稼书议论，颇有蹈袭晚村。"①由吕留良与清初有影响力的朱子学者的交友史实可知，吕留良对清初朱子学的复兴发挥了重要作用。从思想层面而言，要想一种学说脱离其最初得以建立的社会历史环境而重新焕发生机，则绝非简单地重提可以实现，须结合当下的社会背景及实际问题，对义理重新予以创新性解读和阐发。吕留良的宗朱思想便是如此，他的著作《四书讲义》以朱子《四书章句集注》为基础，结合明清易代的社会背景及学风堕落的思想困境，阐发了民族大义大于君臣之伦的夷夏之辨，强调学者应于出处、去就、辞受之间立稳脚跟，然后方可讲为学之道。这些思想都是针对当时社会、人心问题而发的针砭时弊，的确起到了维挽人心、裨益世教的作用。同时，吕留良在具体问题的阐述上，往往博采众长，绝非对朱子话语的简单重述，如本文讨论的"止至善"义理阐释，则是在坚持朱子学格物为本的基础上，一定程度上糅合了心学的良知本体思想，对《大学》三纲领作了一次新的义理阐释。后人对吕留良的朱子学评价甚高，刘师培先生赞吕留良"文货早偕胡戴著，儒名犹工陆张齐"。钱穆先生有"然则吕晚村不愧清初讲朱学一大师，于晦庵门墙无玷其光荣"②之论。由此得出结论，吕留良的理学思想确以朱子学为宗，但绝非简单地拾朱子之牙慧，其思想兼具深刻的社会反思与理论的深度创新，实乃借朱子之语浇自家心中之垒块，故《四库总目》评价吕留良之思想："自成吕氏之书，非一般尊朱不敢失尺寸者可以同语也。"③可谓一语中的。

（4）"止至善"的现实意义：批判异端俗学

在《四书讲义》中，吕留良对"止至善"蕴含的义理思想作了深入细致的阐

① 钱穆：《中国近三百年学术史》，第 84 页。

② 钱穆：《中国近三百年学术史》，第 92 页。

③ 中国科学院图书馆整理：《续修四库全书总目提要（稿本）》第十四册，齐鲁书社 1996 年版，第 415 页。

释，其特征如上文所述，既继承和发扬了朱子理学思想，也吸收了心学的部分观点，无论这种调和朱王的做法是自觉还是不自觉的，对吕留良而言，都不愿承认自己是调和派。他坚守"尊朱辟王"的学术立场，痛斥王学流弊给社会带来的伤痛，认为只有将王学的弊端揭露并矫正，使之归于正学，才能真正实现对紫阳之学的继承和发扬，在这一点上，吕留良的态度非常坚定。在论述《大学》三纲领时，吕留良指出了当时祸乱天下的异端俗学思想，异端指陆九渊、王阳明一路之所谓心学，俗学则指永康陈心水的事功之学，二者皆非圣学。原因就在于，二者都脱离了"止至善"而讲明明德与亲民，这就像无源之水无本之木，终究只是一潭死水一块枯木。

> 江西顿悟，是知有"明明德"，而不知"明明德"之有"至善"也；永康事功，是知有"新民"，而不知"新民"之有"至善"也。方知圣人于"明"新下急著此一纲领，吃紧为人处，是圣学之定盘星、指南针。[1]

"止至善"单独成不了圣学，因为它只是知没有行，抛开"止至善"更不是圣学，只是糊涂去做，不知天理何在。更有异端之学，以为只讲求一个"止"便可，却不知这便是狂禅一路，只是随处寻求一段清虚，待到真正应事接物，便不知该止于何时何地。所以，"止"必须靠实"至善"方可，"止至善"必须靠实"明明德""亲民"方可。

吕留良对异端俗学的批判在《四书讲义》的很多处都有所体现，本文止在论述他如何通过诠释"止至善"之内涵，批驳在当时社会流行的违背圣学本意的观点。客观而言，吕留良的许多批判缺乏足够的说服力，例如在反驳王阳明的无善无恶说，将无善无恶置于作用的层面上而非本体的层面上言说，混淆了"至善"之善与善恶是非之善，仅仅从字面上进行反驳。尽管如此，吕留良能在当时的社会中大声疾呼，毫不动摇自己的程朱理学立场，自觉或不自觉地吸收王学思想以更好地发扬朱子学，实属难能可贵。正是基于对朱子学的遵循和坚守，才使得这位理学大家能在朱王调和为主流的社会环境下，将朱子学以更加丰富饱满的思想内涵重新回归学子的世界。也正是这种孤独地坚持，使得他在当时的社会环境中，赢得了张履祥、黄宗羲这些大家的青睐。

从这个意义上来说，实际上吕留良的思想更多反映的是当时社会对于思想的基本要求，而是不是纯正朱子学的立场，其实并不那么重要，即便是借着朱子学的脉络，吕留良的理学观点主要体现的是他对当时社会现实问题的深

---

[1] 《吕留良全集》第五册，第 3 页。

刻反思和批判,而这才是其思想深刻的现实意义之所在。所以,与其说吕留良是尊朱辟王的,倒不如说,吕留良是在批判现实的意义上凸显出自己学问的立场和学术的价值。

3.3.2　心与理

心与理是宋明理学的两个核心范畴,在朱熹理气范畴之前,周敦颐讲太极与阴阳,张载讲太虚与气,虽然都是讨论宇宙本体,但都不如朱熹之理气论的更确切易懂。然而朱熹的理气论确是因袭先贤之论而发之,理不仅具有宇宙论的意义,更重要的是加入了伦理道德的涵义,所以在朱熹的体系中,理的内涵囊括自然和道德两方面。理气论是关于宇宙本体、并衍生到道德伦理的范畴系统,与理气论相对应的是心性论,心性论是关于人类自身存在之意义与价值的范畴系统。需要清楚的一点是,朱熹论宇宙界时,更注重理;但论人生界时,更注重心。所以在其理学思想中,心与理是最基础且最重要的两个范畴,并由此生发出一套包括宇宙论、人生论、工夫论、境界论在内的完整的哲学体系,是宋代理学的集大成之思想体系。自宋以后,儒学的发展一直以这套系统为中心,其间或随时代特性之转移而在思想内涵上有所损益,但大体上仍不出朱熹所建之规模。直到明代中晚期,王阳明建立心学体系,从朱子学最基础的两个概念——心与理入手,提出了与朱熹路数完全不同的精义解释,推翻“性即理”主张“心即理”,提高心的自我主宰性。于是理学的发展彻底分裂出两条不同的路径,一条是以朱熹为代表的程朱理学,另一条则是以王阳明为代表的陆王心学。

对于吕留良来说,要想展开尊朱辟王的学术活动,救正斯道匡扶人心,就必须牢牢把握程朱理学与陆王心学的根本区别所在,只有从根基着手才有可能撼动整个思想的大厦。心和理既是程朱理学的思想基础,也是阳明心学“离经叛道”的起点。因此,只要从心和理这两个范畴入手,一方面坚守朱子学理源于天道的基本主张,另一方面攻破阳明心学“心即理”的谬误,就能实现尊朱辟王的学术目的。由于明清之际社会历史环境的特殊性,吕留良学术上虽然极力标榜朱熹,但他的朱子学思想必然带有鲜明的时代烙印,以凸显出自身的思想特点。所以,在考察吕留良对这两个范畴的精义阐释时,既要看到他对朱子学思想的继承,也不能忽略其中对心学义理的阐释甚至误解。

《四书讲义》是对《四书章句集注》的义理再阐释,其中许多观点直接援引朱熹之论。书中,吕留良对理的阐释如下:

所謂天也，性也，理也。圣人纯乎天与性与理而已矣。①

"天也，性也，理也"是一个判断句式，吕留良将天训为理，是直接继承了朱熹的观点。《论语》孔夫子曰"获罪于天，无所祷也"，朱熹注释为"天即理也"，可见朱熹解经的大胆与创见，由此亦可窥探宋儒之真精神。正是宋代诸儒开辟的义理解经之路，人的理性地位再一次得到提升，天之德与人之德直接对等，理既有得之于天的神圣性，亦有人人皆具的普遍性。这样一来，"人人皆可为尧舜"便从天那里得到印证，"天即理"成为自宋以来儒学系统中不言自明的前提。吕留良牢牢把握这一基本点，他从理的具体内涵、特征入手，条分缕析地诠释了朱熹之理，同时尖锐地指出圣学与异端的区别所在。

其一，理的具体内涵。理，亦称天理，体现在宇宙间事事物物中，不仅包括自然宇宙，也包括人以及由人组成的社会共同体。理是流行于自然和社会中的规律、准则，"无理则无用"②，在自然界中体现为一草一木的春生夏长、秋收冬藏，在人类社会则体现为君臣、父子、夫妇、长幼的和谐有序。理上得于天，与天、天道一样，是大公至正的，不会因任何个人的私意而改变。理既是天道流行不已的表达，也是个体反身而诚以达天道的基础，对于个体生命而言，领会天理的涵义，能够使人清楚地认识到宇宙之浩瀚与奥妙，反观自我生命之价值与意义。从中既要看到天道之大化，也要看到个体生命之神圣与无限。虽然理是普遍存在于自然和人伦社会之中，但对于理学家来说，洞察宇宙、体悟天理的最终指向仍然是人伦社会。总之，天理是自然规律和人伦道德的合一，是整个宇宙的本体。

其二，理的特征。理是整个宇宙的本体，它"无形体""无方所""无情意""无造作"。"无形体""无方所"是指理作为一种超越的存在，不是任何具体的事物，却是具体事物得以存在、发展的根本原因。简而言之，理只是一个"道理"而已。"无情意""无造作"是指理作为一种客观的存在，是大公至正不掺杂一丝一毫的人欲私意，也不会随个人意志而转移。此外，理具有普遍性，它普遍存在于一切事物之中，既包括自然界中鸟兽鱼虫之生成毁亡，也包括社会的人伦关系，如父当慈、子当孝、兄当友、弟当恭。吕留良认为：

在物为理，处物为义，圣人因物付物，裁成辅相，道理总在物上，非穷理尽性不能。异学必舍物而求之，心却是自私而用智矣。③

---

① 《吕留良全集》第五册，第 253 页。
② 《吕留良全集》第五册，第 14 页。
③ 《吕留良全集》第五册，第 253 页。

圣人之所以为圣人，因他能承继天理的大公至正，使"物各付物"，物当喜则喜，当怒则怒，道理全在事物自身之中，绝非出于个人的私意。圣人能够"以其心普万物而无心，以其情顺万物而无情"，这就是圣人所能做到的事物之理同于吾心之理。总之，圣学教人以理应物，异学教人以心应物，二者之于为学者的引导作用有着云泥之别。

从吕留良对理的内涵诠释可以清楚的一点是，心学和理学的分歧不在"理"。理作为宋代理学的核心范畴，是朱熹系统地总结周敦颐、二程、张载等人的思想精髓，尤其是继承了程颐的社会伦理之理，并在此基础上扩充为宇宙自然界之理，理成为以道德伦理为核心的宇宙本体，先秦以来的传统儒学便在两宋诸儒的共同努力下进入新的发展阶段，即理学阶段。南宋以后，理学作为一个系统的哲学体系得到传承和发扬，以理为本体的宇宙本体论被儒者普遍地接受，王阳明也不例外。王阳明创立的心学系统与程朱理学在宇宙本体的层面上并无差别，理就是天理、天道的流行，是宇宙万物得以存在和发展的原因。只是在展开认识论层面的讨论时，二者才开始走上两条完全相反的路径。认识论是关于作为认识主体的人对宇宙本体——天理的认识与看法，认识论的不同进而导致工夫论的不同，即如何"变化气质"达到"天人合一"境界的路径也不同。所以，理学和心学的分歧是从进入人世之场域才开始的，而人的认识能力与人之心密切相连，孟子曾说："心之官则思，思则得之，不思则不得也。"①换句话说，二者的分歧是从对心的理解分歧开始的。

程朱理学虽一直被后人称为狭义的"理学"，但并不代表不重视心的作用。钱穆先生强调朱熹最善言心，他说："后人由多说，程朱主性即理，陆王主心即理，因此分别程朱为理学，陆王为心学。此一区别，实亦不甚恰当。理学家中善言心者莫过于朱子。"②如朱熹在《四书章句集注》中有：

> 心者，人之神明，所以具众理而应万事者也。性则心之所具之理，而天又理之所从以出者也。③

心的特征是虚灵不昧，能够承载理的存在，并顺应万物生成毁亡，人人皆有此心，故人人皆具此神明。所以心起着承载、知觉并顺应理之发展的作用，理必具于心中。朱熹又说：

---

① 《孟子·告子上》，《四书章句集注》，第 335 页。
② 《朱子学提纲》，第 49 页。
③ 《孟子·尽心上》，《四书章句集注》，第 349 页。

> 性便是心之所有之理,心便是理之所会之地,性是理,心是包含该载
> 敷施发用底。①

从宇宙论层面讲,心属气,理便是包含该载于气之中;从人生论层面讲,性是包含该载于心之中。对于个体而言,以心之敷施发用实现融自然宇宙于人身一体,使心所觉全是理,该载一切物理与伦理,在人为中开显出一切自然,便是人生的最高境界,也便是心即理的境界。

吕留良继承了朱熹关于心的观点主张,强调:

> 天也,性也,理也,道也,皆可以言学,心独不可以言学。心者,所以为
> 学之物,无以心为学者。②

天、性、道、理都可以是为学的内容,但心则是为学的工具。工具是达到为学目的的方式、手段,所以心是达到明理的手段,所谓"尽其心者,知其性也。知其性,则知天矣。"③离开了心,理就无处安置,也无从知觉。从上述表述可知,程朱理学体系中的心是一个知觉、承载理的"容器",说心是"容器",是因为朱熹曾说心是"气之灵",心始终是属气,是与形而上之理相对的形而下范畴。

程朱理学言心,往往还涉及道心人心的范畴。"人心惟危,道心惟微,惟精惟一,允执厥中"④,宋代理学家们视此十六字为传心诀。朱熹认为,人心和道心虽有不同,但心只是一心,并非两心。他说:

> 饥寒痛痒,此人心也。恻隐羞恶是非辞让,此道心也。虽上智亦同。
> 必使道心常为一身之主,而人心每听命焉,乃善。⑤

人心指人欲之心,代表感性欲望;道心指天理之心,代表道德理性。二者人人皆有,但朱熹更强调道德的知觉意识。人欲中即有天理,天理通过人欲来表呈自身,天理人欲本是一体,不过在一念善恶之间立见差别。人心道心也是如此,人只有一心,道心、人心只是层次上的区别,并非实有两心,但以道心主宰、节制人心,"而人心每听命焉"。为学须明理以尽道,使人心道心浑化为一、合于天理。正如朱熹所言:

> 以道心为主,则人心亦化为道心。如乡党篇所记饮食衣服,本是人心

---

① 《朱子学提纲》,第50页。
② 《吕留良全集》第五册,第7页。
③ 《孟子·尽心上》,《四书章句集注》,第349页。
④ 《尚书》,王世舜、王翠叶译注,中华书局2015年版,第361页。
⑤ 《朱子学提纲》,第100页。

之发,然在圣人分上,则浑是道心。①

圣人能够化人心为道心,使人心道心合为一心,故而圣人浑然只是一个道心,不见人心。然而人心化为道心,需要为学之人时刻以天理为准则,涵养省察,不容有半点私欲的掺杂,一涉及私,便是人心显露,道心遮蔽。

吕留良对心的阐释同样继承了朱熹的基本观点,并且通过重点强调心作为虚灵不昧、知觉天理的器皿,强烈谴责了阳明一派以心为学的谬误。他说:

> 心是虚器,性是实理。②

> 儒者之所谓"觉"者指此理。外道之所谓"觉"者单指心。理必格物致知而后觉,所谓知性知天而心乃尽也,觉心则必先去事理之障,而直指本体,故以格致为务外支离。然自以为悟本体者,于事理究竟胶黏不上,于是后来阳儒阴释之说,又变为先见本体而后穷事物,自以为包罗巧妙,不知先约而后博,先一贯而后学识,乃所谓支离务外,圣门从无此教法,六经具在,可覆验也。③

异学与圣学的区别在于,圣学是学以明理,异学是学以觉心。吕留良认为,心学之谬在于把心当作为学的目标和内容,从而忽视了宇宙万物中位育流行的天理,甚至把格物穷理的修养工夫视为支离破碎之学。这会导致一个严重的后果,即把格物穷理看作落入第二等的支离工夫而舍弃,反而只专注一体之心,以此作为一切是非善恶的评判标准,个体之心取代了天理,成为宇宙的最高本体和最终主宰。吕留良进一步指出,圣学并不反对心即理,问题的关键在于如何达到心即理。心即理并非一个直接现成的状态,而是需要个体通过格物穷理、修养心性的工夫才能达到的圣人境界。如上所述,心能具众理应万事,当心之所觉全是天理,并能全然顺应天理在万物之中的流行,实现"一旦豁然贯通焉,则众物之表里精粗无不尽,而吾心之全体大用无不明"④,方才是到了心即理的境界。

吕留良反驳心学的另一个方式是强调人心之私。他指出,圣学与异端的显著区别在于圣学以天理为根基,而异端则以人心为根基。本天,便是以天理为万物法则,总是中正无私,四平八稳;本心,便只是一个私心而已,私心自用

---

① 《朱子学提纲》,第 103 页。
② 《吕留良全集》第六册,第 726 页。
③ 《吕留良全集》第五册,第 66 页。
④ 《四书章句集注》,第 7 页。

以致肆无忌惮。所以吕留良说：

> 总之圣学无疑惑在理上，他说无疑惑在心上。信理则从戒慎恐惧明善诚身来，故不骄；信心则自用自专，生今反古，直至无忌惮，正兴不骄相反，此毫厘之辨也。①

显然，吕留良在批判阳明心学时总是不加分辨的将心学之心等同于与天理、道心相对的人心，以人心之私来谴责心学的虚伪狂妄、肆无忌惮。并且只要论及心学，必然牵扯到佛教，指责心学轻视事物之理、惟专此心的特点是直接从佛教中脱胎而来。基于这种看法，他把王阳明、湛甘泉、陆九渊的学说一概斥为"阳儒阴释"的狐禅，将其拒于圣学门外。

从吕留良关于心和理的诠释，可以粗略了解他的"尊朱辟王"思想。简言之，他认为程朱理学和陆王心学之间的区别，只在一公一私。程朱理学主张天理是宇宙的主宰和本体，天理本身客观、无情意，所以是大公、至正，无半分私意造作。而陆王心学以良知、本心作为宇宙的主宰和本体，全然不顾心只是虚器、人心易为外物所诱而使道心陷溺的危机，容易以人心之私自用自专，以致无忌惮。因此，吕留良着重对心学以良知为主宰的观点展开辩驳，在《孟子》"人之所以异于禽兽者几希"一节中，他尖锐指出心学把"此心同、此理同"的心和理解释为良知和天理，是对孟子的误解，他说：

> "存之""之"字指"几希"之理而言，非心也，即下章总注"忧勤惕厉"之意，亦谓列圣以此去存之耳，非谓存此忧勤惕厉之心也。②

这个解释直接否定了阳明心学的良知本体，人心所同在于能够常常"忧勤惕厉"，它是心的功能属性，是心能够发挥存理、觉理等功能的前提基础。不能把心"忧勤惕厉"的功能属性当作人的本体存在，甚至扩展为宇宙的主宰。基于这种看法，吕留良多次称赞张载"心统性情"之说，并批判心学以"致良知"释"求放心"的观点，

> 心统性情，心之出入存亡，气之灵也，而所统之妙，与之俱为存亡。故放心者，所统之仁义放也；求放心者，求心之所统也。心存则所统者俱存，是气与理一也，所以完其为"仁，人心也"；心放则气离而自行，故必用学问之道，正以理收之养之，使复为一也。异端亦自求心，但舍事理以为求，则

---

① 《吕留良全集》第五册，第 505 页。
② 《吕留良全集》第六册，第 634 页。

其所求者止气之灵而已,故不可以穷众理,应万事,自圣人观之,虽妙明圆净,如如不动,真常流住,皆放心也。①

心乃气之灵,心之所统乃仁义,心与仁义既是统摄与被统摄的关系,又是合而为一的全体,这与朱熹论理气关系一致。从理气的角度来看,心是气之灵,心所统之仁义是理,理气不二,"天下未有无理之气,亦未有无气之理。"②心与仁义的关系也是如此,心以统摄仁义的方式而存在,一旦仁义尽失,则心无所统,也就与仁义一道尽失,所以说"所统之妙,与之具为存亡"。"求放心"就是要时刻省察"忧勤惕厉"之心,时刻保持心的统摄功能,仁义自然存于心中。

　　以上是吕留良关于心和理的阐释,必须承认的一点是,吕留良是从程朱理学的思想系统入手诠释心和理的内涵,并将朱熹理解的理和心分别概括为程朱理学和陆王心学的思想核心,以此批判心学。从义理批判的逻辑来看,吕留良是站在纯粹朱子学的立场对心学展开的批判,而并未深入心学系统的内部,这显然是缺乏说服力的。他对心学的批判,充其量只是门户之见,对阳明心学只能形成一定程度的外界舆论压迫,但对心学系统本身的义理发展没有丝毫的撼动。深入分析吕留良的辩难和批判,从中还能发现许多歪曲误解。例如他强调程朱理学并不否认"心即理",认为这是圣人才能达到的满心皆是理的最高境界,需要涵养省察和格物穷理的实践工夫。但在阐释心学的"心即理"时,似乎又有意曲解心和理的内涵,认为心学否认天理的本体性和客观性,而只遵从私欲之心的引导,以私心为天理。这就是说,吕留良把心学之心看作与道心相对的人心,以人心之私解释阳明心学之心,并多次以"释氏本心"类比。如果从这个角度来看,心学自然只是一个成全自我私欲的异端之学,全然与圣学无关。实际上,阳明心学之心是本体层面的范畴,"心即理"之心并非现象层面的个体自我,而是具有先验道德属性的纯粹主体。以良知本心为先验的道德主体,主张心无私欲之弊即是天理,强调"致良知"的实践工夫,以"致良知"的工夫实现良知之心的澄澈无碍,不被私欲障蔽,由此达到"此心纯是天理"的无碍状态,也就是"心即理"。按照朱熹的人心道心之论,心学所倡导的良知本体心既非现成的道心,但也绝非私欲膨胀的人心,而是同于朱熹"以道心为主,则人心亦化为道心"③,道心主宰人心,人心之欲完全遵从道心之理的引导,"致良知"的工夫就是为了去除人心私欲之弊,使人心道心合乎一心而纯是

---

① 《吕留良全集》第六册,第 688 页。
② 《朱子语类》卷一,第 2-3 页。
③ 《朱子学提纲》,第 103 页。

天理。

综上所述，虽然吕留良试图从心和理的角度以证心学之谬，但由于极端朱子学的立场以及对心学后学提倡良知现成所致社会流弊的痛恨，他对心学系统的概念内涵作了有意或无意地曲解。事实上，无论是程朱理学还是陆王心学，都对心和理的概念十分重视，朱熹善言心，王阳明同样善言理。心虽属气，但乃气之灵，心是人之神明，即使是朱熹也说过："自古圣贤相传，只是理会一个心。"①可见心在程朱理学的思想体系中绝非单纯的器物之用。程朱理学和陆王心学的区别不在于心和理的地位孰轻孰重，而在于如何解释心和理之间的关系。换句话说，程朱和陆王都以"心即理"为人生最高的境界目标，心是人之心，理是宇宙万物全体之理，关键在于个体应当通过何种方式将心与理"即"在一起，以达到天人合一的圣人境界。程朱理学认为个体只有通过向外的格物穷理，今日格一件，明日格一件，直至豁然贯通，才能实现"众物之表里精粗无不至，而吾心之全体大用无不明"②的"心即理"境界。而阳明心学则主张，宇宙天理对人来说只是评判是非善恶的标准，而善恶的标准追本溯源只在人心的自然灵觉处，所以天理本在人心，只要通过"致良知"的工夫扫除心中的私欲杂念，自然达到"心即理"。若说此前程朱理学的工夫论讲的是人心向外追寻与万物之理的合一，那么阳明心学的工夫论讲的就是良知自我主宰、本心合于天理，所以心学对理学进行的是"哥白尼式"颠覆。吕留良没有从这个角度阐明程朱理学和陆王心学的差别，也没有站在客观的角度，从心学的内部思想结构入手去批判、辩驳，而是放大了心学后学的弊病，歪曲阳明心学的原始本义，进而展开矫枉过正的学术纠弊。

从纯粹学理的角度而言，吕留良的辩难并未对心学体系本身造成冲击，但是从整个清初的理学发展态势来看，他对心学近乎顽固地矫枉与打压，为程朱理学的崛起创造了有利的学术环境，也为心学内部自觉展开义理的修正提供了强劲的压力和动力。因此，吕留良对心学"心即理"的批判更多的是情感性的而非学理性的，而在当时特殊的历史环境下，总结明亡教训的历史任务迫在眉睫，这种诉诸情感的批判路径在"心学误国"的一片哀叹中似乎也更能引起知识分子的共鸣与同情。他对心学系统不加分辨地驳斥和扫荡，杜绝心学空疏狂妄之流弊对社会人心的继续荼毒，是在试图为神州荡覆、宗社丘墟的残酷现实下，流行于士大夫阶层内部因信仰危机而产生的道德枯竭的沦丧感寻找

---

① 《朱子学提纲》，第 54 页。
② 《四书章句集注》，第 7 页。

一条出路。

3.3.3　诚意与慎独

诚意和慎独是《大学》中的两个概念,自宋以来学界对诚意的解释,基本上遵循的是朱熹《四书章句集注》的观点,朱熹以"实其心之所发,欲其一于善而无自欺"①注解"诚意",体现了其重视训诂、反对自立私意的基本解经原则。诚意作为八条目之一,是个体修身的实践工夫,慎独是诚意章内释诚意,督促君子随时戒慎恐惧。理学发展到明末,出现了一批改良朱子学和阳明学的调和派。刘宗周是其中的代表人物,其理学体系的核心是以意为根、以独为体,意被诠释为内在的、好善恶恶的主宰、本体,独指心之端倪。在此之前,无论是朱熹还是王阳明,都将意和独看作已发的或者作用层面的范畴,而这正是刘宗周所反对的。刘宗周从根本的、主宰的意义上理解诚意和慎独,意成为比心更本质的范畴,这种思想理路与王门后学的泰州学派走向一致。由此,刘宗周掀起了明末心学发展的高潮,其人及其理学思想对整个儒学之发展产生了深远影响。尽管刘宗周在很多问题的看法上并非总是以良知本体为宗旨,且对朱子学也有多处的肯定,但从其理学思想的根源以及明朝心学发展的传统来说,刘宗周仍属心学一路的调和派。所以,作为独尊紫阳之学的代表性学者之一,吕留良自然对刘宗周的这套心学系统辩难且不遗余力,辩难的着眼点就是其中的核心范畴——诚意和慎独。

在刘宗周的思想体系中,"意者心之所存,非所发也"②,他反对从作用、已发的层面解释意,而将其置于比心、良知更为根本的地位。《大学》以"自谦于善恶"释"诚意",刘宗周认为此善恶不是对对象事物的后天评判标准,而是主体内在的、先天的好善恶恶之意向,它主宰人的行为、思虑。刘宗周以定盘针喻意念,就像定盘针先天的、必然的指向南一样,意念先天的、必然的指向好善恶恶。他说:

> 心所向曰意,正是盘针之必向南也。只向南,非起身至南也。凡言向者,皆指定向而言,离定字,便无向字可下,可知意为心之主宰矣。③

也就是说,意是内在于主体的一种本质的、原始的意向,这种意向并非呈现为

---

① 《四书章句集注》,第 4 页。
② 《蕺山学案》,《明儒学案》卷六十二,第 1523 页。
③ 《蕺山学案》,《明儒学案》卷六十二,第 1557 页。

经验层面的具体行为措施,所以它不是已发的。作为内在的、未发的意向,它能够有指向性的主宰心的方向,在实际的行为中必然地表现为好善恶恶,这就是刘宗周的"意为心之主宰"。

从内在主宰之意的基础出发,刘宗周提出了"意根""独体"说。"意根"是主体内在的最高范畴,比王阳明的"良知"范畴更为本质,他强调以诚意引导良知工夫,方能使良知不至于失去定向而流荡不知所归,只有在意的主导之下,致良知才能始终朝向至善。

> 又疑"观前后宗旨,总不出以意为心之主宰,然必舍良知而言意者,缘阳明以后诸儒,谈良知之妙,而考其至处,全不相掩,因疑良知终无凭据,不如意字确有可依耳"。先生曰:"鄙意则谓良知原有依据处,即是意,故提起诚意而用致知工夫,庶几所知不至荡而无归也。"①

阳明以后,良知之说流于虚妄,诚意即是为纠此弊而发。但刘宗周的意念本体并非彻底舍弃良知,而是以意为知的"主意""依据"。由此,意取代了良知的本体地位,同时使良知获得了其存在的主宰和方向,这是刘宗周对王阳明良知本体的修正。

而独不仅包含朱熹已发层面的"独知"涵义,还包含思虑未发之前的"独体"涵义,独就是人的一点端倪,好善恶恶就存于这点端倪中,

> 而端倪在好恶之地,性光呈露,善必好,恶必恶,彼此两关,乃呈至善。故谓之如好好色,如恶恶臭。此时浑然天体用事,不着人力丝毫,于此寻个下手工夫,惟有慎之一法,乃得还他本位,曰独。②

所以独体与意根一样,是主体心理结构中最深层、最根本的范畴。意向之意与独体之独表征着内在的主宰性本体,诚意、慎独则是由此本体生发的实践工夫,慎独工夫必以诚意工夫为主脑,诚意和慎独皆是保证好善恶恶之意向不被遮蔽。由此深入,刘宗周批判地汲取了罗从彦、李侗一脉的静中体验未发工夫的思想,以及朱熹从已发的层面理解意和独的观点,强调诚意与慎独的工夫要兼未发与已发、动与静。在与门人问答中,刘宗周提出了慎独、诚意工夫是贯穿于整个内外动静之中的观点:

> 问:"未发气象,从何处看入?"曰:"从发处看入。""如何用工夫?"曰:

---

① 《蕺山学案》,《明儒学案》卷六十二,第 1558 页。
② 《蕺山学案》,《明儒学案》卷六十二,第 1535 页。

"其要只在慎独。"问："兼动静否？"曰："工夫只在静，故云主静立人极，非偏言之也。""然则何以从发出看入？"曰："动中求静，是真静之体；静中求动，是真动之用。体用一原，动静无端，心体本是如此。"①

针对刘宗周的诚意慎独说，吕留良在书信中痛斥其非：

> 至于陈献章一宗，幻妄充塞，如谓"意为心所存"，"慎独有独体"、"一贯为入门工夫，而非究竟"，其背畔程朱为尤甚。然不幸其渊源误出于前辈正人之口，遂足以鼓动流俗。②

信中并未指向同时期的刘宗周，而是将矛头指向明中叶的陈献章。个中缘由或许是刘宗周刚正不阿的气节以及为国殉节的节操使其在明末清初的理学界享有很高声誉，而吕留良自己也是一个坚守民族气节的遗民，因此对刘宗周身上所体现的道义担当由衷敬佩。不过吕留良对陈献章的指责，从义理的角度来说也是对刘宗周思想的不认同，因为刘宗周赋予意和独以新内涵的思想源头就是陈献章所说的"端倪"③。进一步，吕留良对刘宗周"以意为根""以独为体"的本体论以及由此生发的工夫论提出了反驳：

> 依经文本义说"诚"字，但当体会"实用其力"四字讲，若慎独则又传者于诚意中提出紧要关头，谓意之所以不诚，皆在初发端时有所未尽，人未见处不实用力，此属于独，即易之所谓几，乃意之起头，非意之全体；意之全体，直彻事为之终始，独只是自静而动之交接关头，诚无为，几善恶，善恶之夹杂从几中生，即其有所未尽，不实用力，便是恶之萌蘖，此际更加省察，则恶端无从而入，此之谓慎。慎有严善恶意，诚则实行其善而已。④

吕留良严辨意与独、诚与慎，强调意是发之于事物的好善恶恶之意念，诚则是实用好善恶恶的意念之力，独是意念发动之初的紧要关头，慎是戒慎恐惧。因此，慎独是在意念发动之初的省察、存养工夫，以保证好善恶恶之意能切实、自然地流露出来，也就是说，慎独是诚意的具体工夫。他在批评阳明"四句教"时说：

> 故阳明以为善去恶为格物，不知此止是诚意工夫，是欲废格致而先废

---

① 《蕺山学案》，《明儒学案》卷六十二，第 1517 页。
② 《吕留良全集》第一册，第 66 页。
③ 《明史·陈献章传》有："献章之学，以静为主。其教学者，但令端坐澄心，于静中养出端倪。"见陈献章：《陈献章集》，中华书局 2008 年版，第 864 页。
④ 《吕留良全集》第五册，第 35 页。

诚意也。后来又以意为心，所存主即是独体，则又欲废诚意而先废正心矣。大都异说，根源只是一物，所谓佛法无多子而借圣贤言语，改名换姓以欺人。①

显然，刘宗周以意为心之所存的诚意说，以及其慎独即诚意的思想主张，在吕留良看来，同样也就是欲废诚意，必先废正心之说也，是阳儒阴释的异端邪说。

明末清初，刘宗周在儒学界享有盛誉，他调和程朱理学和陆王心学的思想精义，发明了一套新的诚意慎独说，而他为明朝绝食而亡的殉节之举又为其理学思想披上了一层高洁、刚正的外衣。由于诸多社会历史缘由，刘宗周及其理学思想对当时宋明理学的发展及儒者的精神世界产生了深刻的影响。吕留良曾经的知交黄宗羲是刘宗周的弟子，吕黄二人亦曾商榷在吕氏天盖楼书局刊刻刘宗周的遗著。生活于这样的社会历史环境下，吕留良一方面肯定了刘宗周坚贞不屈的民族气节和刚正不阿的人格风尚；另一方面正视学术门户的差异，坚守紫阳之学，不为朱王调和之大势所动。在《四书讲义》中，吕留良对意根、独体之说展开了不遗余力地辩难，并在此基础上宣扬朱熹关于诚意、慎独的观念。吕留良指出，《大学》中的诚意之诚与《中庸》之诚不同，《中庸》之诚可以单讲，解释为实理、实心、实德等美名。《大学》之诚必须与意字同讲，诚有实、诚实的含义，而意是好善恶恶的意念，所以诚意是指实实在在地发挥个体好善恶恶的能力，以真实、真诚的态度应事接物。为了说明知善知恶与好善恶恶的不同，吕留良区分了诚意和致知之间的差别。致知是在平日格物穷理的工夫中明白善恶是非的道理，所以所致便是知善知恶之知。平日道理明白透彻了，遇到具体的事情时所发之意念自然符合天理之中正，只要诚实地将好善恶恶的意念表达出来，好善如好好色，恶恶如恶恶臭，便是诚意。他说：

> 诚意必先致知，非谓发念之时要"知"去监制他，亦非谓初发之意必善，继起之意必不善，而以初念为知也。"致知"是平日间事，平日讲究得义理善恶分明，到发念时自然当理；若不曾致知，则好所不当好，恶所不当恶，初念便不是，虽诚亦错，故不可不先致也。若意之既发，其诚与不诚，又当于意发动之几，自加省察，勿使虚伪间杂，乃所谓"慎独"。②

根据《大学》八条目的工夫次第，吕留良强调致知是诚意之前的工夫，若没有分辨善恶是非的知觉能力，则好善恶恶之意念从何处说起？从这个角度来说，吕

---

① 《吕留良全集》第五册，第35-36页。
② 《吕留良全集》第五册，第10页。

留良肯定了朱熹把格物致知作为一切工夫之基础的观点。紧接着指出，个体虽然通过对宇宙万物的格物工夫而获得知善知恶之知，应于事而发好善恶恶之念，但意念之发却有诚与不诚不分。所以诚意不是致知之后自然达到的状态，诚意本身需要工夫的磨炼，这个工夫就是慎独，慎独能够使意念时刻以真实的状态呈现，诚就是谦，不诚就是欺。

关于慎独，朱熹在《大学》和《中庸》都作了较长的注解，《大学章句》中有：

> 独者，人所不知而己所独知之地也。言欲自修者知为善以去其恶，则当实用其力，而禁止其自欺。使其恶恶则如恶恶臭，好善则如好好色，皆务决去，而求必得之，以自快足于己，不可徒苟且以殉外而为人也。然其实与不实，盖有他人所不及知而己独知之者，故必谨之于此以审其几焉。①

《中庸章句》也有：

> 独者，人所不知而己独知之地也。言幽暗之中，细微之事，迹虽未形而几则已动，人虽不知而己独知之，则是天下之事无有著见明显而过于此者。是以君子既常戒惧，而于此尤加谨焉，所以遏人欲于将萌，而不使其滋长于隐微之中，以至离道之远也。②

上述援引《大学》和《中庸》中关于独的解释，其基本内涵是一致的，都是指"人所不知而己所独知之地"。慎有严辨、谨慎之意，独既指无他人在场、一人独处之时地，也指即使身处众人之中，而发念之初不为他人所知的隐微状态。慎独是指独处时要戒慎恐惧，在他人不知不觉之地，更要加紧自我德性的自觉与修养，不能掺杂半点的自欺，自欺必然欺人。可见，朱熹阐释独的内涵，涵括了个体独处的时空之独以及内在意念之独两个方面，尤其重视对内在意念之独的戒惧。因为意念本质上是内在于主体的思维活动，意念发动之初尚未呈现为实际的、外显的行为，这种隐微的、内在的思维状态就是"几"。显然，朱熹更偏向内在性、思维性的诠释方式，他把个体的自我德行修养推上了严苛自律、无需外在监督的道德场域中。这样一来，慎独工夫将儒家的为己之学导向更内在、更深层的高度，从思想史本身来说，这种发展路数符合宋明理学注重个体道德涵养以及境界提升的根本大旨。

吕留良延续了朱熹对诚意的解释，诚意是实用其好善恶恶之力，应事接物

---

① 《四书章句集注》，第 7 页。
② 《四书章句集注》，第 18 页。

合于中正之道，能诚其意便是君子。但在实践过程中，个体往往不能实用其力，在他人所不知不闻之地，即意念发动之初的隐微状态，松懈对自我的克制省察，殊不知这一丁点松懈之处，便是私心私欲萌发之所。由此，吕留良强调人性本是至善无恶，现实中恶的发生是由于意念发动之初有私心私欲的掺杂，故有"诚无为，几善恶"①之说。"几"是意念发动的隐微之处，是人不知而己所独知之地，个体一旦在此处萌生私心私欲，便无法真实地发动好善恶恶之意念。更有小人之辈，把意念隐微之几当作掩盖私欲的屏障，表面上是行君子之道，实质上却是为了满足一己私欲，这样的伪君子之流，最为君子不耻。因此，吕留良特别阐明诚意和慎独的关系，强调慎独是诚意之中的工夫，绝非诚意之外事。他说：

> "好恶是意，实用其力，如好色恶臭是诚，稍有不实用力处，即为自欺而不诚"，此五句是释诚意正义，但其用力之实与不实，在闲居人不见处，此是自欺之根，须自己于此觉察而加谨焉，此之为慎独。②

慎独对意念起监督、省察的作用，能够在闲居、人不见处督促主体好善恶恶之意念如好好色、恶恶臭一般真实、自然。理学家普遍重视慎独工夫，是因为儒学追求的是修身养德的成圣之学，道德主体应时刻谨守自我内省，无需任何外界强加的道德法则的约束。从追寻自由的角度来说，这种强调道德自我约束、道德自律的学问通向的正是主体精神世界的最高自由。

吕留良和自朱熹以来的学者，包括主张"心之所发便是意"的王阳明一样，都是从作用的、已发的层面上理解诚意，慎独作为诚意内工夫，也必然属已发的范畴。然而，这个被普遍认可的观点，却在明末刘宗周那里被彻底推翻，意成为未发的、本体的主宰性范畴，甚至取代了阳明心学"良知本体"的地位，原本表征时空之独也被诠释为本体性存在。从思想史本身的发展来看，一种学说之所以能在历史舞台上影响一代又一代学者，不仅要求学说本身立足于探索整个宇宙之存在的高度，更重要的是，传道之人能够随时代之变革而对学说的内涵精义进行相应的因革损益，以永葆其思想的生命力，如孔夫子所说："殷因于夏礼，所损益，可知也；周因于殷礼，所损益，可知也；其或继周者，虽百世可知也。"③刘宗周的诚意慎独说虽然发前人所未发，但他的思想基础始终是王阳明创立的良知本体说，而并非没有历史缘由的编造臆想。

---

① 周敦颐：《通书》，《元公周先生濂溪集》卷四，岳麓书社 2006 年版，第 56 页。
② 《吕留良全集》第五册，第 34 页。
③ 《论语·为政》，《四书章句集注》，第 59 页。

客观而论,吕留良对刘宗周意根与独体的批判,是从朱熹确立的四书学经典体系出发,他沿袭了宋代以来儒家学者对诚意章的一贯解释,无论是文本的释义还是工夫实践,都比刘宗周的学说更为简单明了。然而,吕留良的阐释中仍暴露了一些明显的漏洞之处,前文交代了朱熹对慎独的诠释,慎独不仅指空间意义的独居、独处之独,还指主体内在意念发动之初的思维之独。实际上,东汉郑玄的解说最早提出慎独一词,他将其解释为人在他人所不知不闻之时,行为也要时刻谨遵道德规范的要求,朱熹不仅沿袭了郑玄的传统解释,还从更深层的角度赋予独以意念发动之初的内涵。相较而言,朱熹的观点既继承了东汉以来对慎独的传统解释,又结合了宋代理学对主体精神世界的高度关注的特征,从更深层、更本质的层面上诠释"独"的涵义,其实就显现出儒学发展呈现内在化、精神化的趋向。这种向内的趋势与儒家提倡为己之学的本质相契合,是主体进行自我道德规约以上达终极自由境界的唯一可能。从这个角度来说,刘宗周的诚意慎独说将"意"和"独"抬高到最本质、最深层的地位,从主宰的意义上阐释道德心性修养的工夫,完全契合了儒学内在化、精神化的趋势。吕留良则依旧承袭朱熹的解释路径,并未在此基础上作出更深入且更符合儒学发展趋势的解说,他针对刘宗周的反驳之辞跳脱于整个儒学史的发展态势之外,忽略了社会进步和思想史自身超越发展的现实需求,相较而言,刘宗周的诚意慎独之说对儒学的发展之贡献和价值更高。此外,吕留良多次强调意念萌发之初就是隐微之"几",恶的产生是由于松懈了对"几"的省察,"善恶之夹杂从几中生,即其有所未尽,不实用力,便是恶之萌蘖"①,然而他又强调诚意、慎独均属已发的范畴,那么从这个隐微之"几"产生的善恶自然也属后天的、经验的善恶,这与程朱理学一向主张善恶先验的观点相悖。综上分析,吕留良阐述诚意、慎独的内涵与朱熹的观点并无二致,一定程度上可以说是完整地继承了程朱理学的思想精义。但他忽略了思想史自身的内在化、精神化趋向,批判刘宗周思想却未深入其具体的话语体系,试图发明朱子学思想却未结合思想史自身发展之趋势,以致不可避免地在义理诠释中出现固守甚至违背程朱理学原义的曲解。

3.3.4 絜矩之道

儒家关注人在自然宇宙中的地位及价值,重视自身道德本质的觉醒和回

---

① 《吕留良全集》第五册,第35页。

归,道德性成为人之为人的本质属性。千百年来,儒家学者继承着孔孟之学的真精神,修身养性回归本真自我,通过对自身道德性的积极践履从而实现对天道至善的彰显,这便是儒家所追求的下学而上达。显然,儒家强调个体在实现自我主体道德性的自觉之后,绝不仅仅止步于此,而是进一步通过将内在于我的道德本质外化为具体的礼乐刑政,使社会共同体维持有序状态,这就是儒家的仁政德治思想。孟子继承孔子的仁爱思想,对统治者提出施行仁政的要求,是中国古代理想政治模式的积极构建者。这是个体从"独善其身"向"兼济天下"的道德开显,也是《大学》强调的以格物、致知、诚意、正心的实践工夫达到修身的目的,进而实现齐家、治国、平天下的终极理想。在道德开显的过程中,如何实现对主体之外的他者之道德性的同情和认可,如何在社会共同体中实现普遍的善,这就是孔子一以贯之的忠恕之道,也就是《大学》所说的絜矩之道。

《大学》对絜矩之道的阐释是:

> 所谓平天下在治其国者,上老老而民兴孝,上长长而民兴弟,上恤孤而民不倍,是以君子有絜矩之道也。所恶于上,毋以使下,所恶于下,毋以事上;所恶于前,毋以先后;所恶于后,毋以从前;所恶于右,毋以交于左;所恶于左,毋以交于右;此之谓絜矩之道。①

这里的君子指的是在其位而谋其政者,君子敬长爱幼的言行举措能够感染教化百姓,使举国上下皆能施行孝悌。君子对百姓施行的教化举措,所敦行的就是絜矩之道,即以己之心推人之心,以"己所不欲,勿施于人"的同情感应之心治理国家,絜矩之道即平天下之方。对此,朱熹的阐述如下:

> 所谓絜矩者,如以诸侯言之,上有天子,下有大夫。天子扰我,使我不得行其孝弟,我亦当察此,不可有以扰其大夫,使大夫不得行其孝弟。②

朱熹的解释方式是,主体通过反思自我作为某种行为的承受者产生的情感体验或道德体验,进而通过类比、移情来判断发动该行为是否合宜。对国家共同体的治理而言,这种方式能够使君与民之间通过情感与道德的价值平等而产生沟通,以实现君民同心。但平天下与治国不同,治国的主要目标在于在某一国家共同体之内实现民生安康,这个共同体形成的基础是共同的文明礼仪,所要解决的主要矛盾是君与民之间的矛盾。而平天下的范围比治国广阔得多,

---

① 《四书章句集注》,第 10 页。
② 《朱子语类》卷十六,第 363 页。

平天下不仅包括国内的百姓,还包括一国之外的小国、城邦等共同体,文明体系的差异性会导致不同共同体之间产生矛盾冲突。吕留良认为,不同的地域会产生不同的民俗、服饰、食物,甚至所信仰的至善之理念也会不同,若仍以治理国家的方式去教化天下的民众,势必行不通。

但是,平天下之方仍旧只能通过治国来获取或者习得,吕留良说:

> 上行下效,兴感之机,只是家国关通亲切,天下又加阔远,观听阻隔,非身家之修齐,骤能致应感之速,此国与天下微分不同处,所以必须絜矩之道。"絜矩"者,推一国人心之同,以量度天下之事也。①

家、国之内存在着血缘亲情纽带及普遍遵循的礼乐制度,个体通过在家庭场域以亲情为纽带的道德践履的培养,既而拓展其道德践履的施行场域,进入社会与其他个体展开互尊互爱的和谐有序的交往,共同体中的个体完成了对自我之外的他者作为道德主体的身份的认可和尊重,个体之间的同情之感得以建立并彰显为人际交往中的仁、义、礼、智、信等具体美德,进而将这些美德外化为礼的形式,成为公共场域中的行为规范和准则,在此基础之上,作为共同体的家庭和国家呈现秩序化。而天下是一个比家、国更为辽阔悠远的范畴,不同的文明发源地孕育出不同的文化系统,对道德、至善的具体内涵赋予也不尽相同,吾之蜜糖,彼之砒霜,但这并非意味着不同的文明系统之间就没有相通之处。

雅思贝尔斯曾提出"轴心时代"的概念,认为世界四大文明发源地几乎同时出现了各自的精神导师——苏格拉底、以色列先知、孔子、释迦牟尼,这些文明的启蒙者们对人类自身的存在本质普遍地展开了反思,理智与道德成为人类面对世界的方式。苏格拉底提出"德性即知识",孔子提出"仁爱"思想,这些都说明,即使是不同的文明体系,其关注的重心仍是人类自身的存在与价值问题。类似的观点还有美国当代社会学家塔尔科特·帕森斯,他提出"哲学突破"说,认为古代四大文明都经历过"哲学的突破",其基本特征表现为对构成人类处境之宇宙本质的理性认识,以及伴随这种理性认识而来的对人类自身处境及意义的重新定义。由此可见,天下虽大,但作为类群体的人的思维之发展却呈现一致性,道德和理性作为人类特有的本质属性,使不同社会共同体之间的沟通与共处成为可能。换言之,若以人类普遍的、共通的道德情感为沟通乃至共处的中介纽带,并基于各自的文明特性来制定相应的行为规范,则天下

---

① 《吕留良全集》第五册,第51页。

之事皆能各得其正,这就是平天下之方——絜矩之道。

那么,絜矩之道具体如何展开?以朱熹的释义为基础,吕留良从两个层面进行了阐述:其一,在位者如何获得平天下之"矩";其二,"絜矩"之"絜"在具体实践中应如何施展。首先,吕留良界定了"天下"的概念内涵,他说:

> "天下"二字所该者广,不单指人民,凡小国远方来享来王者皆是,此是推远到极处,兼包上数经在内看。春秋战国天下之势,多是小国归附并吞,便分强弱,"怀诸侯"虽是天子之道,然方伯盟主能怀,则天下之畏服亦然,其理不止天子用得,正夫子告哀公意。①

吕留良对"天下"概念的理解,虽是以千年前春秋战国的实况立足,然而从他对小国来王者的地域包容,以及治天下非天子一人之责的开明态度来看,他的"天下"观点颇具今天所谓"世界"的意味。天下虽大,地域、人情、风俗虽异,然天下之人皆秉持着人心同然之理,这是人类原初生命情态的共通性,此共通性是平天下之所以可能的根本所在,即"矩"。吕留良解释:

> 孟子曰:"心之所同然者,谓理也、义也。"孝弟慈是理义之同然,故曰"矩"。②

根据朱熹的注解,"絜,度也。矩,所以为方也"③。可知"絜"有度量、衡量之意,"矩"有规则、法度之意。吕留良对"矩"的内涵作了进一步阐释,他认为"矩"涵括了仁、义、礼、智、信等具体的美德,这些美德内涵是根源于主体的本质属性,是孟子所谓"人之异于禽兽"之"几希",是人之为人的根本。然而,并非所有人都能自觉意识并回归这种人人本有的道德本性,因此日常生活中修身养德的实践工夫必不可少:

> 此平天下之矩必从人心同然处体勘而得,而工夫原在"格致诚正"中来也。④

通过格、致、诚、正的实践工夫,使原本内在于已的道德属性获得彰显,这是每一个体通过反思与践履自觉向自身道德主体的本质回归的必然结果。从这个层面而言,吕留良所谓"人心同然处"指的就是人的道德本质,孔子谓之"仁",

---

① 《吕留良全集》第五册,第478页。
② 《吕留良全集》第五册,第55页。
③ 《四书章句集注》,第10页。
④ 《吕留良全集》第五册,第54-55页。

朱子谓之"理",这就是"矩"的具体内涵。如何得仁？如何穷理？孔子曰："仁远乎哉？我欲仁,斯仁至矣。"①向世人孜孜不倦地讲述着"为仁由己"的道德自我担当。朱熹主张格物穷理,只要工夫足够深,则自然"众物之表里精粗无不到,而吾心之全体大用无不明矣"②。总之,个体通过日常洒扫应对的实践工夫,使本原的道德性得以觉醒和彰显,就意味着对"人心同然处"的自我认同,也就意味着平天下之矩已了然于心。

其次,吕留良对如何絜矩作了详细说明：

> 盖矩是理一,絜是分殊。③

> "絜矩",人皆以"心"字混过,纵好,只解得"矩"字,不曾解"絜"字,不知矩是家国天下之所同,治与平不同处正在"絜"字中见,此道之所由出也。④

以分殊之理与一本之理的关系阐述絜与矩,使絜与矩的内涵及相互关系更加清晰,矩是一本之理,絜是分殊之用,有一本才有万殊,有体才有用。具体言之,矩是作为类群体的人特有的道德属性,涵括了仁、义、礼、智、信等含义,它是内在于人的先验性和本原性的存在,不会因地域、民俗、服饰等差异而有所不同。个体通过修身养性的涵养工夫,完成对本原性存在的回归和彰显,这个过程就是道德主体建立立极、涵养大本的过程,最终实现自我道德人格的挺立。在此基础之上,面对具体事务的特殊性,能够采取与之相适宜的举措,"本立而道生",就是絜的工夫。吕留良针对絜矩的工夫进一步解释道：

> 吾于勾股测量比例之法,而益明絜矩之说。若谓吾此矩,天下亦此矩,以矩合矩,故能平,则矩为死物,其用有穷矣。盖矩立于此,而天下高卑远近陂侧奇零之数,皆得而正之。其器至一,而其用愈引愈广,使此器分线根本有毫秒之差,以之测算皆不合矣。然此器之准与不准,正要在事物上比例考验。⑤

他以勾股测量之法来比喻絜矩,勾股之法是关于直角三角形三边关系的定理公式,以勾股之法勾画的一定是角度、长度都十分精准的直角三角形。以勾股

---

① 《论语·述而》,《四书章句集注》,第100页。
② 《四书章句集注》,第7页。
③ 《吕留良全集》第五册,第54页。
④ 《吕留良全集》第五册,第51-52页。
⑤ 《吕留良全集》第五册,第54页。

之法检验直角三角形,如果其三边关系与勾股定理不相合,则该三角形非精准的直角三角形。絜矩同样如此,矩代表普遍存在于个体之中的人心同然之理,絜此矩以推诸天下,则天下之大小事务、政策、民生都能得到适当合宜的安置,实现"安人"的社会目标。同理,考量为平天下而制定的具体政策恰当与否,只需检验该政策制定者的治理理念是否符合人心同然之理,是否以仁、义、礼、智、信作为其平天下的道德基础。这个比喻恰当地阐明了絜矩之于平天下,如同勾股之于直角三角形一般,絜矩工夫的恰当与否决定了平天下的成效深浅,同时亦能检验平天下的具体措施合宜与否。

基于上文对"絜矩"概念的分析,回到《大学》文本所释"絜矩之道",吕留良总结道:

> 总要明白国与天下正多不相同处,第其良心无不同者,君子只就这同处推度开去,细得其情,曲成万物。如所谓必因天地寒暖燥湿,广谷大川异制,民生其间者异俗,刚柔轻重迟速异齐,五味异和,器械异制,衣服异宜,修其教不易其俗,齐其政不易其宜,正从这一点同处生出许多不同之政事,乃所谓"絜矩之道"也。故此句所重却在"道"字,矩无不同,絜而为道,正多不同。①

本章开头就指出,平天下的主体是君子,吕留良的言说中亦处处体现了这一不言自明的前提。君子实现了对自我道德主体的回归,应事接物时刻保持临渊履冰的谨慎态度,使万事万物各归其位,各得其所,这是君子"参赞天地,裁成万物"的实践工夫。国与天下虽是两个完全不同的共同体,但组成共同体的个体之道德良心却是相通的,在位之君子只需从这点相通之处推度开去,以同情感应之心处理人事万物,"修其教不易其俗,齐其政不易其宜",以自我的道德仁义推己及人,同他人之情,应他人之感,对与本邦文明相异的异域文明采取包容、理解的态度。在这种价值理念的基础上,不轻易否定当地的文化遗产、民俗信仰,在保留当地百姓赖以生存的生产生活方式与信仰习俗的前提下,为之制定正确且适宜的政策、法度,实现教化百姓、平定天下的目的。在此过程中,絜矩之道表现为君子以仁爱之心为矩,推此仁爱之心于普天之下的民族百姓,尊重并包容不同的文化习俗,同时发挥絜的工夫,根据具体情况制定出相应的政策法令。吕留良认为,这些不同的政策法令,就是对"絜矩之道"的"道"的解释,絜矩只是从概念的逻辑角度解释了实践工夫,而絜矩之道的"道"则对

---

① 《吕留良全集》第五册,第52页。

实践层面上的行为落实提出了更详实地说明。

吕留良对絜矩之道的义理解读,体现了他诠释四书文本体系的几点基本原则。首先,吕留良充分尊重四书经典的原文。他分辨了絜矩与絜矩之道的区别,以《大学》原文"絜矩之道"释"平天下"为依据,强调絜矩之道是平天下之方,而絜矩的基本含义可归纳为"恕"。"恕"是处理自我与他人之间关系的基本行为准则,具体表现在"以己之心度人之心""己所不欲勿施于人"的推己及人。吕留良说:"絜矩即恕之事,然而其道有辨矣。"①其转折语气亦证明,涉及平天下之具体政策方法的"絜矩之道"与"絜矩"并非一事。絜矩是协调个体与个体之间关系的基本原则,絜矩之道则是处理个体(君主)与共同体(外邦)或者共同体(本邦)与共同体(外邦)之间关系的基本原则,因为从某种程度而言,作为个体的君主可以被视为该共同体的代表。当共同体与共同体相遇时,"以己之心度人之心"并不能成为解决共同体之间政治事务的现成途径,但却在政治事务中发挥着原则性的指导作用,在此之上所实施的一系列政令法度即为"道",亦即"絜矩之道"。

其次,吕留良秉承着充分尊重程朱理学基本释义的前提,对四书中的每一个概念进行细致入微地分析,同时尽可能地开阔自身的学术视域,从更高远的视野来丰富和创新文本的内涵精义。在解释絜矩之道时,吕留良罗列了平天下过程中可能遇到的种种困难,强调"宜修其教,不易其俗;齐其政,不易其宜"的"和而不同"的治理理念,尊重并保护不同文明。在此理念的基础之上,充分实施"推己及人"的体察工夫,制定与地域相适宜的政策法令,正面论证了絜矩之道的重要性及必要性。从学术的角度来看,吕留良对儒家经典文本的尊重与信仰,以及他关于地域文明差异以及"和而不同"理念的认同,甚至包括他对天下范畴的包容性解释,在几百年后来看仍属真知灼见,对当今世界处理国与国之间外交事务以及促进人类文明之繁荣进步有重要的积极意义。

3.3.5 义利之辨

儒家自先秦以来就有义利之辨的传统,《论语》中孔子说"君子喻于义,小人喻于利"②,以义与利区分君子人格与小人人格,实际上主张先义后利。"不义而富且贵,与我如浮云"③,当荣华富贵是建立在不道义的基础上时,宁可抛

---

① 《吕留良全集》第五册,第 52 页。
② 《论语·里仁》,《四书章句集注》,第 73 页。
③ 《论语·述而》,《四书章句集注》,第 97 页。

弃利也要坚守道义。孟子继承了孔子的基本观点,他说:"非其道,则一箪食不可受于人;如其道,则尧受舜之天下,不以为泰。"①同样是以义作为利的取舍标准。当义利发生冲突时,孟子进一步提出"舍生取义"的观点,"生,亦我所欲也;义,亦我所欲也,二者不可得兼,舍生而取义者也"②。可见,先秦儒家持的是重义轻利、以义制利的义利观。到了宋代,随着理学体系的逐渐完善和圆融,理学以天理、人欲对立的主张彻底否定了人们对欲望和利益的追求,而宋代积贫羸弱的国情又催生了讲利之风的兴起,儒者们的义利之辨开始走向极端。以周敦颐、二程、朱熹为代表的反利主义者将先儒以来重义轻利的观点推向极致,成为宋明理学界的主流义利观。如周敦颐推崇主静无欲:"云:'圣可学乎'?曰:'可'。曰:'有要乎?'曰:'有'。请闻焉。曰:'一为要,要者无欲也。无欲则静虚、动直,静虚则明,明则通,动直则公,公则溥,明通公溥,庶矣乎!'"③程颐继承周敦颐的无欲说,将人欲与天理对立起来,主张"视听言动,非礼不为,即是礼,礼即是理也。不是天理,便是人欲"。至朱熹,则直接提出"存天理,灭人欲"的思想主张,"人之一心,天理存,则人欲亡;人欲胜,则天理灭,未有天理人欲夹杂者。学者需要于此体认省察之"④。于是,先秦以来重义轻利的义利观到宋代逐渐演变为更为保守的义利对立观。

　　不过,在二程、朱熹以外,宋代关于义利观的讨论也有其他声音。如反对理学空谈心性、脱离现实的永嘉事功学派,主要代表人物有陈亮、叶适。陈亮认为:"为士者耻言文章,行事,而曰'尽心知性';居官者耻言政事、书判,而曰'学道爱人'。相蒙相欺以尽废天下之实,则亦终于百事不理而已。"⑤实质上就是在主张重视功利在个人修养及国家治理中的作用。叶适对义利观陈述有:"'仁人正谊不谋利,明道不计功',此语初看极好,细看全疏阔。古人以利与人而不自居其功,故道义光明。后世儒者行仲舒之论,既无功利,则道义者乃无用之虚语尔。"⑥则是将利置于义之上,认为不讲功利的道义只是虚语罢了。事功学派的这些观点在商品经济发展迅猛的明朝得到广泛的接受和认可,并以义利相合、义利并重的形式成为晚明义利观的主流思潮。吕留良正处于这一时期,然而纵观他在《四书讲义》中的相关言论,不仅完全没有流露出义

①　《孟子·滕文公下》,《四书章句集注》,第 267 页。
②　《孟子·告子上》,《四书章句集注》,第 332 页。
③　《通书》,《元公周先生濂溪集》卷四,第 64 页。
④　《朱子语类》卷十三,第 224 页。
⑤　陈亮:《送吴允成运干序》,《陈亮集》卷二十四,中华书局 1987 年版,第 271 页。
⑥　叶适:《汉书三》,《习学记言序目》卷二十三,中华书局 1977 年版,第 324 页。

利相合之倾向,甚至其义利对立之严苛紧张程度堪比程朱。因此之故,本节特从义利之辨的角度考察吕留良的相关理学思想,并结合明末清初新义利观的社会背景及吕氏家族的治生之道,深入把握吕留良义利之辨的反主流特征,以期对吕留良的学术追求及人生经历有更全面、更贴近事实的了解。

(1)明朝中晚期新义利观的形成及原因

重义轻利作为儒家思想的一个基本价值取向,强调的是在义利冲突之时,作为君子须是以义为先,这也是儒家为铸就具有社会责任意识的君子形象而尤为强调的。既然义利观与君子的社会责任密切相关,那么社会结构的发展和改变,对于君子的义利选择来说,则发挥着直接性影响。中晚明以来,受社会阶层流动及市井经济繁荣发展等多方面的影响,儒家传统贵义贱利的观念受到了严峻冲击,从孔孟至宋儒以来的舍利取义、天理人欲两相对立的观念已无法适应商业经济快速发展的明朝社会,随之而来的是"人必有私""趋利避害"等新的观念逐渐深入人心。到了明朝晚期,许多儒家学者把个体的物质利益追求作为讨论义利关系的基点予以接受和肯定,他们畅谈"义利相合"的新义利观,肯定人性之私对个体追求和社会发展的价值意义。在新的社会风气影响之下,"私"不再与"公"对立,反而成为"公"得以实现的前提基础,这就是明末清初出现的"合私为公"说。这一时期,"私""利"由传统语境中的贬义词转化成新语境下的中性词甚至褒义词,频繁出现于儒者的议论话语中,关于义利关系的态度也发生了根本性的转变,颇有与传统义利观相决裂的态势。总而言之,到了明末,"义利相合""义在利中"的新义利观已经成为社会的主流思潮。如黄绾的"义利并重"论:

> 饥寒于人最难忍,至若父母妻子尤人所难忍者,一日二日已不堪,况于久乎?由此言之,则利不可轻矣。然有义存焉,今未暇他论,姑以其至近者言之:如父母之于子,子之于父母,夫之于妻,妻之于夫,可谓一体无间矣。然于取与之际,义稍不明,则父母必不乐其子,子亦不乐父母矣,夫必不乐其妻。妻亦不乐其夫矣。由此言之,则义岂可轻乎?二者皆不可轻,如之何其可也?君子于此处之,必当有道矣。[①]

吴廷翰的"义利原是一物":

> 义利原是一物,更无分别。故曰:"利者,义之和也。"又曰:"利物足以和义。"盖义之和处即是利,必利物而后义乃和。后人只见利是便宜的物,

---

① 黄绾:《明道编》卷二,中华书局1959年版,第29页。

不知从义上来，遂不向义上求取，而义利始分，君子小人始别。①

焦竑的"义利合一"：

> 自世猥以仁义功利歧为二途，不知即功利而条理之乃义也。《易》云"理财正辞，禁民为非曰义"，而岂以弃财为义哉！②

上述所引三人皆为明代中晚期的典型学者代表，无论他们的学术地位、社会声望如何之不同，在义利关系的立场上却基本保持一致。这些人普遍主张义利相合、义利并举的新义利观，可以视为明代中晚期学术界中的一大思想变革。显然，其中原因包括了经济的繁荣发展、社会阶层的加速流动、儒学主流思潮等多个方面，绝非任何单一的因素可以引起如此逆转性的观念变革，更何况义利关系的讨论自古以来就是儒家学者提升自我德行之修养所要面临的一个基础性命题。因此，下文将详细分析明中晚期新义利观产生的原因，在此基础上为后文分析吕留良义利观的特性提供一个全面、完整的社会背景构架。

首先，明朝社会经济的最大特征就是出现了近代商品经济的萌芽，具体表现为纯粹商业及手工业性质的城镇大量出现，尤其是水运发达的江浙一带，诸如南浔、菱湖、盛泽等丝织业市镇的兴起。商人一改往日的传统经商模式，抛弃了购买土地固守资本的旧形式，转而将营利的资本投入手工业、矿产业等产业链条中。在社会经济变革性发展的推动之下，政府不得不实行一系列适应新经济形势的改革措施，包括以货币赋税代替实物赋税和力役之征，承认民间开矿的合法性。这些经济改革政策，客观上刺激了明朝商品经济的进一步发展。与此同时，明朝社会人口出现了显著增长的态势，但朝廷每年的科考名额却是固定的，文徵明在《三学上陆冢宰书》中明确指出了科举名额与士人数量增长之间的矛盾：

> 迤逦至于今日，开国百有五十年，承平日久，人材日多，生徒日盛。学校廪增，正额之外，所谓附学者不啻数倍。此皆选自有司，非通经能文者不与。虽有一二幸进，然亦鲜矣。略以吾苏一郡八州县言之，大约千有五百人。合三年所贡，不及二十；乡试所选，不及三十。以千五百人之众，历三年之久，合科贡两途，而所拔才五十人。③

---

① 吴廷翰：《吉斋漫录》卷下，《吴廷翰集》，中华书局 1984 年版，第 66 页。
② 焦竑：《书〈盐铁论〉后》，《澹园集》卷二十二，中华书局 1999 年版，第 272 页。
③ 文徵明：《三学上陆冢宰书》，《文徵明集》卷二十五，上海古籍出版社 1987 年版，第 584-585 页。

文徵明以苏州为例,苏州一郡之内连续三年的中举名额加起来不过五十人,而这在全郡一千五百名士人中所占的比例不超过百分之四,极低的科考中举比例直观呈现了士人生存境遇之艰难。经济繁荣发展以及政府改革措施为商人的生存提供了更多了途径与可能,而士人考取功名、赡养家庭的道路却愈加艰难,二者之间的矛盾越来越显著。于是从明代晚期开始,社会阶层的人口流动出现了一股新动向——弃儒就贾,即科考无望的士人群体转向商贾行业谋求治生之道。与吕留良同时代的思想家唐甄在论及士商之间的变化时道:

> 苟非仕而得禄,及公卿敬礼而周之,其下耕贾而得之,则财无可求之道。求之,必为小人矣。我之以贾为生者,人以为辱其身,而不知所以不辱其身也。虽然,身为贾者,不得已也。①

可见在儒者的观念中,"以贾为生"成为保全自我尊严之不得已做法。当然,唐甄对商人阶级的暧昧态度有其特定的生活及时代背景,但他的观点确实体现了明清之际关于士商合流之趋势的主流观点。总之,在明朝经济繁荣发展的浪潮之下,士和商之间的界限逐渐消融,许多无法通过科举进仕的士人转而投向商贾行列,谋求治生,商人也试图通过钱财的方式晋身士人行列。"士农工商"的传统四民秩序被打破,士商融合成为当时社会的普遍现象,商人地位得到空前的提高。商人逐利的基本特性与士人"无恒产而有恒心"的人格特征发生交融,必然对关注个体心性修养与道德人格养成的儒学思想产生深刻影响,义利观由此发生转变便是自然而合于情理的了。

其次,明朝中期的王阳明冲破了自元代定位官学以来日渐僵化的程朱理学思想之牢笼,创立了心学,王阳明提倡愚夫愚妇皆可为圣贤的平等观念,其言说对象不再仅限士大夫阶层,而是进一步包含"士农工商"在内的所有平民阶层,士为本商为末的传统观念受到了挑战。王阳明进一步对四民关系提出了新的主张:

> 古者四民异业而同道,其尽心焉,一也。士以修治,农以具养,工以利器,商以通货,各就其资之所近,力之所及者而业焉,以求尽其心。其归要在于有益于生人之道,则一而已。②

一个"道"字便道尽了其中包含的革命性,王阳明肯定了士农工商在"道"面前的平等地位,只要"尽心"于各自所从之业,无论身处何种阶级,都能尽其心而

---

① 唐甄:《养重》,《潜书》上篇,中华书局 2009 年版,第 91 页。
② 王守仁:《节庵方公墓表》,《王阳明全集》卷二十五,上海古籍出版社 2012 年版,第 1036 页。

优入圣域,这是对传统四民论的彻底颠覆。显然,阳明心学提倡的平等思想为其在民间的传播赢得了广泛的群众基础。换句话说,这种平等观念是阳明心学所承载的庶民性的直接体现,而庶民性则是阳明心学脱胎并取代朱子学,而后进一步发展至泰州学派的精神内核。岛田虔次在研究泰州学派时指出:

> 明学吸收了新型社会的热量,作为被极大地扩张了其视野的近代中国精神的一个最高潮,他可以被作为近代中国精神的极限来理解。①

岛田虔次所谓的近代中国精神指的正是明朝社会的庶民性,他认为通过"学以成圣"的千古命题,"学"本身在王阳明及其后人的努力下由士大夫之专属转向庶民化,这一转向给中晚期的明朝社会带来了不可估量的变革性影响。文人士大夫要求冲破专制思想的束缚,解放人性自由,对传统理学严于道德律令、宗法礼制的观念造成极大的冲击。而普通庶民群体在心学的号召下,初次展实现了大规模的自我意识之觉醒,他们同样把"学以成圣"作为自我追求,道德性命之学实现了在全社会范围内的推广和普及,这是此前任何一个时代都不曾出现的。对商人群体来说,心学提倡的"四民异业而同道"客观上刺激了他们提升自我人格尊严的需求,同时也为其建立并实现自足之精神世界提供了理论依据。商人迫切希望能从士大夫阶层汲取精神养料,为自己的生活世界提供一套内在的、深层的意识形态支撑,这与士商合流的社会现象互为表里,士商两阶层之间的交流来往较以往任何时期更为密切。典型表现为大量的商人传记、墓志铭、寿序由文人执笔撰写,明末儒学大家唐顺之对此类情况大加讽刺:

> 仆居闲偶然想起,宇宙间有一二事,人人见惯而绝可笑者。其屠沽细人有一碗饭吃,其死后则必有一篇墓志……如生而饭食,死而棺椁之不可缺。此事非特三代以上所无,虽汉唐以前亦绝无此事。②

唐顺之站在传统立场上对"屠沽细人"即小商人墓志铭泛滥的现象表现出轻视态度,无论他的个人态度是否具有普遍性,从文中的描述可以得知,商人墓志铭呈泛滥之势,确为当时社会的一个新现象。而换个角度看,商人墓志铭的大量出现侧面说明当时商人群体已经有了阶层独立意识,他们不再被传统"以商为末"的观念所压迫。相反,他们开始向士大夫的生活方式主动靠近,并在心理上建构起自我人格的自尊感与自信感。由此可见,从明朝中晚期开始士与

---

① 岛田虔次:《中国近代思维的挫折》,甘万萍译,江苏人民出版社 2010 年版,第 153 页。
② 唐顺之:《答王遵岩》,《荆川先生文集》卷六,商务印书馆 1936 年版,第 119 页。

商的生活世界已经渐渐融为一片,而这种社会现象产生的思想根源就是王阳明的心学体系。

至此,我们可以基本确定,这一时期的商人阶层无论是社会地位还是生活方式已经与以往的商人阶层大不相同,他们开始积极自觉地寻求有效的方式获得更高的社会认可。而士大夫阶层历来以实现和维护社会秩序的合理与稳定而活跃于历史的舞台,他们以天下为己任的情怀与责任感使得这一阶层成为国家统治者重点招揽的人才,成为平民百姓敬仰爱戴的楷模,且位居四民之首,自然而然地成为商人阶层接近并融入的首要目标。同时,鉴于明代人口增长与科考名额固定的矛盾逐渐激化的现实,士阶层中出现了向商人阶层主动靠拢的趋势,士商融合的社会潮流已是势在必得。除此之外,同时期具有庶民意识的阳明心学得到广泛的传播,心学体系取代程朱理学成为社会的主流思想,儒学庶民化发展必然会冲击传统儒家的伦理纲常等一系列道德规范。因此,明朝中晚期的学者在义利关系以及与之相应的公私观和理欲观的问题上都表达了开明甚至激进的看法,他们主张义利相合的开明义利观,并逐渐被学界及商界接受,成为明末清初的基本主张。

(2)吕留良的士商身份及其复古义利观

明代晚期弃儒从商的社会现象,以及士商阶层之间大规模的互通流动,在吕留良身上正可验之。吕留良先祖以经商起家,曾祖吕相因投资土地,财富累积达到了"盛至倾邑"的豪族规模,但因吕家没有读书做官之人,社会地位不高,常常受到地方官的敲诈勒索。直至吕留良一代开始专注读书问学之事,三兄吕愿良以文结社,曾"会南浙十余郡为澄社",为明末东林书院之余韵。吕留良自小由三兄抚养,"读书三遍辄不忘。八岁善属文,造语奇伟,迥出天表。"①二十五岁时出试为邑诸生,吕留良的出试科举及三兄兴澄社之举至少证明了一点,即家境殷实的吕氏家族已有读书习文跻身儒士阶层的意识,且已付诸实践。而十年之后他放弃邑诸生的身份,以经营书局、行医治病聊以治生,更是对"弃儒就贾"的现身说法。总之,吕留良处在明末士商融合的时代潮流之中,然而令人诧异的是,游弋于士商之间的吕留良,秉持的却非明末以来居主导地位的义利相合观。相反,他坚守孔孟、程朱以来贵义贱利甚至义利对立的原则,强调学者只可在义利之间作出非此即彼的选择,除此之外绝无折中之可能,似乎丝毫没有受到明末以来开明义利观的影响,不得不说是一个令人诧异的现象。

---

① 《吕留良全集》第二册,第 864 页。

吕留良义利关系的阐述主要见诸《四书讲义》，他认为个体行为之义利属性的区分，最重要的标准在于立脚点是为公还是为私，他说：

> 惟义乃利，天下更莫有利于义者。然如此说，则讲义仍是讲利，好义原为好利，其为人心之害反深矣。如释氏以祸福劝人行善，其本心先坏，以私心行善事，岂复有善根乎？①

这句话一针见血地描绘了借义求利的伪君子行为，也是针对当时流行的"义利相合""义在利中"观点的指控。吕留良认为，但凡说到利，必然会使人起一个向外求名求利之心，即使行为本身符合义的标准，然而行义的最终目的却是为了牟取利益。这种以牟取利益鼓励行义的做法，最易使人堕入欺人乃至自欺的小人儒和乡愿之流，他指出：

> 为儒而从勋业功效起脚，即犯为人功利之病，正不免于小人儒之归矣。②

吕留良斥责佛教以曲迎普通百姓避祸求福之私心，劝人行善莫作恶，实则害人不浅。他指出儒学和佛教之间的根本区别在于，儒学教人行善，是把行善本身作为目的，故有孟子"由仁义行，非行仁义也"之说。佛教劝人行善，则是把行善作为避祸得福之手段，而非目的。儒家是纯粹的由仁义，而佛氏充其量只可谓行仁义，仁义在个体实践中充当目的还是手段成为区分儒学和佛教的根本标准。

不过，吕留良并未就此否定利，而是进一步说明行义自然得利，只是对于这个观点，他的态度尤显谨慎：

> 故必先除却言利之邪心，后方转出仁义本自利来，其说乃无弊。如《大学》亦必说破外本内末，财散民聚本旨，后方转出以义为利，以财发身之理，若从利上计较出仁义之便益，非孟子之道也。③

吕留良并不否定利是义的自然附属品，他否定的是功利目的的行义。他举孟子为例，孟子面对梁惠王"利乎吾国"之问时，从容对之曰："王何必曰利？亦有仁义而已矣。"④紧接着指呈以利治国的危害，这是圣贤对义利关系的阐述。

① 《吕留良全集》第五册，第63页。
② 《吕留良全集》第五册，第169页。
③ 《吕留良全集》第五册，第522页。
④ 《孟子·梁惠王章句上》，第201页。

吕留良认为,圣贤也承认行义自然得利,不过在道理的阐述上,绝不直接以利诱人行义,一旦涉及利诱,则内心为物欲所役而无所主。对于个体而言,必须通过道德践履使仁义成为心中之主,严守"怀义去利"的取舍标准,然后才能在具体实践当中,行义并自然得利。

吕留良的言说透露了他关于义利之辨的一个基本原则,即坚决反对以利讲义,这显示出他对个体道德自觉的不信任。每当讲到"仁义本自利来"时,他始终担忧一旦道破利乃义之附属品,个体便会滋生求利之心,一旦本心有一丝一毫的计利之念,便是大本已失、本心已坏,那么从牟利之心而发的任何行为乃至结果,无论合义与否,都不过是功利之举。出于这种担忧,他甚至愿意直接取缔关于利的言说,只愿与人讲义。所以面对充斥于社会中"义利相合"的观念时,吕留良的态度自然十分排斥,继而发出更为严苛极端的议论,他说:

> 世间只有这两条路,不喻义即喻利,中间并无隙地可闲歇一班人！而且喻义者必远利,喻利者必贼义,中间亦更无调停妙法可两不相妨。①

世间之道非义即利,绝无折中之捷径可行,其重义轻利的态度之严苛可见一斑,文中"喻义""喻利"直接来源于《论语》"君子喻于义,小人喻于利"②,孔夫子的义利观被汉代董仲舒继承而有"正其谊不谋其利,明其道不计其功"③之论。其后至宋代,重义轻利的观念依然影响颇深,朱熹邀陆九渊至白鹿洞讲学,陆九渊便是以"义利之辨"使得在场上千名儒生"莫不晓然有感于衷,或为之泣"④。不过到了明代晚期,由于中国社会在政治举措、经济关系等方面的变革,四民阶层之间的流动渐趋频繁,传统贵义贱利的观点逐渐被义利相合的新义利观取代。

吕留良生活于明末清初,却毅然坚守儒家严于义利之辨的基本态度,虽与主流的新观点背道而驰,但确是对儒家传统义利观的忠实继承。在他看来,义与利的关系就如同公与私、善与恶、是与非、正与邪的对立关系一样,是非此即彼、非黑即白的绝对矛盾,他说:

> 人必见道分明,而后能肩荷重任,有所不为,则于公私义利是非大小取舍可否之间,灼然截然,无毫发疑蔽,故可以有为,非仅谓澹泊宁静,却

① 《吕留良全集》第五册,第 144 页。
② 《论语·里仁》,《四书章句集注》,第 73 页。
③ 班固:《董仲舒传》,《汉书》卷五十六,中华书局 1964 年版,第 2524 页。
④ 陆九渊:《年谱》,《陆九渊集》卷三十六,中华书局 1980 年版,第 510 页。

纷守素也。①

　　　吾辈一举一动，与人接事，便须自简点此心为何而发，只看是向里向外，为己为人，此正是善恶义利分界处也。②

以"为己"与"为人"、公与私阐释义利之别，这是对朱熹观点的直接继承。《语类》中记载："或问义利之别。曰：'只是为己为人之分。才为己，这许多便自做一边去。义也是为己，天理也是为己。若为人，那许多便自做一边去。'"③"为己"就是主体向内循天理以修养身性，"为人"则是以获得外在名利赞许为目的。对儒者来说，为学的目的是实现自我人格之挺立以优入圣域，达到圣人境界，使天下之民皆能被尧舜之泽，就是为己为公；若为学的目的是获取他人的赞誉，以满足自我虚荣求利之私心，就是为人为私。由此可见，义与利的本质区别就是为公与为私，这个区别无论何时何事都切实存在。学者只需反诸本心，诚实不自欺，通过慎独、主敬工夫使本心怀义去利，便可成为君子，乃至圣人。类似的言论还有许多，如：

　　　义利不两立，虽至义之事，自计利者言之，义亦为利。④

　　　孔子多说仁，孟子提出"义"字，正为战国功利之说，沦浃人心，与今日讲禅悦、讲良知、讲经济者相似，推其极，只一自私自利之害，才说利便不义，不义便不仁，此是古今人兽邪正之关也。⑤

总而言之，吕留良的义利观始终遵循孔孟宋儒以来的基本原则，他坚持以本心初衷而非效用结果为评判标准，严辨行为本身的义利属性，反对以利诱义的小人儒之说，更反对借义谋利的伪君子之行。

　　（3）严于义利之分的深层原因

　　吕留良的义利观承接了先秦儒家严于义利之辨的一贯传统，且相当程度上是对明末以来义利相合观念所发的反驳之辞，从这个角度来说，他是在履行儒者卫道的义务，然实际情况并非如此。吕留良虽自小读书习文，也曾出试为邑诸生，但同时也经营着自家天盖楼书局，且颇具规模。除此之外，他曾为了生计提囊行医，还与三五好友相约卖文卖字，这些生活实践证明，吕留良应兼

---

① 《吕留良全集》第六册，第629页。
② 《吕留良全集》第五册，第345页。
③ 《朱子语类》卷十三，第227页。
④ 《吕留良全集》第六册，第595页。
⑤ 《吕留良全集》第五册，第521页。

具商人和士人两层社会身份。值得注意的是,宗朱立场的学者在治生职业选择上往往极其挑剔,甚至迂腐,如张履祥在讨论士人治生之道时,认为除了"耕读"的理想形式以外,其他如"处馆""行医"都是极具耻辱性的职业。然而,同样以朱子学立场著世的吕留良,却并不排斥耕读以外的治生方式,反而积极操持书贾行医之业以全家族营生。显然,他的宗朱学术立场与开明择业观之间存在着冲突,而冲突背后所隐含的学理选择与价值标准,值得一探究竟。

天盖楼是吕家在南京开设的刻书局,主要刊刻、售卖当时流行的时文选本及理学类丛书。吕留良从事过多年点勘八股文的工作,与张履祥等名儒一起编选理学丛书,这些时文选本与理学书籍经自家书局刊刻发售,在市场上流通很广,深受士子群体欢迎。随着南京市场越做越大,吕留良便派遣长子吕公忠至福建开拓市场。在与友人的书信来往中,除了日常事务及学术问题的叮咛之外,吕留良总会在文末附上寻书、抄书的请求,可见他对书局事务十分上心。

吕留良卖书的商贾之举的确引起了周遭的质疑和不满,对此他深感无奈,在寄给子孙的家书中,他自呈并非"卖书非求利也",并强调文章之道大于卖书之业,他说:

> 吾之为此卖书,非求利也。志欲效法郑氏,则其为衣食制度之本,不可不先足备,正欲使后世子孙知礼义而不起谋利之心,庶几肯读书为善耳。若必置文章而谋治生,则大本已失,所谋者不过市井商贾之智⋯⋯喻义喻利,君子小人之分,实人禽中外之关。与其富足而不通文义,无宁明理能文而饿死沟壑,此吾素志也,亦所望与汝辈同之者也,岂愿有一蹠子哉![①]

这是一封教诲晚辈的家书,其中表达的义利观必然出自真心而非伪饰。吕留良以喻义、喻利区分君子、小人,告诫子孙应立志成为怀义去利的君子,如果把谋利当做治生的根本目的,废弃文章之事,则他宁愿不求治生而饿死于沟壑之中。由此可见,舍利取义、义大于利是他所有行为实践的根本原则。

此外据《年谱》记载,弃诸生之后,吕留良为养家糊口提囊行医,后来家境虽逐渐富裕,仍不绝医事,遭到友人张履祥的劝阻。张履祥是十分注重儒士名节的朱子学者,曾在《言行见闻录》中记载程长年对医者的看法:"医不可不知,但不可行,行医即近利。渐熟世法,人品心术遂坏。"[②]出于行医坏却心术的担

---

① 《吕留良全集》第一册,第 428-429 页。
② 《言行见闻录二》,《杨园先生全集》卷三十二,第 910 页。

忧,张履祥劝阻吕留良的行医之举,后者也听取规劝,弃绝医事,并写信告诫同样行医的好友高旦中,"此中最能溺埋,坏却人才不少,急宜振拔洒脱为善。"①除了行医,吕留良还曾邀约家贫的好友一起卖文卖字,藉以治生,并撰写《卖艺文》,传为佳话。不料后来越来越多人为名请附,甚至"有工挟荐牍请见",多为求名求利之人,于是吕留良又作《反卖艺文》,怒斥牟利之徒:

> 艺固不可卖,可卖者非艺,东庄诸人以不卖为卖者也。且吾宁与人奴市乞担粪踏歌操作之贱工伍耳。②

当初与好友相约卖文卖字是迫于生计的不得已之举,不料却被别有所图之人当作求名得利的工具,这是他极度不能容忍的。总之,当义与利出现冲突时,吕留良坚决摒弃利益,成全仁义。

从经营书店、行医、卖艺等行为,不难发现,在面对好友劝谏以及利益损害仁义时,吕留良的态度十分鲜明,即学问重于治生,义大于利,这种态度与其一贯以来的尊朱立场是一致的。但现实是,吕留良的确在经商之路上越走越远,他严守遗民的行为规范拒绝清廷的招抚,把天盖楼书局作为吕氏家族的主要经济来源,并有意识地把经营书局的经验智慧教导给子孙后代。所以即使后来遭"曾静案"被流放为奴的吕氏后裔,也能凭借家族传承的经商智慧,以塾师、医药、商贩为业获得生活保障。结合吕氏一族以经商起家的家族历史,可以肯定的一点是,吕留良在择业治生的观念上深受家族经商传统的影响,但家族因素绝非其选择经商的唯一原因。遗民群体内在的道德规范和价值评判标准都有可能对他的选择产生影响,而这两个因素与其自身的学术追求和道德修养密不可分。纵观吕留良的治生举措,除了坚持经营天盖楼书局,行医、卖文的行为都在朋友的规劝下中止。显然,天盖楼书局对吕留良意义重大,由他在经营书局期间从事大量的搜书、校勘、刻印等工作可以推测,这种意义直接来源于他匡正士风学风的期盼以及对朱子学的信仰。当其时,随着明中晚期心学体系的崛起以及朱学作为官学逐渐的僵化和衰落,朱子学已经完全沦为举业的工具,而非优入圣域之道。吕留良曾在书信中感叹当今堕落的学风:

> 今教之曰:"为讲义制举文字则当从朱,而辨理道之是非,阐千圣之绝学,则姑舍是。"③

---

① 《吕留良全集》第一册,第42页。

② 《吕留良全集》第一册,第247页。

③ 《吕留良全集》第一册,第23页。

可见当时朱子学的传播发展是何等衰败，面对如此痛心疾首的现状，他立志坚守朱学之堡垒：

> 某平生无他识，自初读书即笃信朱子之说，至于今老而病且将死矣，终不敢有毫发之疑，真所谓宾宾然守一先生之言也。①

因为笃信朱子之学，所以倡明紫阳之学、使之"灿然复明与天下"便成为他毕生的学术追求，而天盖楼书局恰好为这一目标提供了有效的实现方式。借助自家书局刻书印书及售书的便利，吕留良选编刊刻了大量理学丛书，包括《二程全书》《朱子遗书》《语类》等程朱理学著作数十种，这些书籍的流通大大提升了士子群体对朱学的研读兴趣和动力，为清初朱子学的复兴与流通提供了充分的典籍基础。

　　坚持天盖楼书局的经营，除了借以倡明紫阳之学之外，吕留良自身对商人阶层的认可态度以及晚明以来庶民意识觉醒的社会风潮是更深层的原因。考查其理学著作《四书讲义》可以发现，吕留良对朱熹的观点作了诸多创新性阐释，这种义理层面的创新既源于明清易代的特殊时代背景，同时源于他对心学义理的自觉包容与汲取。如在对《大学》"止至善"做精义诠释时，吕留良既继承了朱子学的观点，强调"格物致知"，认为至善天理需要通过具体的格物工夫才能获得。又吸收了王阳明的观点，承认天理发于具体事物的过程，同时也是天理实现和表达其自身的过程。由此可见，吕留良的理学思想阐述与阳明心学体系之间的存在着隐微的关联，并且这种关联往往隐藏在"尊朱辟王"的口号之下，不为人所知。而晚明以来，随着阳明心学的暴风席卷，"人人皆可为圣人"、"良知人人具足"以及"四民异业而同道"②等观念逐渐深入人心，心学体系所蕴含的庶民性思想催生了庶民阶级的觉醒，并对传统的阶级观念和社会纲常伦理形成了一股强烈的冲击。商人阶级不甘居于末流，士人阶级也以更加开放宽容的态度与商人阶级合流。在这种社会环境下，吕留良的经商举动其实恰恰是对晚明士商融合大趋势的直接反映。

　　至此，吕留良的一系列经商、行医举措也就得到了合理解释。本书开篇提到，阳明心学是明朝社会的主流思潮，心学提倡的庶民性精神对儒家传统的伦理纲常、道德规范发起了严峻地挑战，义重利轻的传统义利观被义利相合的新义利观所取代。吕留良生活于晚明社会庶民意识觉醒的时代，且理学体系中

---

① 《吕留良全集》第一册，第 23 页。
② 《节庵方公墓表》，《王阳明全集》卷二十五，第 1036 页。

有心学思想的痕迹,其择业观必然比一般的朱子学者更为开明。逻辑而言,开明择业观的背后应该是由义利相合的新义利观所主导的,但事实并非如此,吕留良始终并未抛弃传统贵义贱利的观念,并对义利相合、义利并重等新观念展开了激烈地批判反驳。由此,吕留良理学思想中的矛盾之处彻底显现,并表现为两个层面,从个体层面上讲,吕留良是明朝遗民,不愿背弃民族气节屈膝于清廷之禄,加之新四民论的影响,故而在择业观上表现得更加开明宽容,经营书局为他提供了面对清廷压迫维护自我人格之独立的经济保障。从社会层面上讲,明清易代的特殊时期下,新义利观为一批乡愿、伪君子之流提供了追名逐利的理论依据。面对普遍存在的价值两难与道德危机,吕留良高扬朱子学严辨出处、去就的旗帜,严守儒家传统义利观,并对阳明心学及其后学展开激烈批判,就是为了反抗心学对社会传统纲常伦理带来的冲击。也就是说,吕留良的学理选择区分了个体层面与社会层面,且在这两个层面上对朱子学与阳明学的学理选择分别作出了相应的侧重。

通过上述的分析,我们可以对吕留良复古义利观与其商贾行为之间的矛盾,以及矛盾产生的原因有较清晰地把握。其一,社会背景。吕留良生活于明清易代的社会巨变之中,是一个道德感极强的明遗民,他强调学者应在出处、去就、辞受之间坚守节义,然而方可谈为学之道。而出处、辞受的选择本质上就是义与利的交锋。所以吕留良义不仕清,在民族大义与功名富贵之间毫不犹豫地选择前者,目的是维护知识分子的独立人格,维护道尊于势的儒家传统。其二,言说对象。与"无恒产无恒心"的普通百姓不同,士阶层的人格特征是"无恒产而有恒心"。只有士能够在义利之间坚决地选择前者,也只有士能够发扬"无恒产而有恒心"的精神,担当传道的使命。朱子的"理欲之辨""义利之辨"首先是以士为其言说对象,吕留良继承了这一基本原则,其时文选本和《四书讲义》把士子群体作为直接的言说和施教对象。他坚信,只有士阶层能够扛起严于义利之辨的大旗,扭转心学思潮下义利相合观念导致的道德沦丧和价值扭曲的危机。因此,在新义利观大行其道的情势下,他寄希望于坚守道义的士阶层,以儒家传统义利观为思想武器向主流发起挑战,扫除一切以利为尊的歪曲价值观。其三,学理选择的两重性。吕留良虽处处标榜宗朱立场,但他的经商举措和理学阐述中却隐含着心学的烙迹,其学理选择包括了程朱理学和阳明心学两方面。一方面,在生活方式的选择上,吕留良内在且隐晦地受阳明心学倡导的四民平等思想的影响,坚持把经营天盖楼书局作为家族的治生手段。另一方面,吕留良目睹了明末以来心学思潮席卷之下狂妄虚伪的士风和学风,人人以自我心中之良知为标准,行蝇营狗苟之事。因此,他坚持以著书立说、时文点评、刊刻程朱典籍等形式,致力于弘扬和传播程朱理学思想,高扬严于义利之辨的复古义利观,目的就是希望匡正并引导整个社会的价值标准和道德标准向孔孟、程朱之道的方向健康发展。

概言之,在明末心学思潮的影响之下,义利相合的新义利观成为主流,吕留良兼具士人和商人双重身份,然以义为重的士人人格与逐利的商人本性在他身上并未和解,二者自始至终处于剑拔弩张的矛盾状态,其背后隐含着深刻的社会历史背景。即晚明以来社会的庶民阶层实现了前所未有的觉醒,四民之间的差距隔阂缩小,尤其是士商之间出现了大规模合流,这在很大程度上解释了吕留良坚持以经商为业的举措。而与此同时,心学给整个明朝社会带来的巨大冲击在人们的思想观念里早已留下一道沉痛的伤疤,吕留良严于义利之分的观点既是为了对抗心学给社会道德伦理造成的严重冲击,也是为了防止过于世俗化的义利观对宋明以来理学思想甚至儒家传统思想的破坏,充分体现了吕留良为维护儒家传统的价值观念与道德标准作出的不懈努力。

3.3.6　社会治理

明末清初的中国社会正处于"天崩地裂"的动荡历史时期,北方少数民族的挥师南下,给中原百姓的精神及生活带来极大的创伤。在国破家亡、孤独无所依的社会背景之下,肩负社会使命感与责任感的明朝遗民之士开始积极反思明亡的教训。从出生之日起便为至亲披麻戴孝的吕留良,因特殊的成长环境塑造了其忧虑、严谨的性格,又适逢社会遭遇巨大的动荡变迁,自然而然对整个国家的生存毁亡展开了主动的审视和思考。当此之时,明朝之败已成定局,清军以摧枯拉朽之势迅速占领整个中国。虽然从情感角度而言,吕留良无法接受他眼中的北方满夷政权的统治,但事实上他也目睹了清入主中原以后为巩固统治而采取的一系列有益于国计民生的政策措施,如加强手工业的发展,鼓励百姓从事商业贸易活动。故灰心之余,吕留良仍然心系社会之安宁、百姓之生活,他在文章中时时透露出对政治构建、社会治理的高度关注,在一定程度上反映了其思想中的经世致用之倾向。虽然易代的既定事实改变了许多行为事物的原初意义,譬如该如何重新定位出处去就的问题,以及提供的社会改革制度究竟期待谁的青睐与采纳。但即便如此,以吕留良为代表的儒家知识分子仍然前赴后继、饱含热情地为社会理想制度的构建贡献着智慧。

（1）封建、井田、保甲

明清之际的士大夫,尤其是遗民一代在反思现实困境时,往往视封建、井田、学校为其政论中不可不谈的话题,这些制度与现实社会危机息息相关,也反映了明清之际经世精神的大倡。井田制是将田地划分为方块,形成"井"字形,周围的八块田由八户耕种,谓之私田,私田收成全部归耕户所有;中间是公田,由八户共耕,收入全归封邑贵族所有,庶民集体耕种公田,再种各家私田。封建制即分封制,古代天子将土地分给亲属或功臣,所封之地称为"诸侯国""封国"或"藩国"等等,统治封地的君主被称为"诸侯""藩王"等等,"诸侯""藩王"在封地内继续分封,通过这种逐级分封,可实现分权制衡、逐级管理。吕留良对封建井田制度有着近乎狂热的信念与执着,他认为天下大乱就是由废封建引起的,"自秦以后,天下之大患坐废封建故也"①,最理想的社会政治制度就是封建制,且井田制作为封建制赖以存在的经济基础,其本身又具有儒家一向提倡公天下的特征。这种以保证公田耕种为前提、惠及私田的制度,既能满足整个国家的正常运转需求,同时亦能保障民生。故在《四书讲义》中,吕留良屡次强调:

> 助徹之义,上文已尽,此正实指井田形体之制。盖助徹之妙,全在井制形体上,后世赋税未尝不依傍十一作数,而取民无度,上下交病,终不能返于三代之治者,只此形体之制不讲也。②

> 五兵作而杀戮多,封建制而争战烈,圣人岂不知之?然必不可已者,其厉害有大小也。后世不知圣人深意,以一姓之私,废生民之公,究其子孙受祸尤酷,流末有之毒于无穷,则何益矣! 此余读史至秦之销兵为郡县,宋之杯酒去藩镇,未尝不痛恨切齿也。而腐儒犹以古为不可行,以此为妙用,何不识死活哉! 其亦未之思耳。③

> 天下畏固不即指诸侯,然亦不止草窃枭雄也。崔苻奸宄,诸侯自能畏之,若布衣揭竿而取天下,此汉以后废封建为郡县事,三代所未有也。④

吕留良对当世的政治制度十分不满,虽然封建制度之下也会有征伐之战的发生,但纵观整个历史的发展,行封建制的国家政体本质上仍是公天下,政权由统治阶层分权而治而非君主独治,其始终不失为一种最合适的政治体例。而废封建改郡县,"以一姓之私废生民之公",公天下的理想社会彻底结束了,取而代之的是皇权独制之下君主无节制的私欲扩张。诚如萧公权论二者之差别:"政制则由分割之封建而归于统一之郡县,政体则由贵族之分权而改为君

---

① 《吕留良全集》第五册,第534页。
② 《吕留良全集》第六册,第585页。
③ 《吕留良全集》第六册,第666页。
④ 《吕留良全集》第五册,第478-479页。

主之专制。"①即使后世为效仿三代,重颁三代十之取一的赋税制度,也只是形式上的依傍而已,不仅没有得到实质性的实施,其反而招致了部分人对恢复三代封建井田制度的诟病。而且社会资源、人口规模等实际情况已与三代大不相同,除了赋税本身对百姓生活造成沉重负担,统治者还增加了其他多种征税名目,政府每一次的赋税改革实际上是对百姓负担的再一次加重,其最终目的是为统治者敛财而非造福于民。吕留良厚封建而薄郡县的基本态度背后,隐含着他对两种国家政体形态之本质特征的深刻认知,明清之际的士人出于挽救明王朝之危亡以及反思清初制度建设的动机,大多在封建郡县之辨上有类似的表达,同时期的顾炎武亦有讨论:"封建之失,其专在下;郡县之失,其专在上。"②其总结实为精辟。

为了证明封建井田制的可行性,揭露统治阶层以"三代不可复"的论调掩盖一己之私欲的虚伪面孔,吕留良从制度史源头对其展开了详细地论证。中国是一个有着悠久农耕文明历史的国度,农业耕作是国家所有事务得以运行的基本经济保障。井田制的公田私田划分施行,实际是从农耕活动中的"代耕"发展而来,代耕之义上通于君公,直至天子,亦不过代耕之尽耳。天生蒸民,具合一夫百亩,特人各致其能以相生,故有君卿大夫士之禄;君卿大夫士俱合一夫之食,特其功大者其食倍耳,皆所谓代也。③

简单来讲,就是天子、诸侯、大夫、士等国家管理人才不耕而食,由庶民代为耕作。它还包含另外一层含义,即耕作是上至天子下至庶民人人皆须履行的一项基本义务,耕而得食、不耕作不得食是农耕社会得以维系的根本原则。但是由于不同的个体擅长的技能不同,若想使国家得到有效且合理的治理,就必须保障每个个体能够最大程度地发挥自身优势,保证贤者在位,能者在职,各尽其能,各司其职。所以君、卿、大夫、士负责管理国家大小事务的正常运作,而庶民则负责耕田种地,维持天下人的生存需求。"代耕"的实质是庶民向以天子为核心的在位者提供的俸禄、给养,称之为"天禄",天禄的根源就是庶民耕作所获之农禄。

天生民而立之君,必足以济斯民而后享斯民之养,故自天子以至于一命之奉,皆谓之天禄。天禄本于农禄,自农生,故差自农始,由庶人在官者逆推至天子,止此一义,故以此经通章,不仅解在官一类也。古之天子诸

①　萧公权:《中国政治思想史》第二册,辽宁教育出版社1998年版,第241页。
②　顾炎武:《郡县论》,《顾亭林诗文集》,中华书局1983年版,第12页。
③　《吕留良全集》第六册,第666页。

侯卿大夫皆视其禄位为苦事,今则皆视为乐事,惟以为乐,而民生之苦有
不可言者矣。[①]

故封建井田制源头上就是从农耕立意,进而推之"天降下民""圣人本天制度"
之意皆可得而知。其中体现了井田制一个非常重要的特点,即天禄的体系含
摄了庶民、士、大夫、诸侯,最终上推至天子,天子是代耕之极,但并未脱离天禄
系统,这个特征保证了君、臣、民三者之间的地位和价值的平等性。

封建制度本身所象征的公天下的价值理念与宗教性的意识形态一直为后
人称称乐道,事实上,恢复封建的政治建议历代有之,最著名的是南宋理学大
师胡宏,他力主封建制:

> 黄帝、尧、舜安天下,非封建一事也,然封建其大法也。夏禹成汤安天
> 下,亦非封建一事也,然封建其大法也;文王武王安天下,亦非封建一事
> 也,然封建其大法也。齐桓晋文之不王,非一事也,然不能封建,其大失
> 也;秦二世而亡非一事也,然扫灭封建其大缪也。故封建也者,帝王之所
> 以顺天理、承天心、公天下之大端大本也;不封建者也,霸世暴主之所以纵
> 人欲、悖天道、私一身之大蝥大贼也。今人闻黄帝、尧舜、禹汤、文王、武
> 王,则尊之贵之,以为圣人;闻齐桓晋文,则訾之笑之,以为霸者;闻始皇、
> 胡亥则鄙之贱之,以为小人之雄尔。及圣人所行则不从而霸者暴人之行
> 则从之,历代不能改是,何也? 弗思之甚也。[②]

胡宏认为,自秦以来历代君主的霸世、纵人欲、悖天道、私一身皆因废封建而
起,这一说法首开批判自暴秦以后君主独治之先河,深刻影响了后儒对封建与
郡县两种制度模式的认知。从上文吕留良的相关叙述可以看出,在明清之际
经世致用思潮的推动下,诸儒关于政治制度、君主权力限度的批判与反思是直
接导源于先儒胡宏的封建论思想。尤其是以秦为分界,厚古非今、厚封建非郡
县,这种言说的方式牢牢地烙印在吕留良一代诸儒的政治批判与制度设计当
中,成为他们在明亡之后展开制度反思的主要思想资源。

吕留良从制度史源头论封建制,作为封建制的经济基础,井田制从农耕立
意,个体根据自身能力之不同,履行不同的社会职责。自天子下至士,在其位
而谋其事,禄位只是履行职责之所得,所有的爵禄均从一夫之耕始,他们的身
份职位不同,但生命价值没有高低贵贱。天禄使天子到庶民都在封建井田制

---

① 《吕留良全集》第六册,第 668 页。
② 胡宏:《知言》,《胡宏集》,中华书局 1987 年版,第 47-48 页。

之内获得其自身发展，普天之下没有任何人能够置身于此制度之外而拥有绝对的自由和权力。这种充分体现"公天下"理念的封建制度，保障了君臣之伦的原初内涵，肯定了君、臣、民的价值同等。即天下是由君主治臣辅治，君臣同心同德只为百姓之生活安康。至于后世君尊臣卑甚至民贱的理念，完全是自暴秦之私心而始，一君独霸天下，众臣伏地阿谀，君臣之义废而天下大乱。从某种意义上来说，后世诸儒对君主权力膨胀的批判与复封建的言论主张之间已经形成了一种固定的范式，这也部分解释了吕留良在展开其社会制度批判时，必然地会以三代之封建制为言说的基础。所以，若因其言必称三代、必复封建而指摘他迂腐守旧、脱离实际的话，未免过于严苛而有失公允。

吕留良对三代封建井田制饱含神往之情，酷爱玩砚的他还将收藏的一块砚台取名为"井田砚"，并赋砚铭："亦有村庄，亦有经籍。出田田甫，入田田尺。礼耕义种，学耨仁获。合耦谁欤，吾葍吾石。陈修疆畎，尔勤斯食。宋之张子，买田井沟。思以一区，经界九州。志则不遂，遗我大忧。三代可复，守在甸丘。揆文奋武，于此焉求"。[①] 可见井田制之于吕留良，更像是某种理想与信念的象征。事实也是如此，三代的井田制一直被关怀天下之士视为最理想的政治体制，是一种充满神圣性的信仰，后世关于它的所有言说，都无一例外的指向于对现实政治的批判和期许。赵园先生在其著作中说："见诸古代文献的'井田'，被认为是综合了政治、经济以至于社会生活方式的完整设计——包括伦理原则（非但公/私，而且私/私）以至审美规范（对称、均衡），非但寄寓了儒者的制度理想，也成其为某种诗意源泉。"[②] 也许吕留良固执地倡导恢复井田制，其目的不在于论证井田是否真的可行，而在于通过回归三代的言说方式，能更清晰地审视当前社会政治制度的不合理，其根本目的在于批判现实政治。

地方制度建设方面，吕留良主张推行保甲制。保甲制是以户籍为单位来管理地方百姓的制度，从明代初期开始实行，其特点是建构君·官·民的治理体系，所有民众被置于一君万民的体制之内，由此达到对社会全方位管理的目的。但到了明朝中期，保甲制助长了贫富差距的扩大，富户凭借经营土地的地主身份，私自占有许多雇农，其实已经意味着保甲制的解体，清初保甲制度已经完全废除了。而吕留良不以为然，他从百姓生活的实际情况出发，鉴于贼寇、流民等层出不穷的地方问题，主张应加强对乡野村庄的管控。如果政府疏于管理庙堂之外的地方乡村事务，老百姓很容易遭到贼寇的侵扰，生命财产安

---

① 《吕留良全集》第二册，第785-786页。
② 《制度·言论·心态——〈明清之际士大夫研究〉续编》，第321页。

全受到严重威胁。更有乡民为保家人安危直接入伙贼寇,成为贼寇团伙在当地的眼线,如此一来加重了地方乡村的安全隐患,甚至威胁政权稳定。因此,地方管理需要遵循一套严密有效的规章制度,而保甲制度就是处理上述社会问题的最好方式。

过去,由于落实政策的环节缺乏恰当有效的方式方法,保甲制不仅没有保障百姓的正常生活,反而给百姓生活带来诸多干扰,最终效果适得其反。在代邑侯拟定的《保甲事宜》中,吕留良规定了保甲制的具体实施细节与举措,详细说明了保甲制的三个主要特点:简便易行、举报得人、督率有方。这次代拟的保甲制规范条例,全方面严申执行力度,确保保甲之法能得到彻底的贯彻实施。具体实施方案如下:第一,以户为单位划分为牌。住址相邻的几家为一牌,一牌最多只可十家,超过十家则分位二牌。每牌选出一名老成有才的人做牌长,牌长负责登记该牌内住户十五岁以上男丁的姓名,若有增减迁徙,牌长要在名册内详细登记。第二,以圩为单位划分保。根据地势条件一圩为一保,圩大可自成一保,圩小则两三圩成一保。每保选出一名保长,一名副保长,正副保长直接向县衙述职,保长必须熟悉该圩大家小户的基本情况,人选着重考虑各圩圩长,定期更换,可免去劳役。第三,牌长对保长负责。如若需要颁行政令,正副保长将指令传达给保内各牌牌长,再由牌长交代给各户。所以牌长是直接联通了县邑与住户,"臂指相使,呼吸相通",是保甲制中至关重要的角色。第四,严申力行,奖惩分明,这一点是保甲法惠及百姓的根本保障。如果有顽固不肯结为牌、保之户,则视为贼寇眼线,保长呈报给县邑,以通盗治罪。如有可疑人员出入,隐匿奸细,住户有举报的义务,一家不报,十家连坐。[①]

以上是保甲之法的基本内容,它将单个的散户结为以牌、保为单位的集体,并登记在册,使每一户都是集体中一员,同呼吸共命运。这种治理方式的优点有二:一是可以清查盗贼团伙。加强各圩的御敌基础设施,使盗贼无法进入圩内,一旦有蒙混过关企图在圩内打探消息者,村民有举报陌生可疑人员的义务。或是某圩遭受贼寇侵袭,邻近的牌圩亦会前来救援,如此一来,盗贼便无处藏身。二是可以有效赈济饥民。由于牌、保划分明确,每家每户具载于册。一旦发生饥荒,牌长、保长先行确认贫户数量,拟出贫户名单,每户发放一张粮票,并计算所需赈米数量。对温饱之家则晓以情理功德,自愿捐献米粮,并记入助赈米簿中,赈米不够再由县衙公仓补发。赈米给发时按照贫户名册一一对应,主事者亲自在粮票上做图记,发一笔记一笔,不易错给漏给或多给。

---

① 参考吕留良:《保甲事宜》,《吕留良诗文集》上册,浙江古籍出版社 2011 年版。

如若能在饥岁荒年有效的赈济饥民,生活安居乐业有所保障,则贫户良民不会铤而走险沦为盗贼,这两者是紧密关联的。总而言之,保甲之法行,则盗息民安。

（2）复古的君臣观

从上节的阐述来看,吕留良从"天下为公"的理念出发论证了自古以来君、臣、民三者价值同等的儒家传统观念,借此表达了对三代封建井田制的向往之情,由此更进一步,君主专制下的君臣关系也成为他考量并批判现实政治体制的一个着眼点。考察与吕留良同时期的理学家的相关论述,不难发现明遗儒士群体在论述君主地位和职能时,普遍具有批判现实政治、回向三代的倾向,最著名的论述当属黄宗羲《明夷待访录》中的《原君》《原臣》。在与吕留良感情交好之初,适逢黄宗羲的《明夷待访录》刚刚完成,推测二人在平日的学术探讨中必然会涉及关于君臣本质和职能的讨论,他们对君臣观、君民观的态度言论也自然而然趋于同调。在《四书讲义》中,吕留良对君主的职能设想采取的便是回归三代的论调:

> 但看三代以上圣人,制产明伦,以及封建兵刑,许多布置,虽纤微久远,无所不尽,都只为天下后世人类区处个妥当,不曾有一事一法,从自己富贵及子孙世业上起一点永远占定,怕人夺取之心,这便是"肫肫其仁"。①

而黄宗羲在《原君》中亦有相似的言论:

> 有生之初,人各自私也,人各自利也,天下有共利而莫或兴之,有公害而莫或除之。有人者出,不以一己之私为利,而使天下受其利,不以一己之害为害,而使天下释其害。②

黄宗羲从君主的起源入手,论证古代君主的设定就是为了治理人世间因私心自利而引发的各种社会问题。吕留良强调三代以上的君主就是圣人,他们以大公无私之心治理国家,绝不掺杂半点私心自利。黄、吕的言论深刻讽刺了后世皇权至上的政治体制,统治者为了追求自我的永久私利,将整个国家霸为己有,君主已经成为直接与民争利的渔利者,臣子只是其满足私欲的工具罢了,君尊臣卑的理念在事实和价值上成为既定原则,君臣之伦完全扭曲了。有鉴于此,吕留良大发议论驳斥君尊臣卑的价值取向,他说:

---

① 《吕留良全集》第五册,第511页。
② 黄宗羲:《明夷待访录》,中华书局2015年版,第6页。

> 天为生民而作君,君为生民而求臣,君臣之分虽严,其情实亲近。自秦人无道,上下猜忌,为尊君卑臣之礼,而君臣师友之谊不可复见,渐且出宦官宫妾之下矣。宋时君臣犹存古意,自兹以后,复蹈秦辙,礼数悬绝,情意隔疏。此一伦不正,上体骄而下志污,欲求三代之治,未易得也。①

吕留良把君权与天道联结起来,申明天之立君、君之求臣的最终目的都是谋求百姓能有衣食、教养之保障,既强调了君臣平等的先天性和神圣性,也体现了其民贵君轻的民本思想。他强烈谴责了暴秦对君臣平等关系的侵犯,自秦申明君尊臣卑以后,君臣关系失却古意,违背天伦,以致举国上下欺瞒恐吓、沆瀣一气,三代之治如何求得?

既而,吕留良以三代为标准,对君臣平等关系的理想模式提出了自己的观点,他说:

> 人知父子是天性,不知君臣亦是天性,不是假合。天生民而立之君臣,君臣皆为生民也。臣求君以主治,君求臣以辅治,总有个天在,故位曰天位,禄曰天禄,天秩,天讨,非君臣之所得而自私也。②

君臣关系是由上天设定的秩序,如同父子之天性,具有神圣不可侵犯性,君领导臣为天下百姓尽责,但绝不可以威力压迫统摄臣。臣也应尽到辅佐君王治理天下的责任,服务百姓,自尊自爱,不为名利而折腰屈膝。否则,君臣之间只为求得一己之私,而置天下百姓于饥寒战乱而不顾,就会导致君臣之间互相防范猜忌,君臣的天设关系破裂。吕留良还对维持三代君臣关系的经济基础进行了论述,既然君臣关系是天设,则为君臣提供的俸禄亦为天设,是为天禄。他说:

> 忠信重禄,是天理上事。命曰天命,禄曰天禄,故不特忠信是天性相接,即重禄亦是天性中合如此,不是人主可以私意颠倒豪杰也。若但从交谪养廉起见,则是下不过为田园子孙求仕,上不过以美官多钱诱天下,只流露今日士大夫心坎中物耳,岂三代君臣之义哉?要之后世人主以猜吝待天下,亦只是大家在人欲中,看透此意,人臣为其所轻耳,然以此而求劝士之效,亦不可得已。③

忠信是天性,重禄也是天性,君为臣提供俸禄,合乎天理,理当如此。只因天禄

---

① 《吕留良全集》第五册,第 120 页。
② 《吕留良全集》第五册,第 120 页。
③ 《吕留良全集》第五册,第 481 页。

本自农耕起意,君臣全身投入国家的治理事务,百姓为君臣提供物质给养,免去其农耕义务,是谓代耕。然而后世人君之心生出私欲,以四海为私,以臣为奴仆,俸禄便成了奴役人臣的诱饵、卖身契,君臣关系就堕落为违背天理、纯粹利禄的主仆关系。而为人臣者于名利面前迷失自我,逐利成风,廉耻丧尽,在君主面前自然不敢直言厉谏。三代所谓的天禄、天秩早已不复存在,君臣一伦的天性关系自然消亡殆尽。

由此,吕留良毫不留情地揭露了后世人臣的自污和丑陋,他认为君臣关系的沦落和扭曲,与人臣卑尊屈膝邀宠献媚的自甘堕落分不开。他倡导回到亦师亦友的平等君臣关系中去,并提倡"义"作为君臣关系维系的基本准则:

> 君与父不同,父子从仁中来,故不讲是非;君臣从义中来,故专论是非,但以义合,不合则止,岂可与父子相隐之道通混哉?[①]
>
> 君臣以义合,合则为君臣,不合则可去,与朋友之伦同道,非父子兄弟比也。不合亦不必到嫌隙疾恶,但志不同,道不行,便可去,去即是君臣之礼,非君臣之变也。[②]

吕留良驳斥了只以权法利益为准绳的腐朽君臣观,指出君臣关系得以维系的前提只是一个义,义合则合,不合则去。此义既具有信念志向的内涵,也包括民族大义的精神旨趣。对吕留良而言,于此时阐发君臣之义,其目的不仅在于批判现实政治环境的恶劣龌龊,更隐含着他向现世人臣大声疾呼严守夷夏之防的深层用意。当时正值易代之初社会舆论紧张之际,不顾华夷之别屈膝异姓的贰臣屡见不鲜,吕留良的观点实质上是在呼吁现实中的儒士群体坚守民族大义,坚守出处防线。否则,君臣之义既晦,则出处去就之气节尽失。显然,吕留良君臣观中蕴含的民族思想既直白又隐晦,儒者向来善于针砭时弊、揭露现世病症。他关于君臣观的阐述一方面是对暴秦以后君尊臣卑的君臣关系的厌恶怒骂,对于一个国家而言,统治阶层如果不能做到为民为公,只以自身之名利为计,则上行下效君伪臣诈,永远不可能实现"大道之行"的昌盛治世。另一方面则是针对出处辞受之中失节之儒的劝诫,向他们阐明比固守君臣之伦更重者在于夷夏之防,所谓的君臣之天伦只是那些不讲民族气节、只顾个人得失的小人儒牟取私利的借口罢了。进而,吕留良大力提倡人臣要树立做师儒的志向,以不卑不亢的姿态,尽心竭力辅佐明君治理天下。如果不能,则应离

---

① 《吕留良全集》第五册,第304页。
② 《吕留良全集》第六册,第626页。

去,决不能为了谋求名利甚或是固守所谓的君臣之礼而卑躬屈膝,自取其辱。

此外,与同时代的其他理学家相比,吕留良在君臣关系论述上最大的特点在于,他更多地强调了臣在君臣一伦的作用,其批判现实政治的对象不再仅限于君主,而是面向了数量庞大的为官之人。这种批判对象的转换,既来源于他对古代帝王师乃至现实政治场合中劝诫君主的理学家们失败经历的反思,也来源于他对明清鼎革的社会背景下出而仕清者不自尊的痛斥。吕留良痛斥那些志节尽失、中饱私囊的官吏,正是他们的不自尊不自爱导致了整个国家的失序乃至覆亡:

> 后世人臣,只多与十万缗塞破屋子,便称身荷国恩矣,谏行言听,膏泽下民,与彼却无干涉。①
>
> 世上大僚巧宦,借其声势,煽动笼络,传授衣钵,私营羽翼,坏却后生多少材质。②

臣的职责应该是辅佐君主治理国家,站在百姓的立场向君主提出合理的谏言,造福于民,而不是仅从一己私利出发,结党营私,败坏风俗人心,为求金钱名誉而向君主奴颜婢膝作乞儿状。可以说,吕留良这个关注点的转换意义重大,毕竟在过去的两千多年里,儒士不厌其烦地把批判君主、批判现实政治作为他们参与社会治理的基本方式,结果总是不尽如人意。而占多数比例的官吏以及有志于仕的读书人更有可能在政治参与中聚集力量,对整个国家的制度走向发挥关键作用。总之,吕留良君臣观的特点在于,他一反以往普遍以君为主导的君臣观,强化了臣在君臣关系中的主动性,主张官吏在整个国家治理中应该自觉承担起造福百姓、教化民众的责任,只有在这种健康的君臣关系之下,社会才有可能回归三代之治。

吕留良对国家政治的批判是以整个统治阶级为对象,在面对诸多的社会现实问题时,他习惯于将问题的根源统统归结为统治者之私。因此,不同于黄宗羲《明夷待访录》从现实的角度剖析和解决诸多社会问题,吕留良的言说更像是出自固执而正统的老学究,例如他将封建井田制不得而行的原因诉诸统治者们的功利主义及所谓的权宜性,并止步于此而不再讨论实际的解决方案,因此也就不难想象他关于民的言说所体现的理想主义复古基调了。他强调老百姓在整个国家中的重要性,本质上就是对孟子民贵思想的重申,极其尊崇程

---

① 《吕留良全集》第六册,第 627 页。
② 《吕留良全集》第五册,第 345 页。

朱理学的他甚至从理的高度对此进行了论证：

> 自天子以至于庶人有许多等级，其职业正各不同，然所以不同者，分也，非理也，故曰"分殊理一"。此节语势侧重庶人边，见得虽至庶人，也只是此本，未尝有别件。庶人无治国平天下之分，然到得修身，则治国平天下之理已具，只看他明明德力量如何耳。①

吕留良认为，每个人的才能天赋不同，所承担的社会职责自然不同，这就是"分"，它导致了从天子到庶人之间存在不同职业的划分。但"分"并不否定个体修身之必要，也绝不意味着存在价值层面之高低，《中庸》"自天子以至于庶人，一是皆以修身为本"恰恰说明无论何种身份职位，修身皆为个体立身之大本。天子的职务与庶民的职务之不同，既符合"贤者在位，能者在职"的社会基本结构，也符合"理一分殊"的形而上学原则。进而，吕留良把"理一分殊"的形上学原则运用到社会秩序的有关讨论，他阐释"新民"说：

> 此不是责重天子，无一人无此身，则无一人无此责重，但举其全，须从天子说下耳。故曰"壹是皆以"，犹万物一太极，物各一太极也。②

无论天子还是庶民，皆有修身养性之必要，只要每一个体皆能发挥自身才干、履行自我职能，则社会定能恢复有序状态。这不是君主一个人的职责，而是全社会每一个实现了自我主体性之觉醒、自我心性修养之完善的个体的职责。通过把"理一分殊"运用到国家治理的层面上，吕留良从理论的高度确定了人人平等的价值取向，也就从侧面否定了天子高高在上的无限权利，肯定了君臣之间的人格平等。当然，君民之间的平等在上文"天禄""代耕"的阐释中有阐释，这里便不再细说。

概言之，在反思明亡以及注重实用的时代潮流之下，吕留良对现存政治结构表现出极大的兴趣。他拟定的保甲制施行方案把地方治理的责任分属给了民众个体，而不仅是君臣代表的统治阶层，可以视为今天地方自治政策的早期雏形。在国家政治建构的问题上，积极倡导封建井田制和学校制度，提出"代耕"的理念，把社会各阶层统一到农耕文明的传统中，爵禄等级制度成为代耕制的产物。在君臣观相关议论中，无情地揭露了封建君主专制下君臣体制的虚伪，既讽刺了为君者以天下为其一姓独占的自私自利，又讽刺为臣者不顾气节、阿谀乞食的媚态，提出"君臣以义合，合则为君臣，不合则可去"，把君臣关

---

① 《吕留良全集》第五册，第19页。
② 《吕留良全集》第五册，第18页。

系从传统君尊臣卑的主仆关系中解放出来。这些关于中央、地方的政治体制建构的设想，充分表现了吕留良对传统中国社会牢固的封建君主专制制度以及等级森严的阶级制度的反抗精神，他擅长用回溯三代的方式言说，并执着于古典儒家的民本思想传统。虽然从实践的层面来看，吕留良的政治设想仍旧沿用的是传统理学家注重内在道德修养的内心一路，并未涉及具体的实施细则和措施，如他的井田制、君臣论只是空疏的说教，缺乏具体的政策或制度意见的反思，本质上只是对儒家抽象的道德原则的重申。但从另一个角度来说，易代之史实一定程度地抑制了他参与新朝政治生活的积极性，对故国的怀恋和新朝的抵抗客观引导他走向了消极批判而非积极建设的道路。他高唱三代之治的理想之歌，对具体的制度建设却缄口不言，他痛骂暴秦以后政治社会的荒诞无度以及整个统治阶层权力倾轧、声色利诱的腐朽现状，既是对明末腐朽政治所作的无奈反思，也是对现实清廷政权的坚决反抗，更是对屈膝异姓的贰臣的失望之叹。吕留良理想化的政治设想背后的真实指向是批判而非重建，以批判为目的的批判本身即是对现实的最大反抗，这是一代遗民的普遍心境。

3.3.7 三代之治

明清之际，政权更迭作为一项剧烈的政治变革事件，与经济、文化等诸多因素共同构成一个复杂多元的历史语境。由于中国传统社会实行封建君主专制制度，政治因素在诸多社会因素中往往占主导地位，且改朝易代是国家层面掌权机构的彻底更换，并非常态事件，故而对经济和思想层面均产生极其深刻的影响，甚至能够决定后者的发展方向。有鉴于此，明清易代毫无疑问是研究吕留良的遗民性格以及理学特征的基础语境，结合吕留良少年抗清、暮年誓不仕清的事迹，可以确定吕氏是一个充满民族气节和批判精神的遗民之士。而儒士群体向来有关注并试图重建社会理想秩序的意识传统，这一传统从孔夫子之"仕而优则学，学而优则仕"始，经南宋朱熹四书经典文本体系的确立而得以普遍张扬。毋庸置疑，强烈的民族精神和遗民道德感，必然会指引着吕留良关注并规划出理想的社会体制蓝图，显然在《四书讲义》中，关于如何实现社会秩序的有序状态，谈及最多的便是"三代之治"。

自宋以来，"回向三代"的意识便在知识分子群体中逐渐成形，文化重于政治的观念由此深入人心。今天，人们评价宋代时，依然会将开明繁荣的文化作为宋代的根本特征，著名史学家陈寅恪先生认为："华夏民族之文化，历数千载之演进,而造极于赵宋之世。"①可谓中肯之论。宋代思想文化的巅峰成就,得益于宋代士大夫群体在文化与政治层面的双重自觉,从宋初三先生开始,儒家学者试图在道德修养与政治时务之间搭起桥梁。刘彝在回答宋神宗关于其师胡瑗与王安石孰优之问时,以"明夫圣人体用以为政教之本"归纳胡瑗之功,可谓对宋学精神的高度概括。自此以后,二程、张载、朱熹等人无不在圣人体用的基本框架内,从儒家传统经典文本中重新挖掘思想养分,直至朱熹确立《大学》《论语》《孟子》《中庸》作为新的儒家经典体系。从思想史的角度来看,宋代理学的讨论范畴包括天、道、理、心、性,个体的道德修养成为进学者的基本追求。与此同时,理学家们自觉投身政治生活,"以天下为己任"的政治主体意识在士大夫群体中得到强烈地彰显,他们无一例外以回溯三代为口号抒发自己的政治主张,向皇帝谏言政治改革之举措,在国家治理层面发挥着士阶层的影响力。当然,"回向三代"能够获得统治者的认可,一方面在于皇帝个人怀有治国热情,另一方面也是理学家们几十年甚至上百年以道自任的舆论导向之结果。程颢曾说:"三代之治,顺理也。两汉以下,皆把持天下者也。"②自宋以后,三代与秦汉以下成为两个对立的概念,它们代表了两种截然不同的国家治理模式。进一步言之,三代之治本质上是一种"托古改制"的理想,它寄托着理学家们对秦汉以来腐朽堕落的政治局面施加压力并要求革新的理想。纵观整个宋代历史,从宋太祖开国的文治取向,到王安石与宋神宗的君臣相遇,宋代可以说是知识分子在现实政治中可能遇到的最好时代。故《宋史》有:"三代而降,考论声明文物之治,道德仁义之风,宋于汉、唐,盖无让焉。"③总而言之,由宋代士大夫确立起来的政治主体意识,成为此后历朝历代士阶层的基本性格,他们在各自的时代或出或处,或去或就,但无论天下有道还是天下无道,士阶层始终对社会政治秩序保持高度的关注。

　　吕留良关于政治理论的言说,沿袭的仍旧是宋代以来回向三代的传统。他学术推崇程朱理学,对二程、朱熹等人的思想著作有深刻地研读。这些理学家们在他们的时代曾对如何推行社会大规模改革、实现国家的有序治理作过诸多讨论,"二帝三王"几乎成为他们每次政治谏言的起点。试想,在山河破碎、硝烟弥漫的深夜,少年吕留良瞻阅先贤对理想制度——三代之治的描述与向往时,心中会激起何等汹涌的浪涛。只要把他的生活世界与为学之旨联系

① 陈寅恪:《金明馆丛稿二编》,生活·读书·新知三联书店 2001 年版,第 277 页。
② 程颢,程颐:《二程集》,中华书局 2014 年版,第 127 页。
③ 脱脱:《宋史》卷三,中华书局 1977 年版,第 50 页。

起来,就不难理解青年吕留良毁家纾难、抗清救国的豪情满怀,也能体会他迫于无奈应试科考之后的万般煎熬,以及晚年宁愿削发为僧也不愿屈服清廷的孤傲不阿。这些人生历程,一方面催发了他强烈的民族意识和遗民自觉,另一方面也让他切身体会到社会无序状态下的生民流离失所之苦。他迫切希望社会能够回归有序,作为一介白衣书生,其唯一方式就是传诵尧舜之治,回向三代,向现实的政治社会施以批判和变革的压力,使之向三代之治的理想社会迈进。

这里出现了一个问题:吕留良是明朝遗民,尽管他主观上无法接受明朝的灭亡,但清入主中原已成事实,那么他政治言说的对象究竟是谁?三十二岁时,吕留良结识了名儒黄宗羲,并邀请黄宗羲至吕家私塾授业,自此二人之间的学术往还十分密切。两年后,黄宗羲的《明夷待访录》问世,该书对明代以来的政治文化与制度作了深刻反思,并在儒家古典政治思想的基础上提出了新的制度构建,例如兴学校、变田制、变兵制等。书中的《题辞》首句如下:

> 余常疑孟子一治一乱之言,何三代而下之有乱无治也?[①]

三代之治毫无疑问成为黄宗羲整个政治构想的起点,可见宋代确立的"回向三代"的政治言说方式对后世儒者影响之大。现暂不论书中的具体内容,从成书时间、遗民身份及密切的书信来往和会面来看,黄吕二人必然就国家制度、社会治理等问题产生过深刻的探讨和共鸣。钱穆先生在《中国近三百年学术史》中亦有提及:

> 《待访录》成于康熙壬寅、癸卯间,而癸卯梨洲至语溪,馆于晚村家。
> 盖当时交游议论之所及,必至于是者。故梨洲著之于《待访录》,而晚村则见之《四书讲义》,其后三年丙午,晚村则决意弃诸生,不复应试。然则此数年间,梨洲、晚村之交谊,其思想议论之互为助益,甚必大矣。[②]

钱穆先生特别提到结交三年后吕留良弃诸生一事,这就是黄吕二人思想共鸣对吕留良现实生活世界产生影响的直接体现。从文献内容看,黄宗羲的《明夷待访录》与吕留良《四书讲义》关于君臣关系与职能的构想,关于学校、井田制度的恢复,宗旨大意基本一致。区别在于,黄宗羲的《明夷待访录》是一本关于国家制度构想的专门著作,内容详实具体,统治者完全可以参照此书颁发改革政令。而吕留良并未就国家政治制度构建专门论著,其《四书讲义》中关于国

---

① 《明夷待访录》,第1页。
② 钱穆:《中国近三百年学术史》,第93页。

家政治的言论只是述其大意,并未涉及制度建构的具体实施措施。

现摘录吕氏相关论述如下:

> 但看三代以上圣人,制产明伦,以及封建兵刑,许多布置,虽纤微久远,无所不尽,都只为天下后世人类区处个妥当,不曾有一事一法,从自己富贵及子孙世业上,起一点永远占定,怕人夺取之心,这便是"肫肫其仁"。①

> 自秦并天下以后,以自私自利之心,行自私自利之政,历代因之。后儒商商量量,只从他私利心上,要装折出不忍人之政来,如何装折得好?不得已,反说井田封建学校选举之必不可复,此正叔孙通希世废务之学,杂就礼仪,皆逢迎汉高之所欲,岂三代王朝之礼哉? 王者之兴,制度文为,必取之儒者,儒者先自将不忍人之心,连根划绝,又复何望乎?②

> 君臣以义合,合则为君臣,不合则可去,与朋友之伦同道,非父子兄弟比也。不合亦不必到嫌隙疾恶,但志不同,道不行,便可去,去即是君臣之礼,非君臣之变也。只为后世封建废为郡县,天下统于一君,遂但有进退而无去就。赢秦无道,创为尊君卑臣之礼,上下相隔悬绝,并进退亦制于君而无所逃,而千古君臣之义为之一变,但以权法相制,而君子行义之道几亡矣!③

从上述引文可以看出,吕留良在国家政治秩序建设方面的言说激情十分充沛,他善于运用饱含感染力的语言表达对现有秩序的强烈不满,但具体的制度政令却鲜少提及,类似的言说在《四书讲义》中比比皆是。那么,这些毫无避讳的批判和讽刺所指向的对象究竟是已灭亡的明朝还是强占中原的清朝呢? 吕留良关于国家政治秩序的讨论,是否如黄宗羲一般,是为"待访"而发的治国方略呢? 实际情况是,一方面,彼时前明残余势力早已没有可以担当复国大任的朱姓子孙,这意味着他的政治蓝图缺少了最根本的实践主体。另一方面,他坚持不承认清朝的政权合理性,以干支纪年代替清朝年号,这表明他并未将实现政治理想的希望寄托于清朝。换句话说,无论故国还是新朝,都无法成为他政治制度建设的可托付对象。显然,在万般无奈的心境下,吕留良大谈三代之治,讽刺秦汉以下的统治面貌,而未在制度建设上给出具体可行的实施方案,实质上已经表明他拒绝接受现实,也丧失了实践理想社会制度的激情和野心。他

---

① 《吕留良全集》第五册,第 511 页。
② 《吕留良全集》第五册,第 564 页。
③ 《吕留良全集》第六册,第 626 页。

的讽刺性言论纯粹是为了发泄内心的愤怒与不满,交织着故国悔恨与新朝屈辱的复杂感情,其自身也在复杂无望的情感漩涡中逐渐丧失理性的判断,甚至丧失了对生存的渴望,故晚年隐居山林,作《祈死诗》,只求早日脱离这个无处容身的时代,魂归故里。

晚年吕留良为了躲避清廷招抚,不得不逃禅山林之间,这是他作为明遗的最后坚守。显然,在遗民的生存方式选择上,吕留良与曾经的密友黄宗羲恰属两种截然不同的风格,与黄宗羲对清廷不合作也不抵抗的暧昧态度相比,吕留良的遗民意识及生存方式更显激进悲壮。而二人在处理故国新朝之间情感矛盾的缓和与激进程度,也决定了他们构建理想政治制度积极性之高低。《四书讲义》中虽有诸多关于国家治理的言论,但相较于《明夷待访录》的系统性与完整性,前者的讨论充其量只是一些随感而发的只言片语。毕竟当其之时,夷族政权当道,心怀故国的遗民之士在表达政治言论时,缺乏理想的倾听对象(君王),进而缺乏钻研理想政治制度的动力。在民族大义的激愤之下,吕留良以三代之风雅讽刺现实政治之腐朽,批判现实政治社会才是他对时代的最大反抗。显然,吕留良所发三代之言论,主观上并没有"待访"的期待,换句话说,他在《四书讲义》中激昂的批判言论纯粹是为了抒发胸中郁结之气,丝毫没有为当朝者所采纳的主观目的。

总之,吕留良身处社会动荡之际,又以程朱理学为立身行道之本,自然对国家秩序建设抱有浓厚的兴趣。然而,由于遗民生存方式之严苛紧张与自守,加之复国期望日益渺茫,吕留良渐渐丧失了参与政治秩序建设的激情与抱负。同时在与黄宗羲交好的几年中,吕留良与黄氏很有可能一同探讨过《明夷待访录》中的相关制度构建,而《明夷待访录》确为一内容详实全面的治国方略之书,故吕氏亦并未起意另著一书,只在《四书讲义》中略述大意。又因吕留良生性率直笃实,对待清廷的态度较一般遗民更为强硬排斥,不愿有参与新朝制度建设之嫌,故而他把宋代以来回向三代的言说方式作为与现实、与清廷抗争的有力武器,用感性的、任情的言论方式发泄内心的愤懑情绪。一言以概之,吕留良之论三代之治,是出于亡国的悲怆和激愤,而对现实政治制度以及专制皇权展开的批判、咒骂或者独语,其言说特点是粗略的而非精密的,言说目的是感性的情绪发泄而非理性的制度建构。

3.3.8 夷夏之辨

本章之末,有必要对吕留良的民族思想进行探讨。因清初"曾静案"的牵连,吕留良的著作、日记、书信等遭到全面禁毁,其人连同其理学思想逐渐淡出历史的舞台。清末民初,民族革命的浪潮高涨,章太炎从历史的废墟中重新发掘了吕留良,太炎先生十分推崇吕氏身上的民族气节,赞叹"观其诗率为故国发愤,时若犷厉。要非可以饰为者"[1]。民国时期,围绕华夷之辨、民族大义等课题,有关吕留良的研究成果逐渐丰富起来。学界对吕留良民族思想的关注和重视,使其在沉寂多年之后重新回归历史的舞台,当年致吕留良身披巨祸的华夷之辨等相关言论,竟成为他日后重见天日的导索,历史更迭之于个体命运的戏剧性影响总是如此耐人寻味。钱穆先生曾评价明末遗民的生存意义和价值:"然明末遗民,他们虽含荼茹蘖,赍恨没世,而他们坚贞之志节,笃实之学风,已足以深入于有清一代数百年来士大夫之内心,而隐然发配其风气。直到清末,还赖籍他们人格之潜力,来做提倡革命最有效之工具。"[2]以钱先生之论明末遗民,置于吕留良之身,若合符节。如今,当我们重新审视这个生前身后命途多舛的历史人物时,不再有清廷专制的文化政策,也不再有民国澎湃的革命浪潮,但或许抽身这些充满时代特殊性的历史背景,才能对思想本身的意义和价值作出更为客观、理性以及平和的判断。

毫不夸张地说,华夷之辨在吕留良整个理学体系中占据着核心地位,他的所有思想义理之创新皆是围绕满汉民族矛盾展开的,而所有创新都必然地指向夷夏之防这一终极目标。沉重的遗民身份在吕留良的精神世界留下了深刻的烙印,少年抗清救国、族亲身亡的沉痛经历,使其一生都无法释怀,他的诗歌、时文点评处处隐含着对清朝政府的愤怒和鄙夷。所以,他高举夷夏之防的大旗,倡导民族主义思想,目的是讽刺警醒那些以行君臣之伦为借口的阿附权贵、晚节不终之徒,《四书讲义》中,吕留良以孔夫子许管仲以仁为切入点,阐述民族大义大于君臣之伦的观点:

> 看"微管仲"句,一部《春秋》大义,尤有大于君臣之伦,为域中第一事者,故管仲可以不死耳,原是论节义之大小,不是重功名也。[3]

在整部《论语》中,除了"三月不违仁"的颜渊之外,能让夫子许之以仁的便只有管仲。《论语》记载了夫子与学生的对话,正道出夫子许管仲以仁的根本原因:

> 子路曰:"桓公杀公子纠,召忽死之,管仲不死。"曰:"未仁乎?"子曰:

---

①　章太炎:《章太炎全集——太炎文禄续编》,上海人民出版社 2014 年版,第 366 页。

②　《国史大纲》,第 852 页。

③　《吕留良全集》第五册,第 323 页。

"桓公九合诸侯,不以兵车,管仲之力也。如其仁!如其仁!"[1]

> 子贡曰:"管仲非仁者与?桓公杀公子纠,不能死,又相之。"子曰:"管仲相桓公,霸诸侯,一匡天下,民到于今受其赐。微管仲,吾其披发左衽矣。"[2]

管仲之时,四方夷狄虎视中国,国家百姓之安危存亡悬于一线,管仲联合诸侯国"尊周室,攘夷狄",匡正天下,使华夏文明免遭堕落而得以向前延续发展,若非管仲,恐怕华夏民族要陷于"被发左衽"的野蛮境地,这是最切实的"博施""济众"。春秋大义,所指并非一般功臣的建功立业,而是更高意义上的夷夏之防。管仲虽然没有为公子纠殉难,有违君臣之伦,但他辅助齐桓公尊王攘夷,维护了更高层面的华夏民族。吕留良正是着眼于此,坚信孔子许管仲之仁的背后其实是在强调民族大义的根本性,"夫子许管仲之功,别有大义,若仲无此功,即罪莫大矣"[3],相较于君臣之义,维护华夏民族文明才是头等大事。因此他赞扬"管仲之功,非古今功臣之功所能比也"[4]。

显然,吕留良强调管仲之仁这一点正说明他的"夷夏之防"概念是建立在文明层面而非地域层面。在他看来,清朝取代明朝并非传统意义上华夏民族的文明递进、政权更迭,而是夷狄民族对华夏民族的践踏,更是野蛮对文明的颠覆,这是任何一个有担当、有热血的华夏子孙都不能容忍的。尤其是身处清初的遗民群体之中而不顾,吕留良目睹了部分遗士向清政府俯首称臣的媚态,他们向权势暴力低头妥协,抛弃民族气节,置整个华夏子孙于"披发左衽"的灾难之中而不顾。从这一点出发,吕留良激烈抨击出仕元朝的吴澄、许衡之辈:

> 而所谓朱子之徒,如平仲、幼清,辱身枉己,而犹哆然以道自任,天下不以为非。此义不明,使德祐以迄洪武,其间诸儒,失足不少。思其登堂行礼,瞻其冠裳,察其宾主俦伍,知其未曾开口时此理已失,赢得满堂不是耳,又安问其所讲云何也!故姚江之罪,烈于金豁,而紫阳之学,自吴、许以下已失其传,不足为法。[5]

吴澄、许衡以朱子学著称于世,然而在吕留良看来,正是这二人委身元朝的举动,开了后世失足之儒的先河。他们所谓的"以道自任"完全违背了儒家"攘夷

---

① 《论语·宪问》,《四书章句集注》,第153页。
② 《论语·宪问》,《四书章句集注》,第153页。
③ 《吕留良全集》第五册,第322页。
④ 《吕留良全集》第五册,第322页。
⑤ 《吕留良全集》第一册,第10页。

狄"的第一事,他们传承的绝非真正的圣学,而是贻害后世、祸患无穷的乡愿之学。吕留良痛诋元代吴、许之辈的失节,实质上是在隐射他自身所处的时代,尤其是在清朝刚刚建立政权统治的敏感时期,不少士人向恩威并施的清廷俯首称臣,求得一时的安逸富贵。他不顾外界的压迫和忌惮,高唱民族大义大于君臣之伦的反清言论,既招致清政府的猜忌仇恨,也引来部分降清人士的攻击构陷。

然而,身临紧张压迫的生存境遇,吕留良始终毫无惧色,他坚持民族气节不动摇,倡导学者应当于出处、去就的问题上坚持原则,立稳脚跟,然后方可谈格物致知的圣贤学问。他说:

> 今示学者似当从出处、去就、辞受、交接处,画定界限,札定脚根,而后讲致知主敬工夫,乃足破良知之黠术,穷陆派之狐禅。盖缘德祐以后,天地一变,亘古所未经。①

这是吕留良在特殊历史时代下所作的切实反思,亲身经历故朝的灭亡和新朝的胁迫,让他对学问文章之事有了更深刻的认识。他认为,坚守民族气节、严辨夷夏之防比习文求道更为根本,只有先札定脚跟做个大本已立之人,而后方可谈问学之事。在政权更迭的特殊情况之下,个体关于出处、去就、辞受的选择比任何时期都更为严峻,如果为学之人在最基本的辞受选择上都无法恪守内心之大本,不顾夷夏之防的最高原则,就是丢失儒士尊严和民族气节,更谈何圣人之道?

吕留良的夷夏之辨还体现在他的诗歌当中,甚至诗歌中流露的民族精神和反清情绪较文章书信更为激烈,更具战斗性。长诗《题如此江山图》是与友人一同鉴赏宋末画家陈琳的画作《如此江山图》时所作,其中说道:

> 人生泪落须有情,为宋为元请所倚。为宋则迂元则狂,两者何居俱可已。较之作亭画亭心,不啻去而九万里。尝谓生逢洪武初,如瞽忽瞳跛可履。山川开霁故璧完,何处登临不狂喜。怡终无过杨维桢,戴良王逢多不仕。悲歌亦学宋遗民,蝍蛆甘带鼠嗜屎。刘基从龙亦不恶,幸脱旃裘近簪珥。胡为犁眉覆瓿诗,亡国之痛不绝齿。此曹岂云不读书,直是未明大义尔。②

诗中所体现的遗民意识非常清晰明确,吕留良认为,就宋、元、明三朝而言,元

---

① 《吕留良全集》第一册,第 10-11 页。
② 《吕留良全集》第三册,第 322 页。

代遗民不应该学宋遗民悼念故国之殇,否则就是未明大义,而明之代元意味着文明对野蛮的胜利,是一件多么令人狂喜的事情。很显然,他所谓的"大义"指的正是民族大义大于君臣之伦的夷夏之辨,宋遗民抵抗元朝的统治,是华夏民族反抗夷狄外族的表现,而元遗民学宋遗民抵抗明朝的统治,则恰恰相反地站在夷狄外族的立场反抗华夏民族。"旃裘"象征夷狄外族,"簪珥"象征华夏民族,"刘基从龙亦不恶,幸脱旃裘近簪珥"鲜明表达了吕留良对明朝取代元朝这一历史事件的欣喜态度。在他看来,刘基辅佐明太祖朱元璋收复中原平定天下,是站在夷夏之辨的最高价值立场上挽救了华夏文明,是深明大义的表现。

同理,历史上那些为了维护华夏民族的文明和尊严,与夷狄誓死抗争的豪杰英雄,值得后人永远铭记。在《真进士歌赠黄九烟》一诗中,吕留良赞曰:

> 宇宙只存文陆谢,其余五甲皆灰尘。今日有君便无彼,那得令彼不发嗔。如君进士方为真,天下纷纷难立身。半非略似君尚云,此曹岂复堪为人。①

"文陆谢"分别指文天祥、陆秀夫和谢枋得,这三人均是宋亡之后拒绝仕元的宋遗志士,而黄九烟亦是极具民族气节的明遗,吕留良毫不吝啬对"文陆谢"的夸赞敬仰之辞,实则是为了抒发他对友人黄九烟的崇敬之情。可见在吕留良的心里,只有像文天祥、陆秀夫这样的抗元志士才是真正值得后人敬仰的,他们的精神志节会永存天地之间。吕留良对四百年前抗元志士的歌咏赞颂,隐喻了他对当世抗清志士的推崇缅怀,加上曾亲身投于艰苦卓绝的抗清活动,更加坚定了他固守明遗身份和民族气节的决心。那些降于元兵、清兵的文人降臣,被他怒斥"岂复堪为人",只不过是一群没有骨气、没有节操、与夷狄为伍的禽兽而已。由此,通过对民族存亡之际去就选择截然相反的两种人的歌颂与痛斥,吕留良的复国之志及反清态度跃然笔底,这种饱含激情的民族情感对他的家族教育、择友交际与个体人格都产生了深刻的影响。

夷夏之辨植根于古典儒家传统,它提倡以华夏礼仪文明而非地域种族为标准区分华夏与夷狄,对传统中国社会的文明进步与种族融合发挥了不可或缺的作用。诚然,夷夏之辨的话题并非在所有时代都是主流话题,但不可否认的是,它就像流淌在儒家传统当中的血液一般,浸润着每一个华夏子孙。每当华夏民族遭受夷狄外族的践踏蹂躏时,夷夏之防的火花就像一股原始力量牢牢抓住华夏子孙的心,敦促他们站起来向野蛮暴力反抗。明清之际,北方女真

---

① 《吕留良全集》第三册,第229页。

族挥兵侵犯中原,抢夺明朝政权,中国社会进入"天崩地裂"的巨变时期,政治动荡给传统中国社会的经济、思想等各方面带来了巨大的冲击。这一时期无论是朱学还是王学都各自开始进入义理的修正与总结阶段,理学家们对君主专制制度、君臣关系与职责、土地税收制度等展开了深刻的反思和理性的批判。

在山河陆沉、民族危亡的特殊历史环境下,吕留良理学思想所体现的批判性、反思性尤显激烈。他着眼于当下的易代背景,对现存政治体制展开深刻反思,抨击三代以下君尊臣卑的君臣关系以及人君以天下为私的天下一统观,并从儒家传统观念中找到了支撑起其整个理学体系的支点——夷夏之辨。他向往三代的理想社会,是因为三代之天下、三代之君主以及三代之君臣关系均是建立在公义的基础之上,以公为基本原则的天下自然是一个包容小国、城邦的广义之天下,一如他所论述的以絜矩之道实现平天下之愿景,也就是说,吕留良始终秉承的是儒家传统追求的"天下为公"的公天下之观念。然而,后世君王以家天下的理念治理国家,把国家当做自己私有的"庄肆",则自然把臣民当做"庄肆"里可供徭役的佃农。面对这样的政治现实,他自然提出夷夏之防加以讽刺,即夷夏之防成为他批判现实政治不合理性以及个体丧失人格尊严之悲剧的有力武器,而不是简单的民族情感的发泄手段。显然,吕留良的夷夏之防观念是建立在以"公私"检视当时王朝政治之属性的基础上,这是一种文化的视角,而非地域的视角。而他主张学者应该出处、去就、辞受之间立稳脚跟,坚守节义原则,然后方可讲为学之道,则是他将程朱理学重视个体修养的道德内涵转化为批判现实社会病痛的基本原则。这一点,钱穆先生揭示得很清楚:

> 而晚村又继之曰:"原是重节义,不是重功名。"盖夷夏之防,定于节义,而摇于功名。人惟功名之是见,则夷夏之防终斁。人惟节义之是守,而夷夏之防可立。晚村所以深斥永嘉而敬推朱子者,其意在是也。晚村所以深斥姚江而敬推朱子者,其意亦在是也。①

"节义之是守,而夷夏之防可立",这是吕留良对现实政治展开深刻反思而作出的具有强烈批判意义的理性判断,而其阐发的民族大义大于君臣之伦的观点,同样也是基于重视节义、轻视功名的基本原则。

某种程度而言,明亡的沉痛是促成清初学者对宋明理学展开积极反思与批判的学术思潮的直接原因,明末以来弊端丛生的心学体系首当其冲成为被

---

① 钱穆:《中国近三百年学术史》,第94页。

批判的重点,心学误国的观点屡见不鲜。同期,以张履祥、陆陇其为代表的一批尊朱学者有力推动了朱学的传播发展,清初理学发展的基本概况由此可以概括为王学的式微和朱学的复兴。显然,吕留良"尊朱辟王"的思想主张顺应了当时理学发展的大趋势,他不遗余力地批判心学思想,将心学斥为"阳儒阴释"的异端邪说,同时通过时文点评、选编理学丛书等方式传播发扬程朱理学,为清初朱子学的复兴作出了巨大贡献。尤应注意的是,吕留良的朱子学处处折射着鲜明的民族精神,他喜发狂狷言论,针砭时弊,一方面的确起到匡扶人心、维挽风气的积极作用,另一方面也更易招致清廷仇恨,对他的社会地位以及理学思想的传播产生了一定程度的负面影响,论及于此,只需对比吕留良和陆陇其的学术思想和社会地位便可了然。陆陇其与吕留良论学甚洽,在与吕留良长子吕忠公信中自呈:"不佞服膺尊公先生之学,有如饥渴。所不同者,出处耳。尝愧不能脱去尘埃,相从于衡门泌水间。"[1]可见他十分敬仰吕氏的学问,二人唯在出处去就的问题上持不同看法。历史事实也证明,出处选择之不同实质上通达的是两条完全不同的人生轨道,后陆陇其被清朝誉为"本朝儒臣第一",而吕留良则身披横祸,受开棺戮尸之辱,二人生平境遇和社会地位之悬殊竟至如此。

《中国近三百年学术史》中,钱穆先生对吕留良的评价是在这样的:"然则晚村之阐朱学,其意在发挥民族精神以不屈膝仕外姓为主。实非康、雍以下清儒之仰窥朝廷意旨,以尊朱辟王为梯荣捷径者所获梦想于万一也。"[2]钱穆先生一语道破了吕留良倡明朱子学的真谛,即吕氏阐发的朱学思想是以宣扬民族精神、民族气节为根本目的,与借程朱理学之名行牟利之实的腐儒有天壤之别。大约同时期的还有顾炎武、王夫之、李塨等,这些人与吕留良的人生经历相似,他们都亲历了明室倾圮的亡国亡天下之祸,且不约而合地假借《论语》"管仲不死公子纠"章,畅发春秋大义的民族主义思想。可见在明清易代的环境下,儒士群体普遍表现出对夷夏之防这一主要社会矛盾的关注和重视,差别在于不同个体面对矛盾所作的出处之选择不同,有人出仕清廷,致身荣显,而有人则苦守清节,至死不渝。概言之,吕留良发扬朱子学的初衷有三:其一是出于对程朱理学的信仰与责任感,其二是有感于"天崩地裂"的社会巨变以及由此引发的斯道已坠的道德危机,其三是对三代以降政治统治的批判与反思。正是这三个因素共同构成了吕留良独特的朱子学思想内涵,严守出处之节义

---

[1] 《吕留良年谱长编》,第314页。

[2] 钱穆:《中国近三百年学术史》,第84页。

是他基于现实政治的无道与失序对理学道德内涵所作的重新解读，而华夷之辨则是他从先秦儒家经典文本中寻找的源头与立脚点，从夷夏之别到重视节义，其内在的思想理路是不言而明的。吕留良以私利之心行私利之政概括三代以下政治统治的基本面貌，揭露后世统治者以家天下理念治理国家的本质，则儒家传统的夷夏之辨思想自然成为他批判现实的有力武器。表面上看，吕留良是一位严辨夷夏的民族主义者，而实质上隐于其夷夏之辨命题之下的，是他对君臣平等、天下为公的理想社会的向往。也只有在公和私视域下考察吕留良的夷夏之辨，以及他关于平天下、三代之治的言说，才能使他的整个理学体系以一种更加圆融、更加贴近历史原貌的状态呈现出来。

4　批判和质疑

——雍正的清廷政权合理性建构之路

4.1　吕留良的社会影响与曾静案

　　明末清初的理学界，吕留良是占有一席之地的，考察其毕生之学行，他寓程朱理学之微言大义于时文评选，积极刊刻理学书籍，一扫士子群体囿于帖括文字、不识圣学真谛的逐利风气，戴名世评价他："吾读吕氏之书而叹其维挽风气、力砥狂澜，其功有不可没也。而二十余年以来，家诵程朱之书，人知伪体之辨，实自吕氏倡之。"①吕留良为复兴程朱理学所作的种种努力，对当世士风学风之改良发挥了重要的作用。而在政权鼎革的历史背景下，吕留良以其坚韧无畏、严辨华夷的遗民志节和勇气，牢牢坚守遗民不仕二主的道德原则，在清初的遗民群体中亦属气节可嘉者。与其同时代的关中学者王宏撰将他对程朱理学之倡导，与顾炎武之于经学、毛奇龄之于音韵、梅文鼎之于历数相提并论，称许他"近时崇正学，尊先儒，有功于世道人心者，吕晚村也"②。泰州学者张符骧赞誉他"独以为朱子而后传圣人之道者，惟先生一人"③。桐城派学者孙学颜表彰他"宋五子后，以儒者之言，发挥圣贤经训，俾斯文丕坠，彝伦不至于终败者，功莫盛于东海吕晚村先生"④。而如陆陇其、张谦宜、戴名世、黄嗣艾、阮元、徐世昌、张睿、邓实等一大批与吕留良同时代或者生活于清代中晚期的

---

① 《吕留良全集》第二册，第 957 页。
② 王宏撰：《山志》卷五，何修龄等：《四库禁毁书研究》，北京出版社 1999 年版。
③ 《吕留良全集》第二册，第 884 页。
④ 《吕留良全集》第二册，第 914 页。

学者，对吕留良的生平学行或文集诗集均有过行状和跋文，足以见之吕留良的影响力是覆盖有清一代的。

也正是这般影响力，使得吕留良即使已逝世多年，其理学精髓仍能直击人心，在清朝统治中形成一股强劲的震撼力。雍正八年，已逝世四十七年的吕留良惨遭开棺戮尸，整个吕氏家族或戮尸或斩首或流放为奴，吕留良生前的著作文章被悉数禁毁。而这一切皆因当时的一桩秀才投书谋逆案，谋逆案的主角曾静是湖南永兴县的一名秀才，因屡试不中，家中又极贫寒，遂对清朝统治心生不满，偶然读到吕留良评选的时文册子，被吕氏主张的"夷夏之防大于君臣之义"和"井田封建"思想所吸引，促使其谋反计划的进一步成型。雍正五年，遂派学生张熙从湖南来到浙江吕留良家中寻访遗著，因此结交吕氏后代。雍正六年九月，又派张熙投书当时的川陕总督岳钟琪，以其岳飞后人身份为说辞，劝导后者举兵反清，被岳钟琪设计套出了事情的全部原委，并一一上呈雍正。雍正收到这一案件汇报后，并未立即判罪企图谋逆的曾静师徒，而是经过长达五年的审判和挖掘，将矛头转向了具有反清思想倾向的前朝遗民吕留良。吕留良及长子吕公忠被开棺戮尸，尚在世的幼子吕止忠处斩立决，吕氏家族不满十五岁的子孙、妻妾统统发配宁古塔给披甲人为奴，曾静、张熙师生二人则无罪释放，并责令将与此案相关的上谕、口供以及曾静悔过书《归仁说》统一刊为《大义觉迷录》一书，颁布各地学宫观览知悉，以儆效尤。从整个案件的始末来看，雍正一反常态亲自审问犯人曾静，对谋反书的指控逐条批驳，违反大清律规免罪释放谋反案当事人曾静师徒，并花费大量财力人力将一桩毫无影响力的谋逆案导演成震惊全国的文字大案，全然不顾民意走向，将早已逝世多年的吕留良判为滔天罪犯，对吕氏家族大肆捕杀，广为株连，这就是雍正的"出奇料理"。乾隆皇帝继位后，进一步下旨禁毁吕留良的全部诗文书籍，对引用、记载吕留良思想的相关书籍也一并排查清除。自此以后直至清朝灭亡，学界关于吕留良学行的记述和议论寥寥无几。

由于牵涉的人物众多，审判时间冗长，处理方式奇特，曾静案在当时引起了广泛的轰动，甚至在很长时间内，学界人人"谈吕色变"，噤若寒蝉。这场由谋逆案牵扯出的声势浩荡的文字狱，对当时文人士大夫的精神震慑和打击非常大，学界慑于专制皇权的威严，反抗之声渐绝，尽管有齐周华①、唐孙镐②等少数读书义士欲为之讨得公道，亦被官府强势打压迫害。虽然坊间始终秘密流传着吕留良的部分学术遗著，但随着时间的推移以及清廷对思想统治的日益严酷，人们对这位悲剧理学家的同情和关注逐渐减退，较少的公开评价也只是对他的歪曲偏见之辞，不足为凭。例如：

> 王应奎《柳南随笔》："共洞范彪西（鄗鼎）与王阮亭书云：'近日时文选家，竟指文成为异端，狎侮前哲，讪谤学官。先生谓其无羞恶之心，某更谓其失为下不倍之道也。'此论盖指吕留良而言。去之三十余年，而留良身后不免国法，安知非狎侮前哲、讪谤学官之报哉！"③

以时文选家之身份抹煞吕留良对程朱理学作出的思想贡献，更因尊朱辟王的学术主张而咒骂他的身后之灾为应得之报应。此类评价一方面可视为笔者拘于门户的偏见之辞，另一方面亦是迫于清政府日趋严酷的思想控制，对此类政治敏感人物的学行品评忌惮有加，有失偏颇也不足为奇。

随着吕留良诗文著作的全面禁毁，他的理学思想仅残存于一些理学大家的只言片语中，即便如此，其思想之光辉仍然照耀着后人。时至晚清，封建专制政权岌岌可危，革命浪潮席卷中国，清廷的思想禁锢逐渐松懈无力，吕留良的部分著作得以重见天日。因其被清廷迫害的悲惨经历及其理学思想中承载的民族主义精神，学界对这位思想家予以了重新关注。诗人钱振锽整理刊刻了《晚村先生文集》，序中称许吕留良为本朝有功于道学第一人：

> 然而守程朱之学之严，无若先生者。清献近之矣，犹未若先生之峻也。然则道学之有功于本朝，吾必以先生为之首焉。有王者起，必来取法，先生当之矣。④

钱穆先生亦十分推崇吕留良，将他置于陆陇其、李光地之上：

---

① 齐周华，字漆若，号巨山，浙江天台县人，因不满雍正对"曾静案"的出奇料理，于雍正九年书《救吕晚村先生悖逆凶悍一案疏》欲为吕留良翻案，因疏文与天子原旨不合遭驳回，齐周华坚持上疏。后被浙江抚台拘捕，齐拒不肯以痴自承，在狱五年颇受严刑拷打之苦，直至康熙元年获释出狱。参阅《吕留良年谱长编》。

② 雍正七年吕留良被定罪，有名为诸葛际盛者写了声讨吕留良的檄文，时唐孙镐在湖北武昌府通山县知县作幕僚，读此文怒骂不止。次年正月，唐孙镐欲辞别通山县知县井浚向湖广总督投递《讨诸葛际盛檄》，被井浚拘禁，并将此事向湖广总督迈柱检举。三月，唐孙镐病死狱中。

③ 《吕留良年谱长编》，第 407 页。

④ 《吕留良全集》第二册，第 922 页。

　　　　继晚村之后而言程朱宋学者,上之为陆稼书,下之为李光地。稼书已不能过吴、许,至于光地,程朱有鬼,不食其祭。然陆、李称荣于当时,黄、颜见推于后世;惟晚村之说,晦霾不鲜,故为表而出之。若使晚村复生于今日,又不知将若何为说也![①]

封建王朝的专制统治下,政治因素强大到能够决定历史人物及其思想主张的存与亡,曾静案的发生直接导致了关于吕留良的种种学行之痕迹从历史的舞台消失殆尽,诚如钱穆先生叹息:"而外族淫威之深摧严抑,足以使学者精神长埋至于数百年而终不显白。即观于晚村之事,不足为论清初学术者一至可悲而可畏之例耶!"[②]一位曾经致力于程朱理学之复兴、对士风学风之挽救不遗余力的理学大家,就这样湮没在历史长河之中。今天的学界对吕留良的了解依旧微乎其微,更多的人仅仅停留在影视剧"吕四娘刺杀雍正帝"[③]的虚构情节中。然而,只要考察吕留良生前为发扬程朱理学所作的种种努力,不顾世人的鄙夷点评时文,刊刻理学著作以表彰程朱,严斥陆王以维挽风气,我们就不得不承认,学界关于吕留良理学思想的意义和价值仍缺乏恰当而公正地认识。曾静案已经过去近三百年,历史的阴影正逐渐消散,理学大家吕留良终将回归历史舞台。

4.2　雍正与《大义觉迷录》

　　与大多数遗民儒士一样,吕留良后半生是在缅怀故国的禾黍之伤中度过,他全身心投入于钻研发扬程朱理学,以时文点评的方式阐发理学思想,在士子群体中产生了广泛而积极的影响。同时通过自家"天盖楼"书局发售经其整理、刊刻的理学丛书,风行天下,"东海夫子"的名声逐渐传播开来。吕留良的理学造诣获得了清初学界的普遍认可,清廷以博学鸿儒和山林隐逸屡次招揽,为保全名节,他甚至剃发逃禅,才得免于仕清之嫌。其实,在明清之际政权更迭的特殊历史时期,像吕留良这类坚守遗民气节、自我边缘化的儒士还有很多,他们是孤独的遗世者,既被回不去的故国抛弃,也固执地拒斥着日益稳定

---

①　钱穆:《中国近三百年学术史》,第96页。
②　钱穆:《中国近三百年学术史》,第93页。
③　"吕四娘刺杀雍正帝"为民间传说故事,最早见于野史《十叶野闻》,传吕四娘为吕留良之孙女,为替家族报文字狱灭门之仇,以选妃之名义混入宫中,趁雍正召其侍寝,以短剑刺杀雍正,割其头颅。

的新朝,只能日复一日的在故国与新朝之间寻觅着生存的支点。对他们而言,死甚至比生具更大的吸引力,生存意味着永无休止的家国遗恨以及失节恐惧,而死亡则能结束这些伤痛和恐惧,成全作为遗民生存意义的"忠义"气节。更有甚者把死亡置于主观选择之内,由此通达对自我生命的绝对自由,使这种道德意义最大最深刻化,如绝食殉国的刘宗周。

　　然而,并非所有明遗民都能成为刘宗周,赵园教授说:"'遗'本是对孤独的选择,当其成为群体行为时,真正孤子的,只能是其中的杰出者,其人即拒绝顺民身份,又不认同于'遗民社会'的一套概念、观念,不苟同于这社会的自我界说、诠释,其难以纳入'类'的描述,是不待言说的。"①于吕留良而言,成就他"杰出者"明遗身份的并非上述两个因素,或者至少可以说,吕留良关于"拒绝顺民身份"以及"不苟同于社会的自我界说"两方面的表现在当时的遗民群体中并不是最突出的。真正让吕留良以遗民姿态被后人铭记的,却是其逝世四十五年后的一桩闻名当世的文字狱——曾静案。他高扬"民族大义大于君臣之伦"的华夷之辨,以及告诫学者于出处、去就、辞受之间立稳脚跟,恰恰是他对遗民社会固有行为模式的理性反思。也正因其中折射出的严于华夷之辨的民族精神,才使得吕留良的理学思想具有如此强劲的生命力,能够在逝世四十多年后仍旧产生巨大的号召力,在清朝朝堂上掀起惊天骇浪。或许,这个迟来的"审判",才是吕留良终其一生奔波呐喊所真正期盼的回应吧。

　　曾静案的具体细节上节有述,文字狱案件在清朝并不罕见,无外乎是统治者们从一些文人儒士的随笔、诗词中寻找隐喻或明示诋毁清廷政权的言论,以之作为他们对本朝大逆不道的证据,涉案之人均被处以极刑,整个家族遭受灭顶之灾,从而起到"以儆效尤"的威慑作用,压制知识分子的民族反抗意识,树立清朝统治的绝对权威。曾静案的特殊之处在于,牵头投呈逆书、策反汉人将军岳钟琪起兵反清的主犯湖南人曾静并未被雍正皇帝下令斩杀,反而是已经去世四十多年的浙江大儒吕留良惨遭开棺戮尸之刑,吕氏子孙被屠戮流放。雍正的这番"出奇料理",使得原本只是一桩谋反性质的案件发展成为震惊全国的文字大案。更"出奇"的是,雍正不仅无罪释放了主犯曾静及其学生张熙,而且让他们到全国各地现身说法,宣扬皇帝的仁心仁德以及罪犯的醒悟归仁,并将有关此案的一系列谕旨及供词和曾静洗心革面之文《归仁说》编为《大义觉迷录》一书,下令"通行颁布天下各府、州、县,远乡僻壤,俾读书士子及乡曲

---

① 《明清之际士大夫研究:作为一种现象的遗民》,第 32 页。

小民共知之。并令各贮一册于学宫之中,使将来后学新进之士,人人观览知悉"①。所以,《大义觉迷录》本质上是一部宣扬皇权威严、加紧思想控制的官方书册,如果抛开其中曾静慑于皇权淫威摇尾乞怜的歌功颂德之辞,以及雍正上谕中对皇位正统性的冠冕堂皇之论辩,书中最有价值的内容就是雍正针对吕留良华夷之辨所作的义理反驳。

根据曾静的供词,他之所以对清廷统治怀不满之情绪,最后发展至谋逆之举,只因读到浙江大儒吕留良的著述,书中阐发的复封建井田制以及华夷之辨等观点对他的思想和生活产生了直接影响。查阅吕留良的日记、诗文,其中的反清言论不胜枚举,这让雍正万分气恼,他把曾静案的发生归咎于已逝世多年的吕留良的思想蛊惑。而吕留良以孔夫子许管仲以仁,来论证夷夏之防高于君臣之义的儒家传统观念,其具有明显反清倾向的言论都是建立在华夷之辨的观点之上。因此,在《大义觉迷录》收录的上谕中,雍正针对吕氏华夷之辨的相关言论展开了辩驳。

首先,雍正提出"以德配天"的观点来反驳地域之私见,证明清朝政权的合理合法性。他援引了儒家经典《尚书》之语:"皇天无亲,惟德是辅",强调清朝政权是德化天下的必然结果,《大义觉迷录》开篇指出:

> 自古帝王之有天下,莫不由怀保万民,恩加四海,膺上天之眷命,协亿兆之欢心,用能统一寰区,垂休奕世。盖生民之道,惟有德者可为天下君。此天下一家,万物一体,自古迄今,万事不易之常经。非寻常之类聚群分,乡曲疆域之私衷浅见所可妄为同异者也。②

这段话以儒家传统的德治思想为理论依据,证明清朝之所以能承明朝基业,靠的是"怀保万民,恩加四海"的德行化育。民心之所向,则上天自然以天命付之;民心之所背,则上天自然背离而弃之。从这一点来看,雍正是运用了儒家传统"以德配天"的神权政治观念,对吕留良以种族地域为原则的政治观予以正面反驳。

其次,雍正否定吕留良以地域疆界为衡量标准的华夷之辨,从文明的角度确定了华与夷的判别标准。他列举韩愈之说为证:

> 韩愈有言:"中国而夷狄也,则夷狄之;夷狄而中国也,则中国之。"③

---

① 吕留良:《吕留良诗文集》下册,浙江古籍出版社 2011 年版,第 202 页。
② 《吕留良诗文集》下册,第 197 页。
③ 《吕留良诗文集》下册,第 201 页。

其中,"中国"一词指代"文明","文明"的内涵是道德礼仪,而不是地域空间。客观而论,雍正本人对儒家传统华夷之辨的内涵有着深刻的认知,他十分清楚自先秦以来,区分华与夷的主流标准就是华夏礼仪之有无,若言行符合"礼"的标准,则夷狄也可以视为中国;反之,则中国亦可沦为夷狄。因此只要在此基础上证明清朝对华夏礼仪有直接的传承关系,即可驳倒吕留良视清朝为夷狄的种族偏见。顺此逻辑,雍正进一步阐明清朝的发展史:

> 若夫本朝,自关外创业以来,存仁义之心,行仁义之政,即古昔之贤君令主,亦罕能与我朝伦比。且自入中国已八十余年。敷猷布教,礼乐倡明,政事文学之盛,灿然备举,而犹得谓为异类禽兽乎? 孔子曰:"夷狄之有君,不如诸夏之亡也。"是夷狄之有君,即为圣贤之流。诸夏之亡君,即为禽兽之类,宁在地之内外哉![1]

雍正特别强调清朝承儒家仁义礼乐之传统,教化百姓、政清人和,因此才赢得天下臣民的信任和尊敬。清廷政权虽非生根于中原大地,而爱民、保民的仁义之心确与华夏民族一脉相承,这恰恰印证了韩愈"夷狄而中国也,则中国之"的观点。由此,雍正对吕留良的华夷之辨进行了一次釜底抽薪式的反击,华夏与夷狄之间的区分既是礼乐文明有无之区分,则二者绝非永久不变的对立关系,夷狄可能成为华夏,华夏也可能沦为夷狄。而清王朝仰承天命,德化四方,虽处偏远蛮夷之地,却自觉继承华夏文明之传统,从夷夏之辨的角度来说,早已由夷狄而进诸华夏了。吕留良视清廷为夷狄,又以夷狄比于禽兽,便是毫无道理的胡诌之语了。

再次,雍正以儒家圣贤为例证,论证即使是出生在所谓的夷狄之地,也并不妨害个体成圣成贤,且孔夫子之周游列国与删《诗》《书》、定《礼》《乐》等一系列的文化举措,也并非以地域定取舍。他说:

> 舜为东夷之人,文王为西夷之人,曾何损于圣德乎!《诗》言"戎狄是膺,荆舒是惩"者,以其僭王猾夏,不知君臣之大义,故声其罪而惩艾之,非以其为戎狄而外之也。若以戎狄而言,则孔子周游,不当至楚应昭王之聘。而秦穆之霸西戎,孔子删定之时,不应以其誓列于《周书》之后矣。[2]

所以,如果依吕留良的观点,将夷狄之人视为禽兽,则舜与文王都被他骂为禽兽了。然而舜和文王作为儒家尊崇的上古圣君贤王,以其圣德昭著为华夏民

---

[1]　《吕留良诗文集》下册,第 217 页。
[2]　《吕留良诗文集》下册,第 198 页。

族的文明传统树立了最高典范。因此,仅以从地域空间的角度衡量夷夏,并以此来判定某一个体是否能够成圣成贤、继承道统政统的做法是不可取的。在此基础上,雍正进一步指出夷夏概念本身的历史局限性,随着时代的变迁发展,中国的版图疆界会不断地扩张,曾经的蛮夷之地经过几个世纪的民族交流与融合,早已同化为华夏民族的一部分了。他强调:

> 且自古中国一统之世,幅员不能广远,其中有不向化者,则斥之为夷狄。如三代以上之有苗、荆楚、玁狁,即今湖南、湖北、山西之地也。在今日而目为夷狄,可乎?至于汉、唐、宋全盛之时,北狄、西戎世为边患,从未能臣服而有其地,是以有此疆彼界之分。自我朝入主中土,君临天下,并蒙古极边诸部落俱归版图,是中国之疆土开拓广远,乃中国臣民之大幸,何得尚有华夷中外之分论哉![①]

三代以前所谓的蛮夷之地,今日看来已是华夏民族的重要版图。也就是说,即使是地理疆域意义上的夷夏概念,也会随着社会的发展而产生内涵的转变。更何况自清朝入关以来,开疆辟土,版图之内的所有地区、部落、民族俱为一体,同披恩泽,早已没有华夷、中外之别。

通过从文化、历史及地理层面对夷夏之辨概念展开反驳,雍正彻底否定了吕留良以夷夏之辨为基石的民族思想,他采用"以子之矛攻子之盾"方式,强调政权的合理合法与否,应当看它是否获得民众拥护、神灵认同,以及是否有"怀保万民,恩加四海"的政治作为,而不是仅仅以地域空间为唯一标准,以此为清廷政权的合理合法性寻找到有力的理据。但反驳吕留良的民族思想、论证政权合理性只是雍正诉诸笔端泼墨论辩的第一步,他必须找出一个更加有说服力的理论基础,来证明吕留良的夷夏之辨不仅是不合时宜的谬论,而且违背了基本的人伦道德。既然吕留良骂指蛮夷为禽兽,雍正便接过此话头,转而怒斥其推崇维护的华夏民族禽兽不如,他以清朝上承天命为由,展开逻辑推论:

> 且逆贼吕留良等以夷狄比于禽兽,未知上天厌弃内地无有德者,方眷命我外夷为内地主。若据逆贼等论,是中国之人皆禽兽不若矣,又何暇内中国而外夷狄乎?自晋乎?晋人乎?[②]

这大概是雍正对吕留良的讥骂所作的最直截了当地反击吧。显然,雍正的最终目的并不是要骂尽天下人为禽兽不如之辈,而是希望通过这种看似合乎逻

---

① 《吕留良诗文集》下册,第199页。
② 《吕留良诗文集》下册,第199页。

辑的文字游戏,让吕留良某些激烈的反清观点从根基上发生动摇。既然吕留良通过《论语》中孔子许管仲以仁的事例,推论出"民族大义大于君臣之伦"的华夷之辨的民族思想,雍正便以儒家五伦为基础,论证其"尽人伦则谓人"的观点。他说:

> 夫人之所以为人而异于禽兽者,以有此伦常之理也。故五伦谓之人伦,是阙一则不可谓之人矣。君臣居五伦之首,天下有无君之人而尚可谓之人乎? 人而怀无君之心,而尚不谓之禽兽乎? 尽人伦则谓人,灭天理则谓禽兽,非可因华夷而区别人禽也。且天命之以为君,而乃怀逆天之意,焉有不遭天之诛殛者乎?[①]

雍正首先申明人之异于禽兽者在于人有五伦纲常,且这些纲常伦理是天赋予人的,是谓天理,尽此五伦方可称之为人,反之则为禽兽。而君臣之伦是五伦之首,悖乱君臣之伦就是丧尽人伦天理。由此立论出发,雍正痛斥吕留良目无君主是不尽人伦天理的禽兽之行,进而以人禽之别反击夷夏之别。也就是说,雍正以人禽之别的概念替换了吕留良夷夏之辨的概念,强调了君臣之伦之于人之为人的决定性作用,实际上就是在强调君臣之伦中君权的至高无上。如此一来,对雍正以及整个大清王朝来说,既巩固了专制皇权的绝对权威,又能以此案为契机起到震慑朝野的警示作用,这才是雍正对曾静案施以"出奇料理"的真正目的。

纵观《大义觉迷录》中的六则上谕,雍正站在儒家传统的立场之上,引经据典,据理力争,其具有学理意义的论辩都是围绕吕留良的夷夏之辨展开的。客观而言,这样的辩驳是有力且符合逻辑的,虽然他占用了大量篇幅以情感发泄的方式攻击、谩骂吕留良是无君无父的禽兽,但这并不妨碍他援引《尚书》《诗经》等儒家经典文本作为自己的理论依据,利用儒家惯用的"德政""礼乐""天命"等概念,从政治、神灵和文化的角度为清朝政权的合理合法性搭建舆论平台,这样的辩驳足以撼动吕留良民族思想大旗的根基,进而否定他所谓"民族大义大于君臣之伦"的观点,最后将儒家传统五伦思想上升到"人之异于禽兽"的本质地位,判定吕留良悖逆君臣一伦是丧尽天良的禽兽之徒。从学理的角度而言,雍正的整个论辩是一个逻辑递进、抽丝剥茧的过程,或许即使吕留良在世,面对雍正的责难和批判,也要煞费一番心思。

然而,学理批判虽然能在一定程度上为雍正及清政府处理明清易代所遗

---

① 《吕留良诗文集》下册,第202-203页。

留下来的社会问题提供理论依据,但他诉诸权势与暴力的处理方式却无法从根源上消除流转于前朝遗民士大夫群体之间的家仇国恨,而这种遗恨是政权更迭的时代背景下真实的、必然的情感反应。对于吕留良这类文人遗士而言,在新朝中不断地回望和哀悼故国,是他们逃不掉的宿命,唯有如此,他们的余生才是有意义的。撇开学理层面的是非对错,雍正对吕留良理学思想的批判,恰恰是将吕留良思想萌生的社会历史背景有意地弱化和忽视了,取而代之的是对吕氏遗民身份的嘲讽乃至否认,"吕留良身为本朝诸生十余年之久矣,乃始幡然易虑,忽号为明之遗民。千古悖逆反复之人,有如是之怪诞无耻,可嗤可鄙者乎?"①也就是说,他并不打算从根源上以同情之了解的态度来平复这一群体内部普遍存在的排满情绪,反而大肆美化清军挥师入关、百姓生灵涂的事实。从处理曾静案的"出奇料理"逻辑来看,雍正的最终目的只有一个,那就是以暴力的方式凸显皇权的威严,将政统凌驾于学统道统之上,让天下的读书人在权力面前俯首称臣唯其所是。

　　纵观整个清朝的三百年统治,类似的文字狱数不胜数,而每次都是以皇权的狂欢与胜利结束。因此之故,一方面,当我们回过头重新审视雍正对吕留良的反驳时,虽然有义理层面的严肃讨论,但这部分内容篇幅极短,且有意忽略了易代这一至关重要的时代背景,而缺乏历史背景之考量的义理论辩,毫无疑问也就丧失了其最基本的说服力。除此之外,《大义觉迷录》中充斥着冗长的谩骂侮辱之辞,完全体现不出在位之君对学统、道统及士阶层应有的尊重。另一方面,吕留良以遗民的身份坚守道统,这是他作为儒者应尽的责任,如同刘宗周之绝食殉国,其本质是以精神力量传承并维护道的尊严。易代给整个社会带来的震荡和创伤是不可估量的,唯有吕留良这样的勇士能担起维挽斯道、抚慰人心的社会责任。综合以上两点,雍正在《大义觉迷录》中对吕留良的义理反驳就变得毫无价值可言,权力的熏陶以及猜忌的本性使他早已无法以纯粹学者的身份进行一场平等的、理性的学术对话,在他与吕留良的这场论辩中,只有君臣之尊卑、皇权之倾轧,而没有分毫对道的应有之尊重。因此,《大义觉迷录》的出现,本质上意味着清朝把持的政统向士人坚守的道统展开的强权霸凌,雍正针对吕留良极具民族精神的理学思想的学术辩论,其中的政治性远远大于学术性,在学术领域中的影响几乎可以忽略不计。

---

① 《吕留良诗文集》下册,第351页。

4.3　雍正与《驳吕留良四书讲义》

曾静案最终以吕门株连九族的苛毒惩处宣告结束,纵观整个案件的始末,吕留良作为一位已故四十多年的晚明清初大儒,既未曾见过投递谋逆书信的始作俑者曾静师徒,自然也未曾见过执政登基的雍正,然而他竟能通过文字著述的力量在其身后掀起如此浩大的波澜,足以证明雍正对此案的"出奇料理"在一定意义上的必然性。正如雍正评曾静与吕留良之过:

> 曾静之谤讪,由于误听流言,而吕留良则自出胸臆,造作妖妄。况曾静谬执中国夷狄之见,胸中妄起疑团,若不读吕留良之书,不见吕留良之议论蜂起,快心满意,亦必有所顾虑,而不敢见之文辞。是吕留良之罪大恶极,诚有较曾静更为倍甚者也。①

曾静既非生于明清易代的动荡时期,也未目睹清兵入关的亡国惨相,他的生活世界离战争、亡国已渐渐遥远。在曾静的现实生活中,最大的问题是贫穷,贫穷使他憎恨清朝政府,进而深契吕留良的反清思想。他孤注一掷地寄希望于清朝政权的垮台,以此改变自己的贫苦现状。而吕留良则是切身经历过亡国之殇,他的民族思想、反清言论深深地扎根于国破家亡的现实生活,其理学思想之养分直接来源于他的人生经历,是实实在在的自我之得。所以雍正对吕留良和曾静施以两种极端的处理方式,恰恰说明他准确地把握了二人思想境界之高下云泥。一方面,雍正十分清楚曾静骨子里只是毫无担当的懦弱之徒,对自己的统治不会产生丝毫威胁;另一方面也深知早已过世的吕留良才是他执政道路上真正的敌人,这位以明遗民自居的理学大家生前身后拥有众多的拥护者,学术文章在士子群体中的影响颇深,其高举的春秋大义、夷夏之防大旗无疑是撼动清朝统治根基的最大隐患。因此,只有彻底斩断吕留良思想传播之余孽,最大程度地扭转学术圈对他的尊崇态度,才是雍正对此案由浅至深、抽丝剥茧的最终目的,《大义觉迷录》就是直接产物。

原本,这起不同寻常的谋逆案以吕门惨遭屠戮、曾静师徒苟且偷生落下帷幕,但随后又出现了新的声音。雍正九年,翰林院编修顾成天奏称吕留良"所

---

① 《吕留良诗文集》下册,第358页。

著讲义、语录等书,粗浮浅鄙,毫无发明,徒一味咆哮,耸人观听"①,"仰请皇上特赐派员查阅,将吕留良书中剿袭儒先及议论悖谬,引据舛讹之处,一一根究原委,详细辨明"②。这个提议恰好迎合了皇帝对吕留良的忌恨心理,随即雍正下旨命朱轼、吴襄、方苞等人查阅吕留良的著作,编成《驳吕留良四书讲义》一书,"既请刊刻,遍颁学官"③,"俾远近寡识之士子不至溺于邪说"④。该书的行文体例是摘录吕留良流传于世的著作《四书讲义》与《四书语录》的部分条文,加以条分缕析,以图证明吕留良的观点之谬。对比《四书讲义》和《驳吕留良四书讲义》,前者是吕留良对朱熹《四书章句集注》的义理诠释和创新解读,是当时学子科考的必备书籍。后者则由当时清廷笼络的儒士群体执笔,目的是抨击吕留良在《四书讲义》中阐发的理学观点。也就是说,《驳吕留良四书讲义》是一部以批判吕留良理学思想为目的的官方书籍。

　　实际上,主持编修《驳吕留良四书讲义》的朱轼、吴襄、方苞等人均在理学上有所建树,方苞还曾受文字案牵连入狱,后因李光地极力营救才得以脱身。雍正安排名儒重臣参与编纂,目的就是借这些人在当时理学界的显重地位,让天下人都信服他对曾静案的处理方案。这些硕儒平素钻研学理,著书立说,对吕留良的批判间或有中肯可取之处,所以在《驳吕留良四书讲义》中,部分条文的反驳确实有理有据,在义理层面超越了吕氏的思想观点。但大部分条文则明显反驳无力,强词夺理,为批判而批判,读之甚为可笑。下文将就这两种情况分别举例,摘录原文并稍加评析,以考察这部具有官方背景、由名儒执笔的理学作品,究竟在何种程度上达到驳斥吕氏之目标,也可使雍正所谓"于著书者之为醇为疵,与驳书者之或是或非,悉听之天下之公论"⑤的立书初衷,在下文的原文节选和义理评析中得到真实且公允的展现。

　　首先,《驳吕留良四书讲义》中言之凿凿、超越吕氏之说。兹举两例,其一,《孟子·尽心上》:

　　　　孟子曰:"君子之于物也,爱之而弗仁,于民也,仁之而弗亲。亲亲而仁民,仁民而爱物。"⑥

---

①　朱轼等:《驳吕留良四书讲义》,清雍正间内府刻本,第1页。

②　《驳吕留良四书讲义》,第1页。

③　《雍正九年十二月十六日上谕》,《驳吕留良四书讲义》。

④　《雍正九年十二月十六日上谕》,《驳吕留良四书讲义》。

⑤　《雍正九年十二月十六日上谕》,《驳吕留良四书讲义》。

⑥　《孟子·尽心上》,《四书章句集注》,第363页。

吕留良《四书讲义》对此阐曰：

> 只理一分殊四字，自是天生如此，非圣人强为差排分别也，但看世间持斋放生之人，即使孝敬亲长，已自降其亲长与虫豸同等，不可以言孝敬矣，然持斋放生，则无不忤逆父母，争忮伯叔兄弟，刻薄宗族亲戚者，其立说颠倒，势所必然也。只平平实实，见得天地间上下流行，与圣人明伦制礼，那一件不是天理自然，不明《西铭》，说来必不能停当。①

《驳吕留良四书讲义》反驳曰：

> 持斋放生，虽非儒者之道，然圣人之于物，取之有时，用之有节，子钓而不纲，弋不射宿，何尝不存爱惜之心，持斋放生，亦有何大罪，果其人爱亲敬长，斯为善人矣。留良乃极其丑诋，谓即使爱亲敬长，已降其亲长如虫豸，颠倒是非，一至此乎。又谓持斋放生之人，无不忤逆父母，薄宗亲，此亦大谬不然，持斋放生之人，固未必尽为孝子悌弟，然何至无不忤父母薄宗亲，如留良言，将谓孝子悌弟，当与贪饕暴殄辈求之耶，留良深文酷诋，不顾义理之安，往往如此。②

吕留良素以尊朱辟王为己任，严辟佛老，对持斋放生的释氏行为极其反感。因此在解孟子的这段文字时，不免有态度偏激、以偏概全之嫌，以为天底下所有持斋放生之辈都是忤逆父兄之徒。朱轼等人的反驳，的确是对吕氏之言的中肯反驳，一语中的。但同时也应看到，吕留良辟佛是出于他对社会以及百姓生活的关怀，佛寺的大肆兴建劳民伤财，佛教放生、出家等行为违背人伦道德，最主要的是，佛教传播的背后还隐含着在当时相当敏感的夷夏色彩，而这一点是严守夷夏之防的吕留良最为在意的。

其二，《论语·学而》：

> 有子曰："信近于义，言可复也；恭近于礼，远耻辱也；因不失其亲，亦可宗也。"③

吕留良《四书讲义》论曰：

> 此节都在言行、交际尤悔极弊处，作傍理寡过之思，是降一步说，不是尽头道理。不则，义、礼如何云"近交亲"？如何云"不失"乎？故"可"字、

---

① 《下孟下》，《驳吕留良四书讲义》，第36页。
② 《下孟下》，《驳吕留良四书讲义》，第36-37页。
③ 《论语·学而》，《四书章句集注》，第52页。

"远"字、"亦可"字,从"近"字、"不失"字生来。而"近"与"不失"字,又从"信"、"恭"、"因"字生来。若将信、恭、因看得重大,下面便说不去。信,只指期约。恭,只指小节。因,只指踪迹。于最轻易忽处,能近而不失,自然可且远矣。①

朱轼等对此反驳道:

> 朱子曰近只是合。古人下字宽,故《集注》即以合其宜中其节为言,正欲人谨之又谨也。若拘本文近字不失字,谓不必几微无憾,作降一层看,则谬矣。陆陇其《松阳讲义》云:处世必求其尽当,犹恐多失。若先以仅可之念自处,其弊可胜道哉。留良号为尊朱,此等处实相悖谬。②

朱熹对此的注解:"此言人之言行交际,皆当谨之于始而虑其所终,不然,则因仍苟且之间,将有不胜其自失之悔者矣。"③吕留良从文字训诂的角度把经典原文剖开截断,逐字对应,认为信、恭、因之事不可看得过重,就是把朱熹所说的言行交际之始看轻了,没有把握朱熹谨始虑终之本意。朱轼等批判他拘泥于文字原意,把工夫始终强分轻重以视之,也正可由此看出朱熹注释儒家经典的格局之宏大宽厚,以及相较之下吕氏之稍显支离狭隘。

其次,《驳吕留良四书讲义》中以偏概全、避重就轻、无关宏旨之论,而吕氏之说有理有据、实具精义。这类反驳在朱轼等的驳书中屡见不鲜,读之实在难以使人信服此乃出自硕儒之笔端。亦兹举几例,《论语·述而》篇:

> 子疾病,子路请祷。子曰:"有诸?"子路对曰:"有之。《诔》曰:'祷尔于上下神祇。'"子曰:"丘之祷久矣。"④

吕留良阐释云:

> "丘之祷久矣"。即此见祷之有理,即此见祷之无益,即此见圣人之敬天持身旦明不失。其辞气之间,如春水方至,百川灌河,绝涧枯渠,无不充溢。古人云:"学者最要识得圣贤气象",试从理会来。⑤

朱轼等驳曰:

庄子云："秋水时至，百川灌河。"留良乃以秋为春，讹舛可笑。即朱子《诗传》于"蒹葭苍苍"章内引此二句，未尝易一字，留良岂亦未之读耶？[①]

吕留良以"春水方至，百川灌河"形容夫子气象之浩然充沛，虽借用庄子"秋水时至"之行文，却不拘泥文字本身而变用其文，于义理毫无减损。朱轼等以吕留良改庄子原句而妄加苛责，不在义理精义层面辩驳，反而着眼于文字的互通更易，是避重就轻的牵强之语，无非舍大取小、强为说辞。

《孟子·梁惠王》：

孟子见梁惠王。王曰："叟不远千里而来，亦将有以利吾国乎？"孟子对曰："王何必曰利？亦有仁义而已矣。"[②]

吕留良阐释道：

孔子多说仁，孟子提出"义"字，正为战国功利之说，沦浃人心，与今日讲禅悦、讲良知、讲经济者相似，推其极，只一自私自利之害。才说利便不义，不义便不仁，此事古今人兽邪正之关也。[③]

朱轼等驳之曰：

程子曰："孔子言仁，未尝兼言义，独于《易传》曰：'立人之道，曰仁与义。'而孟子言仁，必以义配，可谓有功于圣门矣。"留良剽窃此意，变文曰孔子多言仁，孟子提出义字云云。一若千古无人说义，直俟孟子提出者。又若千古无人知言义自孟子始，直待留良看出者。异哉！至以禅悦良知比之战国之功利，拟议不于其伦，夫谁信之？[④]

孔子多言仁，一部《论语》将仁字讲的透彻，孟子上承孔子之仁，从仁中提出义来，就是目睹了战国以利为利、仁义尽失的社会问题，所以吕留良首句之说的确在理。且吕留良生平以发扬程朱理学为己任，于程朱之说信仰有加，对孟子重义轻利之说的深度阐发，同样是目睹了社会中见利忘义、仁义尽失的病症，以及佛老之说、良知之说泛滥成灾的现状。若以吕留良重申孔孟仁义之说，便痛斥其为蹈袭圣人以自居，岂非骂尽古今天下所有倡导圣学之有识之士？

《论语·宪问》：

---

① 《上论下》，《驳吕留良四书讲义》，第 28 页。
② 《孟子·梁惠王上》，《四书章句集注》，第 201 页。
③ 《上孟上》，《驳吕留良四书讲义》，第 1 页。
④ 《上孟上》，《驳吕留良四书讲义》，第 1 页

子路曰:"桓公杀公子纠,召忽死之,管仲不死。"曰:"未仁乎?"子曰: "桓公九合诸侯,不以兵车,管仲之力也。如其仁!如其仁!"①

吕留良阐释曰:

春秋时,凡公子皆各有传,有变难则其傅与臣仆奉之出亡,例也。亡公子在外,各求纳其傅,与臣仆竭忠为之谋入,亦例也。②

朱轼等驳之曰:

其傅与臣仆虽各忠其主,然亦须论道理。苟非当立,则宜安分,岂有例也?③

又《论语·宪问》:

子贡曰:"管仲非仁者与?桓公杀公子纠,不能死,又相之。"子曰:"管仲相桓公,霸诸侯,一匡天下,民到于今受其赐。微管仲,吾其披发左衽矣。"④

吕留良阐释曰:

一部《春秋》大义,尤有大于君臣之伦,为域中第一事者,故管仲可以不死耳。原是论节气之大小,不是重功名也。⑤

朱轼等驳之曰:

域中之义莫大于君臣,孔子所以嘉管仲之功,而不责以匹夫之小谅者,正为君臣之大义也。朱子曰楚地最广,极强大,齐晋若不更霸,楚必吞周而有天下,盖自熊渠得江汉间民和,首弃周天子之命号,而立其三子皆为王。至于熊通,并吞小国,汉阳诸姬,楚实尽之,宣王中兴,虽复文武之境土,而终不能服楚也。至于熊赀开地千里,灭郑败蔡而执其君。至于熊頵,既服陈蔡数加兵于郑,盖陈蔡畿南之藩蔽,而郑则畿内之懿亲,周之东迁,所依以立国也。观其情势,郑服之后,不至于吞周以并诸夏不止。自管仲相桓公,抚循鲁宋陈卫曹许,数合诸侯,以致勤于郑,经营二十余年,

---

① 《论语·宪问》,《四书章句集注》,第153页。
② 《下论》,《驳吕留良四书讲义》,第24页。
③ 《下论》,《驳吕留良四书讲义》,第24页。
④ 《论语·宪问》,《四书章句集注》,第153页。
⑤ 《下论》,《驳吕留良四书讲义》,第24页。

然后声罪致讨于陉亭,楚人帖服受盟,于是天下诸侯,皆凛然知天子之尊,王禁明儿王臣不下聘者六十年,侯度肃而诸侯无私争者三十载。其后晋文继起,踵桓之事,因以勤王号召诸侯,君臣之大义,复明于天下。孔子所谓一匡天下,民到于今受其赐者,此也。且管仲子纠之傅耳,诸侯之群公子皆有傅,公子之傅之私义,其不敌天下之君臣之大义明矣。孔子嘉管仲之功,正所以伸君臣之大义也,而留良乃云更有大于君臣者,岂非讝语。①

上举两例都是《论语》中孔子师生对"管仲不死公子纠"之评判,后来成为一桩著名的历史公案。孔子对管仲的评价极高,当其时,道之不行也久矣,周王室面临诸侯纷乱、夷狄觊觎的内忧外患,夫子删诗定礼而作《春秋》,推重夷夏之防,对管仲相桓公、平定诸侯、匡正天下之功大加赞赏,并感叹"微管仲,吾其披发左衽"。而留良之时,明室坍圮,夷族入主中原,严守遗民矩矱的他对民族大义、夷夏之防感受更为深刻。因此在阐释《论语》管仲章节时,吕留良继承并发明了夫子特重夷夏之防的观点,提出"民族大义大于君臣之伦"的观点。朱轼等则以"域中之义莫大于君臣"反驳吕氏之说,不仅没有深入吕氏观点内部予以理性回击,反而把自己曲意逢迎、诐媚阿谀的媚主姿态表现得淋漓尽致。且在摘录吕留良《四书讲义》中相关评述时,刻意选择片面主观性的文字,而于吕氏释孔夫子之言、倡扬春秋大义的文字略而不论,这种带有明显偏见性的论学态度正可见朱轼等人强为辩驳的心虚之实。更重要的是,朱轼等人在阐释夫子何以许管仲以仁时,竟不顾孔夫子"微管仲,吾其披发左衽"的夷夏之防的观念,以及朱熹"盖管仲虽未得为仁人,而其利泽及人,则有仁之功矣"②的注解,硬生生把管仲相桓公而不死公子纠的原因归于君臣之大义。甚至曲解春秋时期诸侯国的形势,把孔夫子"一匡天下"的内涵解释为"君臣之大义,复明于天下",全然抛开了朱熹"尊周室,攘夷狄,皆所以正天下也"的原义。由此可见,朱轼等人虽为清初思想界之大儒,却慑于君威,于孔孟程朱之说颇有违背,拙劣的辩论手段、苟合取容的干禄之切可见一斑。

由此,《驳吕留良四书讲义》一书的实质及价值便可清楚明了,它是雍正皇帝为稳固清朝政权之稳定、加强思想管控、以正视听而主持编纂的政治性书籍,虽然其中内容是硕儒执笔的义理辩论,但义理层面有学术价值的阐述并不多见,而政治目的却昭然若揭。然吕留良是一名极其虔诚的尊朱学者,他的理学思想以程朱理学为起点,以复兴发扬清初的程朱理学为归宿,因此其《四书

---

① 《下论》,《驳吕留良四书讲义》,第24—25页。

② 《论语·宪问》,《四书章句集注》,第153页。

讲义》中的思想观点是对程朱理学的积极继承和创新性发扬,绝对不会出现违背程朱正统思想的观点,正如他自己所言:"凡朱子之书,有大醇而无小疵,当笃信死守,而不可妄置疑凿于其间。"①但朱轼等人奉清帝之命,为了消除吕留良在清初士子群体中的影响力,不惜以笔为戈讨伐这位学识深厚的理学大儒,甚至歪曲义理、错解儒家经典文本,对吕留良笔诛墨伐、侮辱谩骂,这种打着学术论辩旗号的攻击与中伤,不但是对吕留良及其学术成就的不公正对待,亦是对传承了近两千年的儒家传统文化信仰之背弃,更是朱轼、顾天成等所谓儒士曲意逢迎的不自尊之表现。《四库大辞典》评价该书:"唯朱子论一事,辨一理,往往有前后异说者,驳者乃撷拾以为创获,不知早为留良所吐弃。然对词句的失检,考据的偶疏,也非无一二有合,惟大都肤浅。是书所驳多牵强附会,但词气和平。"②实属中肯。今天,当我们力图以公正的立场重新审视历史时,不难发现,吕留良生前坚守的严于义利之辨的立身处命之道,以及遗民道德之下对民族精神、夷夏之防的高扬,恰恰在四十多年后的这场横祸中得到彻底的印证。雍正关于曾静案的"出奇料理",朱轼等人的媚主干禄以及《驳吕留良四书讲义》的出现,处处都在从相反的价值维度上凸显着吕留良个人人格魅力之高洁及其对传承程朱理学贡献之巨大。总之,《驳吕留良四书讲义》一书对吕留良的理学思想并未造成实质性影响,它的出现体现了清政府对思想领域的严厉管控,以及知识分子在高压文化政策下渐失人格独立性的悲剧事实。

4.4　评议

与所有王朝建立之初面临政权合理性的质疑一样,清初统治者亟待解决的问题也是政权合理性问题,并且清朝"满夷"的身份使得这一问题更加急迫。顺治、康熙两代帝王以强硬措施与怀柔手段并举,通过开博学鸿儒科,吸收人才、招揽遗民,一定程度上确立了清廷政权的合法性与合理性。到了雍正王朝,政权合理性危机已经得到有效缓和,但雍正面临的另一个问题是,他自己皇位继承的正当性受到了质疑,并且这些质疑的声音已经对他的皇权统治产生了威胁。从曾静案的发生与演变,到雍正的"出奇料理",到《大义觉迷录》和《驳吕留良四书讲义》的出现,我们有理由相信,这场震惊朝野的文字狱,是雍

---

①　《吕留良全集》第一册,第 1 页。
②　李学勤,吕文郁主编:《四库大辞典》上册,吉林大学出版社 1996 年版,第 599 页。

正为彻底解决清廷政权合法性以及皇位继承合法性问题而自导自演的一出大戏。在这出戏里，曾静的出台有其必然性，因为他完全符合雍正心中的角色形象——贫穷、懦弱，又识得几个字，最主要的是，他还读过前朝遗老吕留良的文章，辨得些华夷之辨、民族大义的道理。这就为雍正借曾静之口辩驳甚至唾骂以吕留良为代表的反清遗民，肃清朝野反清士人搭建起一个完美的舞台。

作为帝王的雍正深谙权术门道，在曾静案的处理上可谓巧出奇计。《大义觉迷录》的出现，是雍正从政治层面上使出的第一把利剑，他让罪魁祸首曾静以迷途知返的形象游走于民间社会，替他现身说法，控诉吕留良的思想蛊惑，并对当今圣上的仁慈宽恩歌功颂德。如此一来，山野村夫会认为他们的皇帝果真是一位有仁德仁心的好皇帝，识字秀才则从曾静头上看到那随时会掉下的隐形刀刃，引以为戒，安守本分。而《驳吕留良四书讲义》则是雍正从学术层面上使出的第二把利剑，他召集朱轼、方苞等一帮在当时有声誉地位的理学儒士，命令他们对吕留良抒发反清思想的《四书讲义》一书进行义理的辩难，试图从根源上否定吕留良民族精神的合理性，进而抹煞吕留良的学术涵养，否定他的学术地位，清除他在学子群体中的影响力。

而在惩罚已故吕留良的方式，则彻底暴露了雍正残暴不仁、阴险毒辣的本性。他下令将这位已经逝世四十多年的理学大家掘墓并枭首鞭尸，吕家尚在世者或斩首或流放，家族上下无一人幸免，家破人亡，惨不堪言。仅因生前感时而发的思想言论，竟在死后成为横遭巨祸的把柄，这对当时士人群体的心理打击是无以复加的。雍正前前后后采取的这些惩罚措施，无视作为明遗儒士的吕留良身处的易代之历史背景，无视吕留良理学内涵的正确性及其对程朱理学的传承之功，更无视曾静案之真相以及民意之走向，执意要将其导演成一场声势浩大、令人闻风丧胆的谋逆案，大加渲染，大肆捕杀。从本质上来说，就是清朝统治者对儒家传统文化进行的一次惨无人道的文化灭绝和文明伤害，是对儒家知识分子的一次惨无人道的人格践踏，由此引发的后果和意义也是深刻的。

文化方面，雍正的出奇料理和残暴手段让知识分子对自己的生存境遇开始担忧，整个学术界笼罩在一片恐怖的氛围之中，没有人再敢提吕留良，更没有人再敢发道统统摄政统的言论，政统兼并了道统，形成政尊道卑的局面，而文风也由此彻底转变。因为文字狱的大兴，士人畏惧在理学义理层面的发明，理学的内涵发展几乎停滞。尤其是乾隆继位之后，一改雍正的策略，下令将吕留良相关著作书籍全部禁毁，停讲《大义觉迷录》收回该书，并以此为契机改革文风。乾隆三年，乾隆皇帝训示士子曰："士人以品行为先，学问以经义为重……治一经必深一经之蕴，以此发为文辞，自然醇正典雅。若因陋就简，祇记诵陈腐时文百余篇，以为戈取科名之具，则士之学已荒，士之品已卑矣。"①显然，乾隆抬高五经的地位使之高于四书，亦是深知儒家讲学之风不利于他的政治统治之稳定，因此他公开支持考据，尊尚汉学。这样一来，在文字狱恐怖氛围的笼罩下，以及清廷刻意尊经学抑理学的政策导向下，清朝学风由理学逐渐转向考据学，而这种学风的转变一定程度上意味着整个学术界自由的丧失以及专制的加强。

政治方面，从当时来说，雍正通过对曾静案的深入解剖，从儒家传统观念切入，对吕留良的华夷之辨、君臣之伦等反清言论展开了有条理性的辩驳，一定程度上实现了他消除清廷政权合法性危机的目的。并且针对当时坊间流传其"谋父逼母""弑兄屠弟""贪财好杀""酗酒淫色""怀疑诛忠""好谀任佞"等传言一一反驳，申明自己皇位继承的合法性。也就是说，雍正在关于清廷政权以及自我皇位合法性的问题上都达到了他预期的目标，政权和皇位继承权得到承认，社会也日益实现稳定有序。但是从长远来看，清朝统治者为维护政权的稳定，不惜多次发动文字狱，这在历朝历代亦属罕见。自古失道者必不久治，清廷导演的一场场文化灭绝活动也为其日后之覆灭埋下了种子，民族矛盾只是被暂时地压制，迟早会迎来一场大爆发。清末民初的反清人士便是在以吕留良为代表的明遗人士的民族大义号召下，提出诸如"驱除鞑虏，恢复中华"一类的反清口号，彻底推翻了清政府的统治政权。

总之，曾静案的发生是必然的，这种必然性归根结底在于清廷政权合法性危机的紧迫性。纵观整个案件的始末，清朝统治者为了消解满夷立场造成的政权危机，证明清廷对华夏文明已经实现了继承，以一桩小小的投书谋逆案为契机，把严于华夷之辨的吕留良从历史上拉出来与之辩论，并对之处以极刑。其采取的手段和方式恰恰成为其实现目标的最大障碍，这种对思想的蹂躏以及对士人人格的践踏，造成了有清一代士人长期处于"失语"②状态。由此对清代的学术风气产生了很大的消极影响，士人慑于皇权淫威不敢发表自由言论，只能埋首故纸堆，淡漠现实而关注古典。在皇权的高压钳制下，他们丧失了对真理的掌控权和解释权，也就丧失了制约皇权、指导社会的政治能力，这是清代士人无法避免的悲剧。

---

　①　《清高宗实录》卷七十九，乾隆三年十月辛丑条。

　②　由葛兆光在《中国思想史》中提出，具体阐释见本文第二章第一节《选择与拒斥——遗民生活方式的两难》。

5 结语与评估

5.1 吕留良理学思想的特征

特殊的历史环境造就特殊的人文关怀，而深具时代烙印的人文关怀通过知识分子的文字著述，向后人诉说着彼时普遍存在的心理困顿、挣扎与期待，与此同时，这个时代的来路与归途以及所面临的社会矛盾也在这些讲述中得以舒展重现。或许吕留良的文字不是最动人的，他的声誉和影响力也早已被历史的浪潮无情地湮没。但作为明清之际的遗老，吕留良亲历山河崩塌、异族入侵之殇，为图复国，毁家纾难奔走山野之间，后失意归卧乡间著书立说，拒应清廷之召，他的一生，是易代知识分子典型的一生。吕留良关于程朱理学的许多创见源自于他对现实社会的反省和感悟，更可敬的是他敢于且坚持在新朝紧张的政治环境下将这些切身感悟以某种方式表达传播出来，并对新一代的士子群体施以影响，而能做到这点的儒者寥寥可数，从这个角度而言，他的理学思想在学术以及社会层面皆具相当的价值。如果对吕留良理学思想的基本特征进行宏观地梳理，不难发现他的思想既是立足于整个时代背景具有相当地普遍性，又结合其心路历程而凸显出自身的独特性，他的理学思想是个人与时代对话的产物。下面将梳理出吕留良理学思想的五个基本特征，以便能够对他的理学体系形成一个更加直观地、完整地理解与把握。

第一，在明末清初朱王调和的主流思潮冲击下，坚守尊朱辟王的学术尊尚。尊朱辟王是吕留良一贯坚持的基本治学立场，对于这一点他从未动摇，他对朱熹的推崇敬仰之情在其著作、书信中随处可见：

> 某平生无他识，自初读书即笃信朱子之说，至于今老而病且将死矣，

终不敢有毫发之疑，真所谓宾宾然守一先生之言者也。①

　　某窃不揣，谓救正之道，必从朱子；求朱子之学，必于《近思录》始。又窃谓朱子于先儒所定圣人例内，的是头等圣人，不落第二等；又窃谓凡朱子之书，有大醇而无小疵，当笃信死守，而不可妄置疑凿于其间。②

　　某南村之鄙人也，至愚极陋，未尝学问。幼独朱子《集注》而笃信之，因朱子而知信周程，因程朱而知信孔孟，故与友人言，必举朱子为断，友人遂谬以为好理学者，其实未尝有闻也。朱子所谓使人一日见其面目，听其辞气，察其所为，则冗然一庸人耳，其不唾而弃之者几希。③

吕留良对朱熹的敬仰之情是发自肺腑的，他视朱熹为头等圣人，视程朱理学为终生坚守、至死不渝的圣学，可以说在他的世界里，朱熹已经是一个超凡入圣的存在了。也正因如此，为了维护心中的信仰，吕留良对与程朱理学相悖的观点言论一概斥之，他痛骂蛊惑人心的异端邪说，不遗余力地抨击佛老之学，把江西顿悟、永嘉事功、眉山权术视为儒学的败类，为的是廓清正统和异端的对立。其中，吕留良着力最深的当是对王阳明良知心学的驳斥，所以在当时的理学界，吕留良是一个古板而严肃的"尊朱辟王"的卫道夫形象。虽然他自己曾对"辟王"的标签作过解释和反驳，认为自己"尊朱则有之，攻王则未也"④，但他也承认"凡天下辨道理、阐绝学，而有一不合于朱子者，则不惜辞而辟之耳，盖不独一王学也，王其尤著者耳"⑤。所以，以"尊朱辟王"总结吕留良的理学立场亦属中肯。

　　但是，吕留良把程朱理学作为自己思想的基点，并在此之上对具体精义内涵作创新性阐发时，观点上偶显王学之痕迹。如第二章中吕留良对《中庸》"止至善"的义理诠释，既继承了朱子学的观点，强调"格物致知"，认为至善天理需要通过具体的格物工夫才能获得；又吸收了王阳明的观点，承认天理发于具体事物的过程，同时也是天理实现和表达其自身的过程。两者的结合，使得"止至善"之内涵更加圆融。这种糅合朱熹与王阳明思想的做法，在他的著作里虽并不多见，且往往不露痕迹，但通过对具体内容的条分缕析，依然能从中找到折中的线索。事实上，明清之际的主流思潮便是朱王调和，其中既包括经由王

---

① 《吕留良全集》第一册，第 23 页。
② 《吕留良全集》第一册，第 1 页。
③ 《吕留良全集》第一册，第 13 页。
④ 《吕留良全集》第一册，第 23 页。
⑤ 《吕留良全集》第一册，第 23 页。

学而产生的新朱子学的东林学派,也包括经由朱子学而产生的新王学的蕺山学派。无论是朱子学者还是阳明学者,他们的目的都是希望汲取双方的思想精髓,以批判地继承的方式为朱子学和王学注入新的生命力。对于吕留良而言,复兴朱子学是他的毕生夙愿,受主流思潮的影响,他在倡导发扬朱子学的同时吸收王学的思想养料,使朱子学能够更好地适应时代发展的需要,完全是可行的。并且,鉴于吕留良对朱子学的信仰之笃实,我更倾向于他是以一种主动的心态来进行朱王之融合,毕竟这样能更顺应时势地发展程朱理学。纵使他时时标榜自己的尊朱立场,也大力阐发批判王学的言论,但这并不妨害他在具体内容上对王学的吸收与调和,当然,这些调和的目的毫无疑问指向朱学思想精义的丰富与扩充,也不出意外地以更为隐微的方式进行着。

第二,注重道德践履,倡导经世致用。道德践履向来为儒家所重视,学、问、思、辨最终是要落实到行动中去,孔子以"仁"教导学生,强调以躬行为本,从来只叫学生从实际生活中做去,不谈空理大话。只是后来经由宋代理学家们的继承和改造,儒学才发展为一套以理气、体用、心性、性情等范畴为核心的涵盖了本体论、人性论、认识论与方法论的新儒学思想。这些范畴系统经过晚明心学的继承发明,直接导致了空谈义理、不务实学的儒学困境,理学家们在概念与概念之间空虚流转,毫不关心社会现实。尤其是在晚明狂妄空疏之风的荼毒之下,士人既谈不上修养性命、安身立命的内圣,更谈不上泽披四海、兼济天下的外王。而明亡的史实客观上将这种华而不实的风气推上了风口浪尖,越来越多人觉醒并自觉担起挽救世道人心之责。吕留良在其理学思想的阐述中,对打着儒学旗号、言行不一的伪君子之流深恶痛绝,他痛骂仕元的许衡、吴澄做了程朱理学的罪人,开了后儒失节的先河,强调士人的首要任务是严辨出处去就,修身正己、立稳脚跟。同时,在日常的工夫实践中,以矫正士风学风、匡扶人心为使命,以评选时文的方式改造科举程式化的朱子学,试图恢复朱子学作为明理达道的圣学地位。吕留良所诠释的朱子学具有强烈的现实意义和社会关怀,他从天道性命的义理概念中跳脱出来,着眼于现实社会问题,倡导易代之际的士人应当以重气节、尚名检作为自处的原则。同时,针对动荡之后处于转型时期的清初社会秩序之重建提出了相应的建议,倡导兴学校、举保甲制、恢复封建井田制,以及具有民本色彩的君臣观。他的朱子学思想既不同于有明以来沦为利禄之途的程朱理学,亦有别于清初逐渐走向官方僵化的朱子学,而是结合了天命更革之时儒士的心理困顿以及社会秩序的失衡,以解决社会人心困境为目的所阐发的新朱子学思想。

第三,严于义利之辨,坚持贵义贱利。从孟子的"舍生取义"到陆九渊白鹿洞书院"义利之辨",到晚明"义利相融"的思想潮流,义利之辨是儒家自古以来经久不衰的论题。通常在了解某一思想家的哲学体系时,不妨将他的义利观视为基石,在此基础上把他关于心性修养、社会关怀、人生境界等方面的独特见解联结成一个完整的体系,这样更便于形成对其思想体系的整体理解与宏观把握。同理,在吕留良的思想体系中,从他关于义利关系的言说,可以清晰地看到他对社会风气和政治失序的批判与揭露。明清之际,随着商品经济的萌芽以及具有庶民性特征的阳明心学的蓬勃发展,"义利并重""义利相合"的新义利观成为社会的主流观点,甚至已经矫枉过正,把儒家思想核心的"义"变成"利"的附属品。对此,吕留良深恶痛绝,他坚守儒家贵义贱利的传统观念,以公私之心明辨义利之别,就是为了扭转新义利观之下社会普遍存在的以利为基本价值取向的蝇营狗苟之风。更进一步,吕留良从公与私、义与利着手,对当时的政治统治展开了激烈地批判,并且批判的对象由统治者、君主转向所有为官者,所以在他的著作里,充斥着对人臣追名逐利行为的讽刺和唾骂:

> 后世人臣,只多与十万缗塞破屋子,便称身荷国恩矣,谏行言听,膏泽下民,与彼却无干涉。[1]

> 后世人臣,本自无道,但从利禄起见,安得不为谐媚之言?谐媚似乎极恭,不知其下者欺罔行私,其上者以智术相笼络,正不恭之甚者也。[2]

虽然儒家向来有批判君主失德的传统,但像吕留良这样把批判的对象扩展到包括君臣在内的整个统治阶级,实属难能可贵。从这点来说,他的义利之辨不仅是对当时主流义利观的抗衡,更是他阐发自己独特的政治批判理念的立脚点,他严辨公私、义利的背后承载着对整个社会如何重归有序状态的忧虑与关怀。

第四,寄托民族情怀,坚守夷夏之防。因为亲身经历了夷族入侵中原、华夏民族生灵涂炭的亡国之殇,吕留良对夷夏之防有刻骨铭心的体会,这些人生体会毫无疑问地投射到他的理学阐述之中。从现存的作品中,我们能看到他激扬阐发春秋大义的观念,其中宣扬的"民族大义大于君臣之伦"之号召对当时及后来的读书人反抗清政府的专制统治产生了深远的影响。纵观吕留良的整个理学体系,他以"尊朱辟王"为基本立场,规劝儒者应在出处去就之人生选择中坚守节操,以义利之辨为思想武器怒斥见利忘义的伪君子以及苟合取容

---

① 《吕留良全集》第六册,第 627 页。
② 《吕留良全集》第六册,第 607 页。

的人臣,所有这些思想学说和行动实践的真正对话者并非普通老百姓,也不是当权的清朝统治者,而是和他一样骨子里流淌着华夏民族血液、深谙孔子之春秋大义、对社会秩序及百姓生活心怀使命感的士。换句话说,吕留良的朱子学思想是立足于民族危亡的现实,而他竭尽所能复兴的朱子学,也是经过他对经典的重新解读、具有鲜明民族精神和夷夏之防的新朱子学,其根本目的是要唤醒儒者心中对国家民族的责任感。总之,吕留良在继承发扬朱子学思想的同时,充分结合了当前社会存在的民族问题,将儒家传统的华夷之辨重新拉回到士人的视线范畴,故而弘扬民族精神、坚守夷夏之防是吕留良发扬程朱理学最直接且现实的目的,也是其理学思想的一个最显著特征。

第五,坚持不渝的战斗姿态与批判精神。对现实社会种种现象的不满和批判是吕留良著作中的一大特色,这与他早年经历亡国之痛以及抗清救国之举是分不开的,飘摇动荡的社会现状造就了他兀傲纵恣的狂狷个性。明亡以后,吕留良痛定思痛,积极反思整个国家、民族病痛的症结所在。他批判阳明心学是阳儒阴释的邪说,以至于乡愿之学、佛老之学、辞章之学、功利作用之学在他笔下无一不是有愧于世道人心的异端邪说。为了扭转士风学风,吕留良对士人的文化活动展开了猛烈地抨击,他反对晚明以来结社讲学的社会风气,把讲学与明亡联系起来,对空谈心性义理、不问现实国家事务的空疏学风大加讽刺,提倡躬身践履的务实作风。同时,在遗民道德紧张、新朝政治压迫严峻的环境下,高举义不仕清的大旗,并警戒学者要牢牢把守出处、辞受之关口,牢记夷夏之防的春秋大义,对坚守气节者毫不吝啬夸耀之辞,同样对晚节不终者亦病加贬斥。他就像一个不知疲倦的圣斗士,敢于对一切不合礼法、有违圣学之事说不,他所拒斥和批判的,归根结底是旧有的文化生活方式,而他要提倡的是一种经由反思而达到更加朴素的、严谨的、平实的新文化风习。吕留良把对现实社会所有的愤懑不满融进自己的思想体系中去,经他阐释的朱子学是鲜活的、充满生命力的,同时也是极具战斗力的,能够毫不掩饰地直戳人心症结之所在,扭转虚浮,回归平实。

吕留良的理学思想特征与明清之际根本的社会矛盾密不可分,当其时,满夷取代汉族的政治统治权,于知识分子而言无异于天崩地裂、乾坤颠倒,蒙披国难之现实成为支配并影响其学问以及生活的核心因素,他们的日常行为、思想著述、交友活动都被时刻笼罩在这层阴影之中。考察吕留良的全部生活世界和精神世界,可以明确的一点是,他的所有文化生活之展开都无法逃脱"明亡"这一基本语境。他把明亡之祸的原因归咎于心学,指责心学"颠倒戾妄,悍然信心自足,陷人于禽兽非类而不知其可悲"①,故而有"尊朱辟王"之学术批判。他目睹向清廷俯首帖耳、趋炎附势的失节之流,便规劝他们应在出处、去就之选择上坚守立场、划定界限。他看尽了官场之上争名夺利、百姓民力凋敝的社会现状,以儒家传统的义利之辨向统治阶层施以压力。最关键的是,结合明清更替的残酷现实对孔夫子内诸夏而外夷狄的思想主张进行深度阐述,明确提出"夷夏之防大于君臣之义",敲响民族大义、夷夏之防的时代警钟。在毕生的治学生涯中,吕留良时刻牢守程朱理学之壁垒,躬身践履以身作则,践行着复兴传播朱子学的学术使命。他的理学体系就像是为时代开具的一剂良药,折射出易代之际士人群体困顿、无望、沉痛的生存状态,也反映了他对社会和时代的困境所作的深刻反思,以及通过对朱子学的创新阐释,对当时社会人心之病痛所作的救治与抚慰。

5.2　吕留良的思想史定位

今天,当我们重新回过头来审视这位明末清初理学家时,却发现学界对他的思想价值之评估仍未达到系统而全面的认知水平。人们的目光始终停留在"八股选家""民族思想家"等固有标签上,而对他的理学成就缺乏必要的关注和认可。然而事实是,作为明清之际的学者,吕留良的许多行为选择折射出他对整个社会存在的困境的认知及反思,而这些认知和反思的行为背后是由其内在的哲学理念所主导,一个有自觉反思意识的主体,其身心、体用必定是内在的统一的。纵观吕留良的一生,他对时文评选事业的坚持不懈,对遗民道德的彰显与坚守,必定与他内心所立之大本相为表里,这个大本,就是他对朱子学笃实的信仰根基。进而言之,他之所以敬仰朱子学,亦源于他对当时异族入侵、山河崩塌之现状的反思。因此,想要对吕留良的思想史价值形成一种客观而恰当的认识,既要时时警惕出现以忽略明清易代及其遗民身份的片面立场对其作出的不恰当评判,也要澄清一直以来由于忽略其核心理学思想、只见其显像行为而产生的片面认识。

基于这种考虑,首先要纠正学界一直以来对吕留良时文选家身份的讥讽态度。不可否认的是,无论吕留良评选时文的初衷为何,他花费大量精力评选八股文的事实是客观存在的,且他本人亦因从事这项工作而受到以晋身仕途

---

① 《吕留良全集》第一册,第 69 页。

为目的的学子群体的追捧,那么他的选家身份备受学界之诟病便是可以理解的。虽然吕留良明确表示时文点评的深层目的是借此来阐发程朱理学思想、倡明圣贤之道,但正如老友张履祥对他的规劝一般,"凤凰翔于千仞,何心下视腐鼠;隋侯之珠,不忍于弹鸟雀"①。评选时文就像腐鼠、鸟雀,有玩物丧志、空驰日月之害,真正有志于道学的儒士不应沉溺其中。因此,片面单一地就时文之事论事,则始终会存在褒贬不一的看法。但是,如果我们把明清易代之背景考虑进去,加之吕留良年少时有举兵抗清、力图复明的经历,那么时文评选的选择背后就不单单是明圣道、正人心这么简单了。从现存的作品可以发现,吕留良在深受学子群体追捧的时文选本中,大肆宣扬"华夷之辨大于君臣之义"的政治主张。如果说"时文可以明道"是他投身评选八股文的学术目的,那么宣扬反清思想、号召抗清复国便是他隐于学术之下的政治目的,且政治目的比学术目的更加迫切而紧要。毕竟随着清廷统治的日益稳固,战乱时期的民族高压政策也有所调整,民族矛盾逐渐缓和,大部分知识分子放下排满情绪,开始向清廷靠拢,而青年学子群体大多并未亲身经历易代的沉重伤痛,他们的遗忘与接受发生得更快。显然,吕留良是希望以学术为介,笼络号召青年学子,向他们灌输种族思想,以俟匡复故明天下,只可惜明朝大势已去,复明之梦终究破灭了。不过,这种寓政治抱负于授文传道的做法却经住了历史的考验,四十多年后,湖南人曾静踏上反清道路,便是直接受吕留良反清民族思想的影响。所以,单纯地把吕留良归为"时文选家"之列,以其选家之名掩盖其理学成就之实,或对其以时文明道的做法予以单一地赞赏或抨击,都是片面曲解了吕留良从事时文评选事业的良苦用心。只有结合明清易代对明遗一代带来的惨烈之痛,才能清楚吕留良此举最迫切的目的是借八股文之力量宣扬民族大义之精神,唤醒青年学子对夷夏之防的深刻认知,以图号召志同道合之士兴反清复明之大业。概言之,吕留良秉承着救正斯道、维挽人心、抗清复国的学术担当和历史责任,甘愿忍受外界的猜疑与讥讽,行人之所不能行之事,他坚持"时文选家"的身份是对迂腐之见的奋力反抗,更是对民族救亡之责的积极承担。虽道阻且长,亦无悔前行。

其次是吕留良的学理选择和学术地位。由于雍正时期曾静案的影响,吕留良在理学上达到的成就和造诣在有清一代被有意地弱化甚至忽视,人们更多地把他视为粗鄙浅薄的时文家、书贾,这无疑与史实不符。雍正《大义觉迷录》中提到:"如近日总督李卫,为大臣中公正刚直之人,亦于到任之时,循沿往

---

① 《与吕用晦》,《杨园先生全集》卷七,第 197 页。

例,不得不为之赠送祠堂匾额。"①向吕氏家族赠送匾额竟成为历任浙江总督的旧例,且吕留良生前晚年屡次被浙省举荐为博学鸿辞及山林隐逸,这些至少说明他在清初学界是占据一席之地的。可惜文字狱后,吕留良的著作书籍被全面禁毁,人人"谈吕色变",能够听到看到的评价无外乎是媚主之徒对吕氏的诋毁抹煞之言。就连晚清问世的《清儒学案》评吕留良之学行亦偏激失实:"晚村生平承明季讲学结习,骛于声誉,弟子著籍甚多。又工于时文,《竿木集》之刻,当日已为凌渝安所讥。杨园初应其招,秀水徐善敬可遗书相规,谓兹非僻静之地,恐非所宜,其语亦载在《见闻录》中。全谢山记其初师南雷,因争购祁氏澹生堂书,遂削弟子籍。屏陆、王而专尊程、朱,亦由是起。可见名心未净,终贾奇祸。"②寥寥数语已显三个有悖事实的谬误,包括工于时文,与黄宗羲反目成仇,以及"名心未净,终贾奇祸",这些谬误在前文的铺陈中早已澄清。可见"曾静案"后学界对吕留良这一历史人物的认知已然产生严重的偏见误解。事实上,从吕留良生前的交友对象及民间珍藏的著作来看,他与清初的理学大儒张履祥、黄宗羲、陆陇其有密切的学术交往,张、黄二人曾相继于吕家梅花阁坐馆任教,与其度过一段诗文唱和、情谊融洽的"蜜月期"。陆陇其的许多学术观点则直接来源于吕留良,其《四书讲义续编》"取石门吕留良、甬上仇沧柱之说为多"③即为实证。邓实先生《吕用晦文集跋》高度评价吕留良:"国初浙中言学派者,首推先生,与黄梨洲并,而不为强同,其言学有足称者,则又不可不传也。"④而《四书讲义》作为吕留良重要的四书学著作,在思想管控极其严格的清朝得以流传下来,亦可想象其在读书人群中的地位之高、影响之大。

　　随着人们对吕留良理学思想研究的逐渐展开,因他自我标榜的尊朱立场与清代学术思潮的总体走向不合,便将他划为固执于门户之见的守旧学者一列,这是对历史的曲解。吕留良在高举朱子学大旗的同时,还教人熟读经书,强调"不学六经,不足通一经"⑤,倡导"士必通经博古、明理学为尚"⑥,把读经和明理列为齐等重要之事。吕留良抬高六经地位的做法,既是为了应对程朱理学的危机,以寻求朱子学发展的新路向,也符合清初以经学济理学之穷,直至博稽经史成为主流的学术趋势。单凭这一点,也不可武断地将吕留良视为

---

① 《吕留良诗文集》下册,第 358 页。
② 徐世昌:《清儒学案》卷五,中华书局 2008 年版,第 262 页。
③ 《吕留良年谱长编》,第 194 页。
④ 《吕留良全集》第二册,第 920 页。
⑤ 《吕留良全集》第一册,第 172 页。
⑥ 《吕留良全集》第一册,第 172 页。

囿于门户之见的庸俗之儒。况且明亡之时,一方面心学后学流弊横出,"心学误国"论流行,另一方面程朱理学作为官方哲学逐渐僵化为名利之工具,无论是朱子学者还是阳明学者在明亡的事实面前都开始反思自身。吕留良身处其中,他把程朱理学作为自己毕生之信仰,亦是出于他对当时理学和心学义理各自面临的现实困境以及能够对人心风俗起到何种程度匡正作用等因素之利弊权衡的最终选择。他的理学以严守朱学宗旨为前提,同时融入了对朱学义理的创新和反思以及对心学精义的吸收和改造,其四书学著作《四书讲义》一改当时理学家空谈心性义理的风气,针对易代之际的道德秩序和社会秩序重建问题提出了有价值的解决方案,故而梁启超称他是"治朱学而能致用者也"①,《四库总目》评价他:"自成吕氏之书,非一般尊朱不敢失尺寸者可以同语也。"②钱穆评价他:"然则晚村良不愧清初讲朱学一大师,于晦庵门墙无玷其光荣。"③吕留良以朱学为基础浇筑自身思想之壁垒,其思想以尊朱为体,以维挽世道人心为用,明学术之得失,穷治乱之根源,对易代之际的社会及个人面临的现实困境提出了诸多具有实践意义的观点,是清初具有创新意识和实用意识的朱子学大家,历史理应还他一个公正的评判。

最后就是吕留良的民族思想,亲身经历了夷族入侵、江山易主的悲痛,让他对儒家传统"夷夏之防"之观念有着刻骨铭心的感受。可以说,吕留良毕生之所思、所想、所为都是围绕明清鼎革这一基本史实展开的,他从儒家经典文本中挖掘出"民族大义大于君臣之伦"的精义,以八股文为媒介向青年学子传输华夷之辨的思想,从出处、辞受之间严格把关学者的民族气节,对栖身清廷政权之下的失节遗民、贰臣嗤之以鼻,这些都是他基于易代而作出的有意识地行为选择与学理创新,他的朱子学思想体系以探寻治乱之源为宗旨,深刻反思明清更迭的残酷现实,显示出明显的经世致用的思想倾向,与清初以朱学为晋身台阶的御用理学家李光地、熊赐履之辈的尊朱辟王有霄壤之别。由于清朝初期施行了一系列有利于政权稳固的政策措施,吕留良寓于理学思想中的民族精神已无法激起滔天巨浪,但与其有着共同民族关怀的一代明遗身上显现的遗民志节对当世仕清之儒仍存在潜移默化的人格影响,"而屈膝清廷的中国士人,因遗民榜样摆在一旁,亦足以使他们良心时时发露,吏治渐上轨道。师

---

① 梁启超:《论中国学术思想变迁之大势》,上海古籍出版社 2001 年版,第 102 页。
② 中国科学院图书馆整理:《续修四库全书总目提要(稿本)》第十四册,齐鲁书社 1996 年版,第415 页。
③ 钱穆:《中国近三百年学术史》,第 92 页。

生如孙夏峰之于汤潜庵,朋友如吕晚村之于陆稼书,亲戚如顾亭林之于徐乾学兄弟,此等举不胜举。"①这种影响一直延续到两百多年后,反清革命志士对他呐喊的春秋大义之口号分外青睐。章太炎先生十七岁时读《东华录》曾静一案,滋生"《春秋》贱夷狄之旨"的民族革命思想,专门前往吕氏后裔流放之地齐齐哈尔,祭奠吕留良之祠。民国初期的各地革命报纸频频出现宣扬吕留良革命精神的专栏,吕留良被誉为"民族英雄""民族之光"。

　　总之,在清末民初民主革命热情高涨的这段历史时期,吕留良因其倡导的义利之辨、华夷之辨、春秋大义等思想主张受到革命者的拥护追捧,人们惊叹于这位两百多年前自居遗民、义不仕清的读书人竟有如此的见识和胆魄,被清朝刻意湮没多年的明朝遗民、理学大儒——吕留良,终于回归人们的视野。如果结合整个清朝的兴衰史来宏观地看待吕留良生前身后的坎坷遭遇,无论是他遭受的戮尸极刑或是百年后的敬仰追捧,都既是意料之外而又是情理之中,这一切皆根源于他竭尽所能向世人宣扬的民族大义之思想。清王朝之兴盛,意味着他的反清民族思想会被专制皇权无情地扼杀;清王朝之衰败,则意味着会出现一众与其志同道合的反清志士,而他的民族大义、夷夏之防等观点会成为这些革命志士的思想武器而得到重新重视。这是吕留良为自己谱写的命运之歌,他充分展现了儒者特有的社会责任感与人文关怀,以笔为戈传承圣贤之道的同时,竭尽所能挽救民族危机。从这一点来说,他与清初主张经世致用、救亡复国的顾炎武怀有相同的抱负,是清初具有爱国主义、民族精神、有节操、有智慧的民族思想家。

　　综合上述三方面来考察吕留良在思想史中的定位,可以明确的一点是,他把对天下、国家、百姓的所有关怀与抱负都融进了其理学思想体系的建构之中。也就是说,那个与强权对抗、拯救学风、维挽人心的抗争者,根本上说只是一介文人儒士,把他定位为民族思想家、时文选家,都不如还他以纯粹的理学家身份。归根结底,吕留良的民族精神是借助于儒家"夷夏之防"的传统观念得以阐发,而他评选时文的深层原因同样是传播儒家传统的春秋大义思想,这些实践活动都是他在履行一名儒者对家国天下应有的责任与担当。尤其是吕留良对"天下"概念睿智豁达地理解,充分展现了他宽广的眼界与胸怀。在诠释如何从治国扩展至平天下时,吕留良以絜矩之道为方式,以天下为公为终极目标,修教齐政而不易其俗宜,他所理解的天下本质上是他始终倡导并向往的理想世界,绝非狭义上以华夷之别为旨归的天下。因此,必须清楚吕留良严于

————————

① 《国史大纲》,第853页。

华夷之辨的深层原因是基于后世人君以天下为私这一基本的现实语境,不能简单地因为他强调春秋大义夷夏之防而将他局限于民族思想家的范围,更不能因此而将他的所有理学思想不加分辨地置于"华夷"的标准之下进行审视。但是由于特殊的历史原因,清朝统治期间,有关吕留良对明末清初理学思想史所贡献的力量与智慧被刻意地贬低甚至抹煞,民国时期对他的重新关注又完全集中在民族精神这一片面的角度,并且导致此后学界对他的研究先入为主地围绕民族思想之重心展开,而对他在理学上所取得的成就始终没有给予应有的重视,这是严重的偏见。毕竟在易代的特殊历史背景下,尤其是明遗群体,他们排满复明的愿望激奋而强烈,由此而进行的理论反思或实践行动,实质上反映的是明清鼎革之际士人群体的普遍心态。仅仅因为吕留良阐发了契合时代特性的种族言论而把他列为民族思想家甚至民族英雄的做法有失妥当,他首先是一名儒士,其次才是在儒士身份的自觉熏陶下感怀故国的遗民。我们必须抛开传统的偏见,看到吕留良理学体系的独创力以及影响力,他的理学思想结合了时势现状的特殊性以及儒者心系天下的共性,既完成了程朱理学在清初的传承与复兴之使命,又以此为契机展开义理的创新,实现了易代背景下对社会困境的反思与批判。同时代的陆陇其敬仰其学术有功于世,称赞他"自嘉隆以来,阳儒阴释之学起,中于人心,形于政事,流于风俗,百病杂兴,莫可救药。先生出而破其藩,拔其根,勇于贲育"[1]。陆氏的评价道出了吕留良对清初理学发展作出的重要贡献,也证明了吕留良具实用性的义理探索对时弊、人心、风俗之病痛发挥的整顿与教化之功。而阎若璩甚至将他评价为清初"十二圣人之一"[2],其学术地位不亚于黄宗羲、顾炎武、王夫之、傅山等人。总之,抛开"时文家""民族思想家"等传统标签,为吕留良的理学成就正名,把他定位为明清学术思想史上占据重要学术地位的理学大家,当属实至名归。

5.3　吕留良的意义和价值

从儒学的历史发展来看,宋儒对心性修养、个人境界的沉迷姿态在明代尤为突出,明儒似乎只关注自身身心,而对周遭的民物、宇宙毫无兴趣,宋学在明末的发展已达到完全之态势。但明亡之事实对士人带来了沉痛的一击,他们

---

① 《吕留良全集》第二册,第889页。
② 阎若璩:《潜邱札记》卷五,清乾隆十年春西堂刻本。

开始反思自身,同时儒学也开始朝着注重实用性的方向发展。

吕留良的理学思想在一定程度上反映了清初儒学发展的经世致用之走向,值得注意的是,吕氏的思想并未跳脱出已显腐朽之势的程朱理学的牢笼,但这恰恰体现了他的价值所在。吕留良是一位虔诚的宗朱学者,其学术活动以"尊朱辟王"为主,与所有目睹明亡的朱子学者一样,吕氏将明亡原因归咎为学术不明,而学术不明的罪魁祸首是阳明心学,因此要想正学术、救人心,必须倡导作为正统圣学的朱子学,即"尊朱",同时严辟以王学为主的异端邪说,即"辟王",这是吕留良对时局以及学术概貌充分考量后的学术信仰之抉择。但吕留良阐释的朱子学并不是毫无发明的迂阔无用之辞,多年的从商经验让他区别于传统的理学学者,即他更倾向于从致用性、济世性的角度诠释儒学思想,而这恰恰是对先秦古典儒学重视百姓日用及政制典章的实用性传统的继承。

纵观整个清朝的学术走向,吕留良对程朱理学展开的实用性转向的确契合了清代学术发展趋势,只不过仍是在程朱理学框架之下的经世致用。吕留良的努力并非毫无意义,一方面,在明末清初宋学走向衰落的历史阶段,吕氏一改空谈心性的空疏风气,坚持以振兴朱子学为己任,从重实践实用的角度改造迂腐固陋的程朱理学思想,为理学精义的丰富与创新贡献了智慧,实现了朱子学在清初的最后一次理论飞跃。另一方面,作为理学内部的一次理论革新的尝试,吕氏倡导的实用性转向虽然未能直接实现开启理学发展新阶段的目标,但确为清朝学术转向之先声,某种程度上可以视为清代学术史由崇尚心性义理之理学转向经世致用之实学的一次早期实践。论及此,窃以为梁启超先生《清代学术概论》将吕氏归为旧学派一大师,认为"不过袭宋、明之遗,不坠其绪,未足为新时代放一异彩也"[①]的论断不甚稳妥。梁先生曾论及吕留良:"身罹大祸,著作什九被烧毁,我们无从见其真相。"[②]所以应是由于原始资料的缺乏而未能深入探究吕留良的全部思想内涵,才会导致这样武断且失实的结论。若以其评价顾、黄、王、颜、刘为新旧学派之过渡者的标准"应用的而非理想的"[③]来评判吕留良,则吕氏实属清初学术发展之过渡者,而非泥古守旧者。

还应补充的一点是,吕留良贯穿于问学道路上的信念与毅力对于今天传统文化工作者产生的人格感染作用。从确立以朱子学为自己的学术信仰开始,吕氏终其一生致力于朱子学的复兴与传播事业,从未动摇。事实是,从元

①③　《论中国学术思想变迁之大势》,第103页。
②　梁启超:《中国近三百年学术史》,中国人民大学出版社2012年版,第184页。

代程朱理学被定为官方哲学思想、科举取士的标准开始，其自身的理论发展便呈现了僵化、固陋的倾向，程朱理学被当做晋身仕途的工具而非个体心性修养的圣学。吕留良并非不知复兴朱子学的困难所在，但他更看重的是未被科举化的朱子学原义对社会人心以及学术走向具有的积极导向作用。在强大的信念支撑下，吕留良充分尊重朱子思想原义，同时结合明清之际社会环境的特殊性，对朱学思想展开创新性阐发，使原本僵化的学说以崭新活泼的面貌呈现出来。并且在朱子学因科考制度无法摆脱名利工具的现状之下，甘冒读书人之大不韪，从事时文评选工作，以此作为倡明圣道的主要方式。纵观整个儒学史的坎坷发展之路，正是像吕留良这样的先贤们为传承圣学而笔耕不辍、几十年如一日的坚守，无论与其当世的学术潮流是顺势而为还是逆流而上，始终秉承永不言弃的卫道精神，道之薪火才得以永不缀灭。吕留良为坚守学术信仰所付出的努力，值得今日文化工作者去学习和借鉴，即做学问应有先难后获、铢积寸累的信念，学术研究的目的绝不仅限于还原事实本身，而应该在还原某一历史人物或者思想在其所处时代之中的真实概貌的基础上，进一步准确把握其中具有永恒性的思想精髓及精神内涵，并牢固结合当前的社会实情予以发明与创新，使之获得新的生命力，为社会发展、个体修养提供积极的启发与帮助。简言之，学问应与时代接轨，只有传承与创新才是永葆学术生命力不可或缺的动力。

另一点是时刻保持学术本身的神圣性与纯粹性。无论任何时代，关注人类社会的价值及人与社会、宇宙和谐统一的儒学都不应沦为追求外在欲望的工具。学者展开学术研究的过程应该与其自我道德境界之提升的过程是同一的，即学者不应视儒学为外在于己的、客观的研究对象，而应在研究的过程中全身心的沉潜自我，无名利声誉之杂念，直以修己治人为毕生追寻的目标。在此过程中，自我的心性道德境界得以日臻完善和升华，同时为他人和社会服务的能力也在不断提高。在宋明理学式微的清学界，吕留良以顽固的守旧学者姿态坚守朱子学信仰，并以此作为自己的行为准则和理想信念，在易代对遗士群体形成道德压迫的环境下，他牢记圣人教诲和明遗身份，坚守民族气节，以出处、辞受的严苛界限告诫为学者勿做失节小人。他的每一次人生选择都自觉以朱子学为准则，且一言一行都是对朱子学思想的完整呈现与表达，这种不掺杂丝毫利禄目的的纯粹学术精神实应为今人心向往之。诚如梁启超先生论有用无用之学：

　　"则"凡真学者之态度，皆当为学问而治学问。夫用之云者，以所用为目的，学问则为达此目的之一手段也。为学问而治学问者，学问即目的，故更无有用无用之可言……其实就纯粹的学者之见地论之,只当问成为学不成为学,不必问有用与无用,非如此则学问不能独立,不能发达。①

有用无用之问放置于技术领域尚可有促进作用,若论学问道德之有用无用,不可不谓之乃学术走向堕落之绪端。对文化工作者来说,我们要牢记古人为学与修身不二的精神,在经济高速发展的当代,时刻提防出现把学问当做追求名利之手段而非人生境界目标的本末倒置现象。人云亦云、跟风热点的研究方法只会给学术圈蒙上功利、浮躁的阴影,强立新说、博人眼球的研究态度则是对先贤智慧的践踏与不尊。这种治学作风和态度既是对创造辉煌文化遗产的古圣先贤的辜负,更是对将来传承文化事业的后学子孙的不负责任。我们必须树立纯粹的"为学而学"的学术观,牢牢继承先贤"正其义不谋其利,明其道不计其功"的精神,共同努力为学术研究营造一个自由的、纯净的生态环境。

---

① 梁启超:《清代学术概论》,上海古籍出版社 2000 年版,第 48 页。

参考文献

古籍

1. (宋)周敦颐:《元公周先生濂溪集》,长沙:岳麓书社,2006年。

2. (宋)张载:《张载集》,北京:中华书局,2014年。

3. (宋)程颢、程颐:《二程集》,北京:中华书局,2004年。

4. (宋)胡宏:《胡宏集》,北京:中华书局,1987年。

5. (宋)黎靖德编:《朱子语类》,北京:中华书局,1986年。

6. (宋)朱熹:《朱子全书》,上海:上海古籍出版社,2002年。

7. (宋)朱熹:《四书章句集注》,北京:中华书局,2010年。

8. (宋)陆九渊:《陆九渊集》,北京:中华书局,1980年。

9. (宋)陈亮:《陈亮集》,北京:中华书局,1987年。

10. (宋)叶适:《习学记言序目》,北京:中华书局,1977年。

11. (元)脱脱:《宋史》,北京:中华书局,1977年。

12. (明)文徵明:《文徵明集》,上海:上海古籍出版社,1987年。

13. (明)黄绾:《明道编》,北京:中华书局,1959年。

14. (明)吴廷翰:《吴廷翰集》,北京:中华书局,1984年。

15. (明)陈建:《学蔀通辨》,北京:商务印书馆,1936年。

16. (明)李材:《正学堂稿》,《儒藏精华编》第262册,北京:北京大学出版,2012年。

17. (明)谢杰:《虔台倭纂》,北京图书馆古籍珍本集刊(10),北京:书目文献出版社,1990年。

18. (明)焦竑:《澹园集》,北京:中华书局,1999年。

19. (明)冯柯:《贞白五书》,丛书集成续编第170册,台北:台北市新文丰出版公司,1988年。

20. (明)冯柯:《求是编》,丛书集成续编第188册,台北:台北市新文丰出版公司,1988年。

21.（明)王守仁著,吴光等编校:《王阳明全集》,上海:上海古籍出版社,
2012年。

22.（明)施邦曜辑:《阳明先生集要》,北京:中华书局,2008年。

23.（明)王畿著,吴震编校:《王畿集》,南京:凤凰出版社,2007年。

24.（明)唐顺之:《荆川先生文集》,北京:商务印书馆,1936年。

25.（明)冯梦祯:《快雪堂集》,四库存目丛书影印明万历三十三年刻本。

26.（明)刘宗周著,吴光主编:《刘宗周全集》,杭州:浙江古籍出版社,
2007年。

27.（清)黄宗羲:《明儒学案》,北京:中华书局,2015年。

28.（清)黄宗羲:《明夷待访录》,北京:中华书局,2015年。

29.（清)黄宗羲:《黄宗羲全集》,杭州:浙江古籍出版社,1985年。

30.（清)张履祥:《杨园先生全集》,北京:中华书局,2014年。

31.（清)顾炎武著,华忱之点校:《顾亭林诗文集》,北京:中华书局,
1983年。

32.（清)王宏撰:《山志》,何修龄等编:《四库禁毁书研究》,北京:北京出版
社,1999年。

33.（清)李颙:《二曲集》,北京:中华书局,1996年。

34.（清)吕留良:《吕留良全集》,北京:中华书局,2015年。

35.（清)吕留良:《吕留良诗文集》,杭州:浙江古籍出版社,2011年。

36.（清)唐甄:《潜书》,北京:中华书局,1999年。

37.（清)阎若璩:《潜邱札记》,清乾隆十年春西堂刻本。

38.（清)陈鼎:《东林列传》,清文渊阁四库全书本。

39.（清)张廷玉:《明史》,北京:中华书局,1974年。

40.（清)陈梓:《删后文集》,《清代诗文集汇编》,上海:上海古籍出版社,
2010年。

41.（清)朱轼等:《驳吕留良四书讲义》,清雍正间内府刻本。

42.（清)王应奎:《柳南随笔》,北京:中华书局,1983年。

43.（清)全祖望:《鲒埼亭集外编》,顾廷龙主编《续修四库全书》,上海:上
海古籍出版社,1995年。

44.（清)孙静庵:《明遗民录》,杭州:浙江古籍出版社,1985年。

45.（清)徐世昌:《清儒学案》,北京:中华书局,2008年。

中文专著及编著

1. 卞僧慧:《吕留良年谱长编》,北京:中华书局,2003 年。

2. 陈荣捷:《王阳明〈传习录〉详注集评》,上海:华东师范大学出版社,2009 年。

3. 陈祖武:《清初学术思辨录》,北京:中国社会科学出版社,1992 年。

4. 陈鼓应、辛冠洁、葛荣晋:《明清实学思潮史》,济南:齐鲁书社,1989 年。

5. 陈垣:《清代僧诤记》,北京:中华书局,1962 年。

6. 陈来:《朱子哲学研究》,上海:华东师范大学出版社,2000 年。

7. 陈来:《宋明理学》,上海:华东师范大学出版社,2004 年。

8. 陈祖武:《清代学术源流》,北京:北京师范大学出版社,2012 年。

9. 陈寅恪:《金明馆丛稿二编》,北京:三联书店,2001 年。

10. 董平:《浙江思想学术史——从王充到王国维》,北京:中国社会科学出版社,2005 年。

11. 冯友兰:《中国哲学史》,上海:生活·读书·新知三联书店,2009 年。

12. 葛兆光:《中国思想史》,上海:复旦大学出版社,2016 年。

13. 何炳松:《浙东学派渊源》,长沙:岳麓书院,2011 年。

14. 何俊、尹晓宁:《刘宗周与蕺山学派》,北京:中国人民大学出版社,2009 年。

15. 胡楚生:《清代学术史研究》,台北:台湾学生书局,1988 年。

16. 侯外庐:《中国早期启蒙思想史:十七世纪至十九世纪四十年代》,北京:人民出版社,1956 年。

17. 嵇文甫:《晚明思想史论》,北京:东方出版社,1996 年。

18. 姜国柱:《中国思想通史·明代卷》,武汉:武汉大学出版社,2011 年。

19. 梁启超:《中国近三百年学术史》,北京:中国人民大学出版社,2012 年。

20. 梁启超:《清代学术概论》,上海:上海古籍出版社,2000 年。

21. 李治亭编:《清史》,上海:上海人民出版社,2003 年。

22. 李学勤、吕文郁主编:《四库大辞典》,长春:吉林大学出版社,1996 年。

23. 柳诒徵:《中国文化史》,上海:东方出版中心,1996 年。

24. 吕思勉:《理学纲要》,北京:中国人民大学出版社,2011 年。

25. 蒙培元:《理学范畴系统》,北京:人民出版社,2004 年。

26. 钱穆:《中国近三百年学术史》,北京:商务印书馆,2015 年。

27. 钱穆:《国史大纲》,北京:商务印书馆,2018 年。

28. 钱穆：《朱子学提纲》，上海：生活·读书·新知三联书店，2015年。

29. 钱穆：《阳明学述要》，北京：九州出版社，2010年。

30. 汤一介、李中华主编：《中国儒学史·明代卷》，北京：北京大学出版社，2011年。

31. 王汎森：《晚明清初思想十论》，上海：复旦大学出版社，2004年。

32. 王俊义：《清代学术探研录》，北京：中国社会科学出版社，2002年。

33. 汪学群：《明代遗民思想研究》，北京：中国社会科学出版社，2012年。

34. 吴根友：《多元范式下的明清思想研究》，上海：生活·读书·新知三联书店，2011年。

35. 谢国桢：《明末清初的学风》，上海：上海书店出版社，2006年。

36. 谢国桢：《明清之际党社运动考》，北京：北京出版社，2014年。

37. 萧萐父、许苏民：《明清启蒙学术流变》，北京：人民出版社，2013年。

38. 萧公权：《中国政治思想史》，沈阳：辽宁教育出版社，1998年。

39. 徐宇宏：《大家精要：吕留良》，昆明：云南教育出版社，2009年。

40. 徐洪兴：《思想的转型——理学发生过程研究》，上海：上海人民出版社，1996年。

41. 徐定宝：《黄宗羲评传》，南京：南京大学出版社，2012年。

42. 萧公权：《中国政治思想史》，北京：新星出版社，2010年。

43. 余英时：《士与中国文化》，上海：上海人民出版社，2003年。

44. 余英时：《朱熹的历史世界》，上海：生活·读书·新知三联书店，2004年。

45. 俞国林：《天盖遗民：吕留良传》，杭州：浙江人民出版社，2006年。

46. 鱼宏亮：《知识与救世：明清之际经世之学研究》，北京：北京大学出版社，2008年。

47. 杨向奎：《清儒学案新编》，济南：齐鲁书社，1994年。

48. 赵园：《明清之际士大夫研究》，北京：北京大学出版社，1999年。

49. 赵园：《制度·言论·心态——〈明清之际士大夫研究〉续编》，北京：北京大学出版社，2015年。

50. 赵园：《明清之际士大夫研究——作为一种现象的遗民》，北京：北京师范大学出版社，2014年。

51. 张立文：《宋明理学研究》，北京：中国人民大学出版社，1999年。

52. 章太炎：《章太炎全集——太炎文禄续编》，上海：上海人民出版社，2014年。

53. 章太炎、刘师培等:《中国近三百年学术史论》,徐亮工编校,上海:上海古籍出版社,2006 年。

54. 中国科学院图书馆整理:《续修四库全书总目提要(稿本)》,济南:齐鲁书社,1996 年。

译著

1. [美]艾尔曼:《从理学到朴学:中华帝国晚期思想与社会变化面面观》,赵刚译,南京:江苏人民出版社,2012 年。

2. [美]狄百瑞:《儒家的困境》,黄水婴译,北京:北京大学出版社,2009 年。

3. [美]狄百瑞:《中国的自由传统(钱宾四先生学术文化讲座)》,北京:中华书局,2016 年。

4. [日]岛田虔次:《中国近代思维的挫折》,甘万萍译,南京:江苏人民出版社,2010 年。

5. [日]沟口雄三:《中国前近代思想的演变》,索介然、龚颖译,北京:中华书局,1997 年。

6. [日]沟口雄三:《中国思想史——宋代至近代》,龚颖、赵士林译,上海:生活·读书·新知三联书店,2014 年。

7. [日]冈田武彦:《王阳明与明末儒学》,吴光、钱明、屠承先译,重庆:重庆出版社,2017 年。

8. [美]史景迁:《皇帝与秀才:皇权游戏中的文人悲剧》,邱辛晔译,上海:上海远东出版社,2005 年。

9. [美]史景迁:《雍正王朝之大义觉迷》,温洽溢、吴家恒译,桂林:广西师范大学出版社,2011 年。

期刊论文

1. 卞僧慧:《关于吕留良的几个问题的剖析》,《天津社会科学》,1986 年第3 期。

2. 陈去病:《明史补传——吕留良传》,《江苏革命博物馆月刊》,1930 年第7 期。

3. 陈居渊:《清初的黄、吕之争与浙东学术》,《中共宁波市委党校学报》,2004 年第 6 期。

4. 程宝华:《张履祥和吕留良的学术交往与思想发展研究》,《商丘师范学院学报》,2009 年第 7 期。

5.董平:《"亲亲"而"仁民","仁民"而"爱物"——儒家道德哲学之"伦理生态"系统的形成》,《哲学研究》,2006 年第 6 期。

6.黄裳:《雍正与吕留良》,《读书》,1987 年第 1 期。

7.李裕民:《吕留良著作考》,《浙江学刊》,1993 年第 4 期。

8.李畅然:《雍正帝的"夫子好辩"——曾静吕留良案考论》,《泰山学院学报》,2007 年,第 29 卷,第 1 期。

8.容肇祖:《吕留良及其思想》,《辅仁学志》,1936 年。

9.史曜菁:《抗清者的"天下":试析吕留良的天下观》,《暨南史学》,2011年第 14 号。

10.史曜菁:《以私倡公:清儒吕留良对"公"的看法与思想策略》,《史汇》,2009 年,第 13 期。

11.史曜菁:《万"恶"之首:试析〈吕晚邨先生四书讲义〉》,《史汇》,2010 年第 14 期。

12.吴光:《论吕留良的思想文化成就及其历史地位》,《中共宁波市委党校学报》,2010 年第 3 期。

13.王俊义:《雍正对曾静、吕留良案的"出奇料理"与吕留良研究——兼论文字狱对清代思想文化发展之影响》,《中国社会科学院研究生院学报》,2001年第 2 期。

14.王汎森:《从曾静案看十八世纪前期的社会心态》,《大陆杂志》,1992年,第 85 卷第 4 期。

15.尉之嘉:《民族思想家吕留良及其影响》,《民族学研究集刊》,1943 年第 3 期。

16.徐正:《吕留良诗歌略论》,《苏州大学学报》,1992 年第 1 期。

17.徐正、蔡明:《吕留良与黄宗羲交游始末》,《宁波师范学报》,1986 年第 1 期。

18.徐益藩:《黄梨洲吕留良争澹生堂书平议》,《国立中央图书馆馆刊》,1947 年,第 1 卷第 3 号。

19.杨向奎:《论吕留良》,《史学月刊》,1984 年第 4 期。

20.张天杰:《吕留良时文评选中的遗民心态与朱子学思想——以〈四书讲义〉为中心》,《苏州大学学报(哲学社会科学版)》,2017 年第 4 期。

21.赵永刚:《黄宗羲、吕留良交恶与澹生堂藏书之关系》,《贵州大学学报(人文社会科学版)》,2015 年第 2 期。

22.章太炎:《书吕用晦事》,《华国月刊》,1924 年,第 1 卷第 10 期。

学位论文:

1.杜远:《合法性与政治传播——以雍正年间曾静案为个案》[硕士学位论文],厦门:厦门大学,2007 年。

2.韩书安:《吕留良的政治思想研究——以〈四书讲义〉为中心》[硕士学位论文],武汉:武汉大学,2017 年。

3.姜胜南:《"崇朱辟王":吕留良"〈大学〉评语"研究》[硕士学位论文],长春:东北师范大学,2007 年。

4.刘欣玮:《治道合一的危机:吕留良〈四书讲义〉对清初儒学的冲击》[硕士学位论文],台北:台湾政治大学,2013 年。

5.邬正杰:《吕留良的政治思想》[硕士学位论文],北京:清华大学,2012 年。

6.王铁花:《吕留良〈孟子讲义〉研究》[硕士学位论文],西安:陕西师范大学,2014 年。

7.徐宇宏:《吕留良理学思想初探——以〈四书讲义〉为中心》[硕士学位论文],上海:复旦大学,2005 年。

8.游帅:《吕留良著述考论》[硕士学位论文],保定:河北大学,2014 年。

9.张丹丹:《〈大义觉迷录〉的理论和实践》[博士学位论文],长春:东北师范大学,2015 年。